U0909637

秋风 著

# 政府的本分

## 基于民众权利的中国政治与中国经济

凤凰出版传媒集团
江苏文艺出版社
JIANGSU LITERATURE AND ART
PUBLISHING HOUSE

# 目录

# 前　言

读者下面将要看到的，是我过去几年中所写的部分政经时评文章，主要来自我在《21世纪经济报道》上所开设的专栏——“权利经济学”。该专栏始于2006年1月20日，第一篇是收入本书的《基于权利的经济学》，随后坚持写了一年半多时间。在此，我要对21世纪报系发行人沈颢先生为我在该报提供的机会表示感谢，向编辑祝乃娟为每篇文章付出的劳动表示感谢。当然，除此之外，我也一直给其他媒体写作，这里也收入了若干篇以为补充。

这些文章集中于讨论“我们时代”的若干“政治经济学”问题。对这两个词略作解释，或许有助于读者了解分散于几十篇文章中的基本线索。

一百多年前李鸿章所说的“三千年未有之大变局”，到今天依然没有尘埃落定。我们生活在一个制度转轨的时代，这就是我们这个时代最为重要的问题。制度转轨的内容当然十分广泛，仅以经济领域而言，至少包括建立、完善确获保障的私人产权制度、市场成为整个社会组织经济活动的主要制度、国家与市场之间确立其恰当的关系等。这些就已涉及广泛的规则体系的调整，从20世纪80年代以来，这种调整就在进行当中。

中国的经济学家是幸运的，可以就近观察新规则的生成与旧制度的变革过程。令人遗憾的是，过去十几年来十分活跃的主流经济学界，似乎忽略了这样的时代主题。相反，他们过多地关注经济增长的业绩，并且错把经济增长当成了制度转轨。因为过去若干年中国出现了“奇迹般”的经济增长，他们就直接得出结论说，中国的经济体制已经足成楷模了。

如果是在六七年前，这样的结论会得到很多人赞成。但从2003－04年起，越来越多的普通民众已经提出了这样一个质疑：如此高速度的经济增长，与我何干？经济确实增长了，但民众的负担似乎加重了，甚至在很多时候，民众觉得自己的权利在经济增长过程中受到了侵犯。民众的这些感觉也许没有统计数字那么精确，但作为公共问题，民众的感受要比统计数字更值得重视。

如此看似自相矛盾的现象，也正是笔者在这些文章中试图予以揭示及尽可能理性地予以解释的问题。概括而言,我想说明,过去二十多年的中国经济增长,主要源于民众的企业家精神得到释放;在此之外,政府运用其权力,区分对待不同群体,促成了某种“强制性增长”。两者相叠加,使中国的经济增长业绩看起来十分出色。而获得这种强制性增长的前提,恰是政府依然掌握着广泛的控制权。据此,各级政府可以利用权力动员各种资源,以实现经济的快速增长。但是,权力所促成的繁荣是有代价的,这包括官员腐败、企业家频繁落马、贫富差距扩大等。当然,最大的代价是,民众对市场化过程本身产生怀疑。在这种情况下,制度转轨的前景,反倒显得十分模糊了。

现在,距离这些文章发表已有三年多,不幸的是,我所讨论过的全部政经问题,不仅没有得到解决,反而更为严重。为什么我们的社会缺乏解决严重问题的有效机制? 这将意味着什么? 应当说,这本书渗透着一种深刻的怀疑,对曾经活跃于公共空间的中国主流经济学的怀疑,对中国经济增长前景的怀疑,以及对这种增长的正当性的怀疑。

至于我的解释框架,以奥地利学派经济学(Austrian Economics)为本。这个学派的创始人是19世纪70年代的奥地利维也纳大学教授卡尔·门格尔,其在现代的代表人物是在中国颇有影响力的路德维希·冯·米塞斯和弗里德里希·冯·哈耶克。正是通过阅读他们的著作,我对经济学有所了解,或者更准确地说,进入了一种独特的政治经济学的传统。

由此,我相信,惟有以权利的合理界定和平等保障为前提的繁荣,或者说惟有公道的繁荣,才是健全的、可持续的繁荣。本书各篇文章即以此作为分析范式,集中于讨论经济现象背后的制度原因,讨论解决经济问题的制度路径,追寻通往公道的繁荣之路。

当然,这些主题需要深入的研究与系统的讨论,只是我自己学力有限,时间不足,这些文章的立论及分析都有不成熟之处。尤其是它们都是为报刊所写,缺乏足够的深思熟虑。各篇文章之间也可能有一些重复之处。凡此种种,敬祈读者鉴谅为盼。

秋风

2010年4月8日

# 大国还是好国

秋　风 QIUFENG

## 大国崛起的物质主义陷阱

人人都在谈论，中国即将作为一个大国崛起。这些话语中的大国之“大”，基本上指物质性力量的强大。有些人士，尤其是国外人士肯定中国已经成为一个大国，其依据正是中国人口庞大，GDP 规模庞大，经济高速增长，军事实力强大。国内人士普遍不承认中国现在还是一个大国，但始终把大国作为一个奋斗目标，为达此目的而开列出的对策无非继续快速发展经济，提高 GDP 规模及人均 GDP 水平，发展科技，增强综合国力。

《大国崛起》电视片肯定了民主、法治、市场的作用，但在其叙事逻辑中，这些制度之所以是必要的，不是因为这些制度本身是值得追求的，而是因为，这些制度可以保证那些物质性力量的快速增长。同样是这样的逻辑，让中国部分官员、学者对印度模式大不以为然，某些经济学家告诉我们，民主、法治如果不能让经济实现高速增长，就没有用处，假如妨碍了经济快速增长，那就不如不要。

可以说，物质主义国家哲学在中国不少官员、学者及普通民众心目中已经根深蒂固。据此而采取的战略与政策选择完全有可能让中国成为一个国强民也富的国家，但现代大国兴衰起落的悲喜剧表明了，如此成为大国的结局，却也很可能让人沮丧。

### 物质主义的国家哲学

《大国崛起》所罗列的近代大国，大多数都曾经信奉过当代中国人所信奉的物质主义哲学。这种物质主义乃是一种伦理态度及国家哲学，它与培根之后的近代唯物论、笛卡尔开启的近代唯理主义有密切关系。从亚里士多德到托马斯·阿奎那的西方主流哲学传统相信，人天生是社会性动物，城邦、国家是自然形成的，对于人实现其最高目的——善或者趋向上帝——是必要的。这一最高目的同样约束着城邦或国家。因而，城邦或者国家从本质上说是一种伦理性存在，统治的正当性在于其能增进“公共善”，向人们供应正义。正义是国家的根本特征，圣奥古斯丁曾说：没有对正义的追求，国家就跟盗匪团伙没有区别。所以，中世纪的普遍信念是，国王在上帝与法律之下，暴力本身不足以让一个人成为统治者，他必须服从上帝与法律，才享有统治权。这一点，其实也正是周的“礼治”背后的政治哲学：天子与诸侯的统治权来自于礼，而非力。

近代哲学则颠覆了这套宪政主义的国家哲学。人的本质就是自利的欲望，国家只是人为了让自己享有安全、保障生命与财产而通过订立契约的方式建立起来的，是一种工具，与伦理目的无关。国家的正当性不再来自上帝或法律，而是当权者所掌握的物质性力量：法律之所以有效，仅仅因为法律具有强制力，国民之所以顺服，仅仅因为他们恐惧惩罚。也因此，为遏制众人的欲望，及对抗其他国家，国家力量必须足够强大。为此，博丹、霍布斯构造出了不受任何限制的绝对“主权”。

因此，乍一看也许有点奇怪：近代哲学无不奢谈自由，但最终大多以权力迷信告终，不论是一人独裁的权力，还是某个集团的权力，或抽象的人民的权力，而“权力”一词在古典与中世纪哲学中根本不占重要地位。“权力崇拜”构成了近代国家的精神症状之一。近代国家的精神症状之二是对财富的迷恋：国家把金钱、制造业等视为国家的根本力量所在。近代民族国家的诞生催生了历史上第一套经济学体系：重商主义，它倡导通过制造垄断、设立专利权、限制进出口、限制本国货币外流等方式，为国家积累财富。此后大多数经济学都继承了这种精神气质。

由此，大国依靠实力崛起并被实力更强者超越、摧毁，就成为历史的主题。

## 大国们的覆辙

权力与财富加在一起，差不多就是今人所津津乐道的“实力”、“国力”。一国之大，就大在这些“力”(power)上。为了积累实力，国家对内占有资源和财富，扩张国家权力，把权力扩展到公民生活的每一个角落，控制经济活动，尤其是把公民组织起来，纳入到国家的动员体系里，让每一个公民都作为国家实现自身目标的工具。此时，国家所能给出的唯一论证就是，如此可以强国，自由何足道哉。对外，国家不顾既有的国际市场、国际社会游戏规则，狂热地寻找资源、扩展影响力，轻率地与其他国家发生摩擦乃至冲突。此时，国家所能给出的解说总是民族生存或国家安全。在物质主义心灵支配的世界上是没有对与错的：强权即公理(Might is right)。

物质主义的国家哲学具有一种自拆台脚的倾向。当实力成为国家间关系的唯一尺度时，强者倾向于依赖对内的暴政聚集国家力量，弱者则难逃被更强者毁灭的命运。试看《大国崛起》所论及的各个大国的命运：西班牙依靠对外殖民实现强大，随后被英国打败，从此一蹶不振，迟迟不能建立起现代宪政政体。法国借着大革命的狂热，在人类历史上第一次实行强制征兵制，就在巴黎的断头台频繁起落之时，法国军队横行于欧洲大陆。但法国国土当时就已遭到欧洲君主联军的围攻，最终虽占领很多国家，却与德国结下宽仇，后来两度被德国人入侵占领。德国人为这种荣耀同样付出了惨痛代价：统一过程是普鲁士军事独裁统治的扩展，最后则是两次大战的毁灭。日本的命运与德国类似。苏联为了崛起，把物质主义国家哲学推向极端，国家占有全部资源、全部工厂，甚至占有全体国民的身体与思想。为了积累国家力量，甚至不惜人为制造饥荒。但最终，甚至都不需要直接冲突，仅仅一场冷战，就让其庞大帝国土崩瓦解。

如此算来，近代以来陆续崛起，或试图崛起的大国，大多数的命运其实十分悲惨。而在这些恶梦之前，它们都曾经做过狂热的大国梦。大国梦具有自我毁灭的倾向，指望依靠权力、实力让国家成为大国，享有支配他国的荣耀，本质上就是自相矛盾的。

## 英国智慧的启示

这并不是说，一个国家就必须回避成为一个大国。英国似乎就展示了一种有点例外的大国模式。《大国崛起》恰恰忽略了这一点。该片津津乐道的伊丽莎白女王差点毁了英格兰，正是在她统治时期，君主专制主义初露端倪，试图颠覆英格兰的古老宪政。她跟欧洲大陆的专制君主一样是重商主义者，为了增加王室财政收入，随意增加税收，出售垄断权、专利权。英国的国力确实由此增强了，并在战争中打败了西班牙，用今人的话说，英国“崛起”了。

然而，崛起的代价却是专制君主制的强化。伊丽莎白女王去世之后由苏格兰入承大统的斯图亚特王朝两代君主，把伊丽莎白女王的专制倾向发扬光大，试图在英格兰建立绝对君主专制统治。幸运的是，清教、法治与宪政观念让英国人勇敢地对这种近代物质主义国家哲学说不。英国人坚信，国家权力永远要服从上帝，追求正义，并受法律约束，哪怕是在战争状态下，国王也没有超出法律之外的权力。

这些信念是相对古典的，正是这种信念，让英国人没有像欧洲大陆各国一样，变成权力与实力的崇拜者。相反，英国重申了“古老的宪政”（ancient constitution），强调了法律主权，率先建立了自由宪政制度。在此制度框架下，英国人的创造性释放出来，形成自由市场制度，该制度又催生出工业革命。只是在这之后，英国才真正成为一个“大国”。

与其说英国是一个“大国”，不如说是英国是一个“好国”。“大国”不过是英国人追求好国家的附带结果而已，好国家本身才是最重要的结果。正是这个优良的政体，让英国人在成为大国的过程中并未丧失自由，反而不断扩展自由与权利；同样是这个优良政体，让英国殖民统治的政治安排胜他国一筹——尽管殖民统治本身无疑是丑恶的；事实上，英国各殖民地在独立之后普遍沿用了英国的法律制度与宪政框架。后来在帝国衰落过程中，英国人的自由与福利也并没有遭受损失，反而有一种如释重负的感觉。英国成为大国中唯一经历大国自然衰落而未遭国破家亡命运的国家。

这个例外昭示了一种有待国人高度重视的治国智慧——其实孔子的王道思想蕴涵了同样的智慧。中国以其庞大的体量，注定了要对世界发挥重要影响力。假如其他国家盲从物质主义的国家哲学，中国增加影响力的过程很有可能招致冲突。但是，国民若盲目追求这种影响力，治国者若完全专注于应付这种冲突，则必然让国家深陷物质主义陷阱，成为大国的过程也很可能埋下祸根。

所以，“崛起”话语本身是令人忧虑的，因为谈论崛起者或多或少迷信实力、权力。崛起论者有时也谈论制度的重要性，但他们把建立好制度仅仅视为一种手段。有些人大谈“软力量”，貌似超越物质主义，但其实是彻底的物质主义者，因为他们把文化、道德工具化，孔子、儒学成了扩大国家影响力的道具。可以说，生活于当今时代，实力与权力的诱惑确实十分巨大。

## 中国的十字路口

中国能否像英国那样成为另一个例外？

当年北京的大学生们正是愤激于强权即公理的现实而发起了“五四运动”。然而，深为积弱状态刺激的中国知识界反而一直是该教条的忠实信徒。自严复以迄今日，社会达尔文主义在中国广为流传，“物竞天择、适者生存”成为人们观察国家间关系的基本伦理信条，“现实主义”几乎是研究国际问题的学者的普遍信念，报纸上经常说，弱国无外交，中国强大了所以别国就尊重中国了云云。

为此，人们本能地支持一种立国思想：不惜一切代价实现国家强大，过去几十年来的国家哲学都带有强烈物质主义色彩，并发展出一套国家动员体系：政府占有各种资源，也控制经济活动的方方面面。从最初发展重工业、军事工业到80年代之后发展“综合国力”，始终都是在物质性力量上打转。90年代以后流行的主流经济学也强化了整个社会对经济增长的盲目崇拜。

但是，这几年暴露出来的社会问题已经表明，这种片面的物质主义的现代化进路是走不通的。现在中国正处于一个十分重要的关口：国民，尤其是精英能否超越物质主义的国家哲学，拒绝实力的诱惑，放弃实力话语，也不再奢谈“大国”崛起，而把建立“好”国家作为首要目标？

这个好国家既包括法治民主制度，也包括向善的国民道德与健全的社会组织。这些才是国之所以大者，因为只有这些能让每个国民像人那样生活，并且把他者也当成人对待：这一点既是人的最高目的，也是国家的唯一目的。国家的力量强大与民众的财富丰裕当然是必要的，但是，它们不应反宾为主，成为国民、国家直接追求的目的，它们甚至连手段都不能算，至多不过是追求好国家的一个附带结果。

# 观察印度的视角

清华大学中国与世界经济研究中心主任李稻葵2006年初在《新财富》发表文章《印度启示录：三个世界与不公平下的和谐》。作者通过对印度的实地考察，得出了三点结论，其中头两点是：第一，在经济发展的初期，民主制度应该缓行，过早引入西方的民主制度只会带来不自由。第二，法制不能神化。在发展中国家，法制不可能像在发达国家那样有效。因为一个法律制度的效率，有赖于一系列基础性制度的建立，如廉洁的法官、行为受到约束的律师等，这些在经济发展的初级阶段是难以建立的。因此，利用法制系统来约束政府的做法，在经济发展的初期恐怕是很难形成的。

这是两条令人震惊的结论，尽管作者似乎是不经意地道出的，尽管在国内的经济学家及获得某家杂志正式命名的“愤青”中，这种结论其实稀松平常。

## 比较研究的傲慢

这一百年多来，中国是在比较中活过来的。

中国的现代化是一种被动反应型的，作为一个后来但希望追上先进的民族——更准确地说，是其中的知识分子，自然立刻会注意到中西之间的差异，或者说差距。因此，中西比较就始终是20世纪国人思考中国问题的一个基本知识背景。一直到80年代，比较文化研究还是一门显学。

不过，这些敏感的知识分子进行比较时主要是自我责备，以至于自虐。焦灼的启蒙者们悲愤地批判中国文化的“落后”，批判中国人的“国民性”，希望引领中国人脱胎换骨，完成人性的自我更换，从黄土文明转向海洋文明。

到90年代中后期，传统的比较文化研究衰落了。这似乎与中国经济的持续增长有关。强大的经济实力似乎让人们找到了某种自信，有些人士因“经济奇迹”而得出结论，中国在文化上已经不输于外国了，甚至于中国的样样都很好。由此，到最近几年，出现了另外一种比较研究。比较者的心态从文化上的自责，变成了经济上的自豪甚至傲慢。

这种比较最初是针对俄罗斯及东欧国家的。90年代以来两方面的经济表现，让不少学者总结出了一个令人兴奋的“中国模式”。俄罗斯休克疗法则被认为完全失败，并遭到部分经济学家的耻笑。不过，最近几年，随着俄罗斯及东欧经济出现比较强劲的增长，这种比较已经相当少见了。

然而从2004年开始，“拉美化”又成为学界的一个热门话题，学者们把中国现实的经济社会问题及想象中可能出现的问题，统统归之于带有一定地域歧视色彩的“拉美化”概念之下。但Manatt & Jones全球战略顾问公司中国顾问吴向宏很快就尖锐地指出，我们没有资格轻视拉美。吴举了一个最简单的例子：没有几个中国人愿意相信，墨西哥是一个比中国富裕得多的国家，尽管墨国的人均GDP是中国的6倍！顺便引用吴先生的一句话：“看看最近几年从普通大众到所谓知识精英的议论吧，除了欧美一流西方强国之外，谁还被我们放在眼里？”

与此同时，中印比较也成了一个焦点。

## “印度之路”的神话

把中国与印度放在一起说事儿，热衷的不仅有中国人，也有西方人。2005年8月22日出版的美国《商业周刊》封面文章里出现了一个全新的单词——Chindia。这个单词融合了China和India两个词，尽管其创造者是一位印度学者，但《商业周刊》将其传遍全球。因此，庞中英最近在新加坡《联合早报》发表文章说，“中印对比是西方的流行偏好”。

但“中印对比”显然不仅仅是个西方话语，中国人自己对印度其实很有兴趣。这种兴趣也许较早出现在软件行业。原因很简单，中国在经济领域样样都比印度好，唯独软件业似乎不如印度。很多中国经济专家不明白，甚至不服气，因而才会去找原因。

随后，中印对比研究扩展起来。不管是国内国外，主流的意见是，中国比印度表现更好。人们的努力主要是寻找中国好于印度的理由。这些理由，其实几乎不出张五常的理论模型之范围。

张五常是较早进行中印对比的经济专家。他的前提是：制度是以权利的界定方法划分，目前人类知道的只有三种：其一是以人的等级界定权利（共产制度），其二是以管制法例界定权利（印度之路），其三是以资产界定权利（私产制度）。经济改革正确路径就是要从等级界定权利转到资产界定权利的道路上去。但权力如何肯让渡出自己控制的资源？一个简单易行并且交易成本最低的方式就是赎买。因此，腐败有助于改革，有助于市场的发育。

至于印度之路，则是最坏的，张五常多次讲过这个国家海关腐败的例子，在印度，你管手表的进口，我管某种外汇管制，他管生产手袋的审批，各有所管。有管制，就有贪污。你贪污手表，我贪污手袋。这种权利界定得很清楚。贪污权还可以自由买卖，还可以继承，写进遗嘱里面。而这与印度的民主制度有关。因此，腐败比印度式的民主更有效率。

今天，几乎所有主流经济专家的研究几乎都是为张五常作注脚，李稻葵亦不过是其中最新的一个而已。唯一引人注目的是，他把部分经济专家群体的政治意见直白地表露了出来。

## 知道自己的无知

但如果仔细查阅相关文献，立刻就可以发现：凡是支持中国好于印度之结论的，一般都是专业经济分析人士，不管他供职国内机构，还是供职于跨国投资银行。相反，凡是广泛地考虑经济之外因素的学者，得出的结论则对中国显然并不有利，甚至往往更看好印度。

谁的意见更可信？回到未来是不可能的，所以，无从验证。但历史可以给人启发。美国《基督教科学箴言报》的一篇评论就提醒人们："经济领域中没有任何东西是确定不变的。别忘了，20年前，日本看上去还像未来的世界头号经济强国呢。"

因此，面对中印经济增长间的差异，需要审慎。没有人能够否认中国经济这二十多年来比印度好得多的事实。但观察此一问题时，似有必要警惕"决定论"的致命诱惑。现代社会科学总有一种解释的渴望，而人们又愿意相信简单的逻辑，于是，现代社会科学——经济学向来以科学自命——倾向于将一种因素的重要性无限夸大，并以此替代其他同样珍贵的价值。事实上，对于中短期的经济增长，没有人能够给出可证伪的一般性解释，否则，主流经济学教科书就该支持计划经济，因为苏联也曾经搞出过经济奇迹；当然，由经济增长的表现不佳，也很难合乎逻辑地推导出李稻葵所说的那类一般性命题。

可以说，用经济效率来反对法治和民主，乃是思想偷懒的产物。经济增长、法治、民主，甚至人民乐天知命的生活方式，对于一个社会及其人民的生活来说，是同样重要的。钱不是唯一，投票权同样重要。无奈的是，现代社会科学的专业分工制造了盲点，每个行当的专家都受其视野限制而看不到其他价值的重要性。在这个物质主义时代，经济效率的重要性压倒其他价值。此时，明智显得极为重要，而明智，先贤已经说过，就是知道自己的无知。

# 超越物质主义

我在上篇文章中对李稻葵教授观察印度得出的两点结论提出了质疑，有一家网站把我的文章标题擅自改为《中国的主流经济学家为什么瞧不起印度》，仿佛我也加入了讨伐主流经济学家的大军。

事实上，我完全同意李稻葵的第三个观察结论：和谐社会的建设不可以完全物质化。一个社会的和谐安定与否，不单取决于经济发展水平和收入分配的平等性，还有很多主观的意识形态因素在其中。印度穷人很多，但社会治安相当好。在全球有统计的62个国家中，印度的犯罪率处于倒数第二，谋杀率也处于中位数，低于泰国、波兰与美国，和芬兰差不多。李稻葵由此得出结论：可见，一个社会的安定和谐在很大程度上取决于民众的心态。印度教教义提倡忍耐，这对于印度社会的和谐是有帮助的。

对于印度人的宗教虔诚及其所获得的良好社会效果，我们或许只有羡慕的份儿。不过，印度的经验确实可以颠覆物质主义的思维方式，这种思维方式在国人心中已经根深蒂固，也严重地主导着政府的政策取向。

以前的历史暂不管它，至少这二十多年来，政府的主导性想法是，只要经济发展了，社会财富丰富起来，人民生活富裕起来，社会就可以臻于良性循环了。也因此，政府把效率优先、兼顾公平作为一项基本政策原则。直到今天，张维迎教授仍然在强调，目前中国所面临的问题仍然是把饼做大。

听起来很有道理。问题是，如果片面地强调做大饼，把其作为整个社会唯一重要的事业，为此不惜一切代价，则做大财富之饼的过程，就会真的变成牺牲一切的过程。其中，包括一部分人抢夺另一部分人的饼。这样一来，尽管从总体上看饼确实可能做大了，但这个饼却变味了，或者有些人被挤到了餐桌边缘。

回到李稻葵的断言，这种一味追求经济增长的做法，还导致了一个不大为人注意、但却相当严重的精神后果。

## 极端的“现代性”

现代社会区别于古典社会和中世纪社会的最大特征，就是世俗化，人的肉体欲望、世俗的幸福获得了正当的辩护理由。至少在哲学家的论述中，古典时代人们追求的是美德和正当，政府追求的是正义；到了现代，人们追求的是权利，政府则主要在进行财富的再分配。

经济学也正是在现代性发育丰满之后才由亚当·斯密提出的。而“经济人”概念由一位法国人发明，也是完全合乎逻辑的。因为，相对于英国、美国，法国人、欧洲人启蒙得更为彻底，因而也更容易相信物质主义，相信人的活动就是追求个人欲望，尤其是物质欲望之最大满足。

不过，物质主义、欲望至上主义登峰造极的时代却正是我们生活的这个时代。

中国为什么比印度经济增长得更快？一个重要原因是，印度人缺乏当代中国人对于财富的那种狂热向往和追逐。就像李稻葵所观察到的，印度人的宗教信仰使得其中很多民众对于财富有点淡漠，而其政治架构又使得政府不可能把经济增长作为唯一的政治目标。相反，在中国，这种精神与制度约束基本上是不存在的。

如果进行国际对比性调查，或许可以发现，中国人对于财富的贪欲可能是最强烈的，几乎所有人都把金钱作为人生最重要的目标，不管他/她是商人、市民，还是教授、官员。追逐财富已经成为我们这个社会的一种主导性意识形态。

此种情形有其历史渊源。20世纪以来启蒙者一直致力于讨伐传统，蕴涵在传统中的道德也随之在人们的心目中丧失了正当性；频繁的政治和社会运动也侵蚀了人们的道德观念。正是在这种精神真空状态下，中国开始了市场化进程。从旧体制下释放出来的个人，赤裸裸地面对财富的诱惑，财富立刻俘虏了大多数人，形成一个新的图腾。

如此，民情确实可以为经济增长创造最为有利的精神环境，人们的企业家精神被最大限度地释放出来。人们可以没有任何顾忌地从事创新，从事任何可以赚钱的交易，而不需理会任何道德约束。

政府片面地追求GDP增长速度，与民众狂热地追求财富，其实是一枚硬币的两面。政府以为，只要实现了经济增长，很多政治社会问题就能迎刃而解。因而，经济事务占据了政府的主要精力，政府让几乎所有业务服从于经济的增长，甚至法院、检察院也需要承担招商引资的硬指标。政府本身似乎也变成了企业，政府官员则成了商人和企业家，他们算计着如何以本地资源（包括自然、环境、法律等）换取最高速度的经济增长。如此行事的政府，确实可以创造出非常优越的经济增长环境，因为增长计划无须接受其他价值之审查和限制。

## 仓廪实与知礼仪无关

基于这两点，或许可以说，中国当代社会是“现代性”最为强烈的社会，是一个彻底世俗化、财富获得最大程度关注的社会。

这是祸是福？经济学家们似乎很兴奋，毕竟，经济增长的事实摆在那里。但是，人们也看到了另一个事实：在社会整体的财富已经大幅度增长、每个人的生活都有所改善之后，人们的幸福感受似乎并没有相应增加。看起来，物质主义的心灵，似乎具有某种自拆台脚的倾向。财富的诱惑是无止境的，如果民众的心灵完全被物质欲望所充塞，那人们就永远处于不满足之中，也永远不会感受到心灵的宁静。

古人确实曾经说过，“仓廪实而知礼仪”。这句话其实只说对了一半。只有当人们处于极端贫困状态下时，这句话或许才有点道理，而在大体正常的社会，仓廪实与知礼仪是两码事。个人平均财富的增加，并不必然导致个人的幸福与社会的健全，亦未必导向政治秩序的正义。这些完全属于另外的领域，需要人们进行另外的努力。比如，只有通过精神上的努力，才能寻找到心灵的归宿。这跟财富之多寡是没有关系的，而它本身对于人的生命的价值，却至少跟财富一样重要。

同样，物质主义的政府精神也具有自拆台脚的倾向。通过操纵资源价格、通过对各个群体的权利与利益进行偏颇的再分配，确实可以促成一段时间内的高速增长，但这种增长也会制造出很多社会问题。这些问题积累到一定程度，增长本身的正当性就会遭到人们的怀疑，从而难以为继。

李稻葵所描述的印度人的那种虔信，对于经济增长也许是不利的文化因素，但大多数哲学家都会承认，那确实是好的生活的必要组成部分。国人或许也同样需要在财富之外，重视其他价值，比如，让自己的心灵、信仰更加充实，给肉体的生存注入更多超越的意义。

对此，政府几乎没有什么可做的，政府在这个领域过于积极，通常只会带来麻烦与灾难。但政府至少应当知道，自己可以消极地不做什么。比如，一个明智的政府，不会把经济与财富增长作为其施政的唯一目标，甚至不会将其视其为头等重要的目标。相反，政府的功能首先是维护正义的秩序。因为增长导向而导致政策及官员行为带上强烈商业精神，民众自然会把这种商业精神放大到极端地步，这种社会真的会成为一个“单向度”的社会，尽管可能挺繁荣，但却很贫乏。

# 开放、增长与转轨

中国入世5年，恰好经历了一轮经济繁荣期。推测起来，这两者之间存在一定程度的因果关系。更深、更广泛的对外开放，让中国从外部世界获得了更多机会和资源，它转化成了快速增长的GDP。但是，对外开放带来的增长，很可能产生一个“非意图的后果”：它是以体制转轨的放慢甚至逆转为代价的。

## 开放是改革的组成部分

始于80年代初的市场化改革，让中国在全球市场化浪潮中占得先机。这一改革是对经济危机的一种回应，改革首先是为了实现增长。不过，随着人们知识的增长，一部分精英群体及广大民众也清醒地认识到：改革，也即体制转轨本身，就具有十分重要的经济、社会、政治价值。从经济角度来看，这一转轨的基本内容就是，摒弃计划体制，逐步建立市场体制。在其中，私人企业成为最主要的经济活动主体，政府对经济活动的干预被控制在较低程度，且依循法律进行。这可以为未来经济的长远稳定增长、为社会的健全发育创造一个大致说得过去的基础。

因此，自80年代初以来，决策者、企业家，乃至整个社会同时在做两张考卷：既实现当下必要的增长，又要推进转轨。由此，在改革刚刚启动的时候，出现了以开放推动改革，以开放倒逼改革的想法、做法。当时，人们缺乏关于市场的正确知识，改革的基本反对力量来自计划体制的信奉者及其理论家，他们的力量非常强大。重要的是找到一个突破口，同时也获得知识。对外部世界，当时主要是对港商投资的开放，带来了市场化的观念，带来了私人企业机制，还对政府原有的管制体系构成了改革压力。

现在回过头来看，以开放倒逼改革之所以成为一种改革的模式，首先是因为，决策者以改革的精神鼓励、推进开放。若没有改革的精神，就不可能有开放。因而，开放本身就是一项改革事业中的一个有机构成部分。

进入90年代之后，市场化已经成为主流共识，成为执政党的纲领，从意识形态角度反市场化的力量已经相对微弱。整个社会从观念的开放中也大体上知道了作为一个制度的市场究竟是什么样的，尤其是知道了市场所需要的政府是什么样的。这个时候，已经无须经过开放那个环节再学习制度改进的知识了。如果要推进改革，所需要的就仅仅是改革的意志，及改革方案的公共选择过程。

然而，恰恰是这个时期，体制转轨在社会政治议事日程的排序中退后了，增长本身反而成了最重要的目标。政府的整个活动从改革导向转向了增长导向。在这种背景下，开放的经济功能就相对单纯了，那就是助推经济增长。

按说，由此获得的增长也没有什么不好的。打破国界限制，在全球范围内实现劳动力、商品、资本、服务的自由流动，及同样严格的私人产权保护，乃是增进人类福利、当然也包括中国人福利的有效途径。对外商开放各个生产与服务领域，开放本国企业到外国投资，开放进出口贸易，所有这些，本身也是市场化改革的题中应有之义，一个经济体健全的市场肯定是对外开放的市场。

问题在于，开放的过程是如何展开的。短期内开放的突然扩展及深化，通常能够带来经济增长的急剧加速。这一点，很有可能遮掩政府控制与管制非开放部门而拖累经济增长的事实，从而使得处于转轨过程中的经济体之决策者，在一定时期内看不到推进转轨的必要性。甚至可能出现一种更为糟糕的局面：各级政府官员从以前的经验中学习到，突然开放所能带来的短期增长收益十分庞大，因而刻意采取某些特殊的措施，推动“开放相关行业”的快速增长，换取短期的增长业绩，为此牺牲其他部门的增长。

## 机会主义的开放策略

不幸的是，大约就是在加入 WTO 后的这几年中，各级政府不约而同地采取了这样的政策。

作为对外开放的一个重要构成部分，近些年来，电信、石油、金融等行业的大量国有垄断企业纷纷改制并到境外上市。然而，改制上市的结果是强化了相关行业的垄断。原因在于，上市产生了一种绑架监管者的效应。这些公司享有的强有力垄断地位，在境外投资者对这些公司股票的估价中占有相当高的权重。决策者明白，任何可能削弱这些公司垄断地位的政策措施，都会引起其股价的急剧下跌。几家电信公司股价就经历过这种风波。这把决策者置于一种困难境地，既要考虑中国概念在外国投资者心目中的形象，也要考虑公司的承受力。在这种情况下，决策部门理性的选择就是继续维护这些公司的垄断地位。

事实也正是，近几年来，电信部门的市场化没有任何进展，石油行业甚至倒退了，垄断企业反而利用产业政策挤垮了很多私人企业。这些行业出现的是一个“再国有化”过程。据此，或许可以大胆地预测：国有商业银行到境外、境内上市，确实可以获得大量资本，也让中国银行业看上去有点市场化的外表。但是，在一种特殊的机制下，表面的市场化很可能排除了真正的市场化：民间商业银行可能永远丧失了市场进入的权利。民间资本最多只能在某些情况下参股国有资本控股的银行，为其输送资源，而难以获得独立成长的空间。

另一方面则是招商引资政策。本轮经济繁荣主要依靠投资与出口，投资的相当一部分来自外商投资，出口的相当比例又出自这些外商投资企业。这一点在增长最快的长江三角洲地区表现得最明显。以明星市昆山为例，2004 年 570 亿 GDP 中，57%是由外资贡献的，99%的进出口总额、85%的工业总产值及税收的 41%，来自外资的直接贡献。

按说，一个地方主要依赖外商投资企业也并无什么不妥。不过，外商投资之进入，并非完全由自然禀赋所吸引，相反，外商投资的涌入在很大程度上是政府刻意激励的结果。在地方政府为了增长而展开的竞争中，各地地方政府为吸引外商投资，采取了系统的亲商、安商、富商政策——这里的“商”当然是特指外商。商务部政策研究室牵头进行过一项调查，测算昆山利用外资的综合激励成本。结果显示，2000—2004 年，政府投入的土地成本、所得税减免和关税减免三方面的激励成本，占到当年实际利用外资的比例依次为 24.56%、40.72%、45.21%、39.01%、43.98%。这个比例，大体上就是外商投资企业可以获得的补贴的比例。

这意味着，在同一个市场上，相对于外商投资企业——更不要说相对于国有垄断企业，本地私人企业处于一种天然不利地位，本地私人企业在土地、所得税、关税及监管等方面系统地遭到本地政府的歧视，其生长发育自然受到抑制。也难怪，在长江三角洲的大部分地区，包括上海，增长速度十分喜人，但私人企业的生长发育却显著滞后，不仅滞后于临近的浙江，甚至不如中西部地区。

据此可以说，漂亮的 GDP 增长表现丝毫无助于体制转轨，甚至恰恰相反。很多人以“非公经济”比例来衡量市场化程度，考虑到近几年严重依赖外资的经济增长模式，“非公经济”这种概念是误导性的。因为，在长江三角洲部分地区，所谓非公经济，大部分是外商投资企业。外商投资企业确实也是私人企业，但地方政府赋予它们以不平等的特权，从而将它们变成了扭曲市场秩序的一种力量。

在这种特权之下，本地私人企业难以健康发育。温州私人经济目前正处于转型的关头，而新到任的当政者决心模仿苏州模式，吸引跨国公司到本地投资。为此政府出台了种种优惠政策，比如，跨国公司可以以低廉价格方便地获得土地。而当地民营企业早就面临着这种资源约束，在政府优惠政策下，外商投资企业获得这些资源，意味着私人企业被排挤，市场秩序遭到扭曲。

## 双层市场结构

这些经济发展最快的地区，或者说，整个中国经济，已经形成了一个相当明显的双层市场结构：上层是享有特权的外商投资企业和政府关系企业，下层则是遭到系统的制度性歧视的普通私人企业，这两类企业生存在大不相同的政治、法律、监管、财税环境下。

这种经济格局颇类似于80年代的双轨制。唯一的区别是，外商投资企业已经大量挤入行政权力维护着的旧体制，幸运地与垄断企业和政府关系企业为伍，坐享特权之福了，在有些地方，它们甚至已经成为旧体制的主体。

这些跨国公司、投资银行当然到处夸赞中国市场是如何美丽，但国内私人企业恐怕不作如是想。这正是问题所在。市场作为一种制度，其基本特征是各类主体在政治与法律上的平等，如此企业之间才有公平的竞争。假如企业之间严重不平等，部分企业享有特权，而另一部分企业遭到制度性歧视，则这个市场就必然是失灵的。

当然，这样的结果不能说是对外开放本身的错，而是政府官员的短视所致。当下的政经体制让各级政府官员理性地选择机会主义的增长策略。既然吸引投资所带来的增长如此美丽，何必改革？既然上市就可以圈到一大笔钱，维持垄断就可以坐享巨额利润，又何必改革国有垄断企业的治理结构？

如此普遍的机会主义增长策略已经在快速增长的经济结构中埋下严重风险的种子。缺乏制度改进，仅靠突然扩大、深化开放所带来的增长，终究是虚幻的。一旦开放效应释放完毕，经济进入一种正常的内生增长状态，增长将缺乏制度基础。中国经济目前很可能就处在从开放效应释放期到正常内生增长状态转换的关节点上。

不过，一旦到了经济增长放缓、改革主题重新浮现的时候，人们将会发现，改革的难度出乎意料地大。原因在于，各级政府为了刺激高速增长而出台的这种保护垄断、制造特权的法律、政策，已经培育出了一个庞大而又强大的既得利益群体。不仅有原先的垄断企业、权贵企业，还新增加了强势的外商投资企业。在近些年某些行业市场化改革中，人们已能看到这些企业的倾向和力量。

那么，中国市场化转轨的任务究竟何时能够大体完成？这是一个问题。当然，人们今天依然陶醉于看似有效的以开放为主要动力的增长机制，这本身就是一个更大的问题。

# 高速增长中的权力与市场

秋　风 QIUFENG

# “经济”的语义学分析

人人都在谈论“经济”。不过，哈耶克在其思想最为成熟的著作《法、立法与自由》第二卷中曾经警告人们，“由于人们一般都把市场秩序描述为一种‘经济’（Economy），所以由此也引发出了一些误导性的联想。因此在我看来，如果我们想确当地理解市场秩序的特征，那么关键之处就在于我们必须首先把自己从这些误导性的联想中解放出来”。或者更进一步说，要恰当地理解权力与经济、政府与市场的关系，似乎同样需要摆脱这些误导性联想。

## 经济学的背叛

简单地说，“经济”一词带有强烈的国家主义色彩。

人们向来都在从事交易、经营活动。但阅读古典著作，几乎找不到“经济”这个词。古典学者会讨论财政问题，但似乎也仅止于政府与人们的交易活动之间的关系。即使汉代实行盐铁专营，其目的也主要是增加政府收入，最多是从政治上抑制豪强积聚财富。

在西欧，到16、17世纪，伴随着民族国家逐渐形成而出现了“重商主义”，逐渐改变了政府与个人生产交易活动间的关系。近代民族国家强调国家的主权性质，而财富对于国家力量是至关重要的，因而国家有必要、也有权利行使对市场活动的绝对控制，让个人生产交易活动服务于民族国家的目标。现代意义上的“经济”概念在这里初显端倪，因为，重商主义者关心的是国家的财富。

18世纪后期兴起的自由主义学说——重农主义及亚当·斯密，扭转了这一趋势。他们探讨的是国民的财富。他们主张，让自然的市场法则自己发挥作用，只要国家不进行干预，国民就会为自己创造出越来越多的财富。斯密明确地肯定了，市场活动主体是身处于市场秩序中的个人。经济增长的动力无关国家，而源于市场秩序内在的属性：分工的深化和细化。

不幸的是，到19世纪中后期，这种个人主义方法论逐渐衰落，取而代之的是来自盛行于欧陆的方法论上的集体主义。技术的进步导致个人在社会科学中被淹没。决定历史命运的是与个人无关、并在个人之上、作为一个整体的“生产力”，它自行发展演变。可以设想，只要某些人认为自己已经掌握了操纵这种生产力发展的奥秘，那他就可以完全控制经济增长的节奏。

专门研究资源有效配置的新古典经济学僭称自己找到了秘密。一般均衡模型意味着，人类可以实现资源的最有效配置。正是在新古典经济学阵营中，计划经济的设想浮现出来。计划经济理论以瓦尔拉斯一般均衡模型为基础，只是中央计划机构取代了模型中的拍卖人。

不能不提到另一个线索：法国启蒙运动期间兴旺发达的唯理主义，比如，孔德的社会学理论。这些理论让人相信，社会是可以由人来全盘操控的。

这两个线索，存在着一个与个人无关的整体性的“经济”，而人可以掌握经济运行的规律并从外部理性地操控，在20世纪中期相结合，形成了主流宏观经济学和发展经济学。这两门学科，已经与《国富论》传统完全决裂：它们研究的主题是国家如何控制“经济”，以实现“经济”的稳定或增长。

这两门学问给政府明确或隐含的建议都是制订计划。瑞典经济学家冈纳·缪尔达尔在其著作《亚洲的戏剧——对一些国家贫困问题的研究》中，对计划经济有过精彩概括：“计划的整个综合思想，就本质而言在方法上是理性主义的，结论上是国家干预主义的。”它不相信自然演进，相反，各种经济条件和其演进“应置于政府的控制之下，以便经济体系能依照有目的地制定且合理协调的政府政策朝所要求的方向运动”。

正是在计划体制下，现代“经济”概念完全成熟。

## 作为一种返祖现象的“经济”

缪尔达尔与弗里德里希·哈耶克分享了1974年的诺贝尔经济学奖，但据说，这仅仅是诺贝尔评奖委员会搞平衡的产物。其实两人的政治立场完全不同，互相也没有好感，在颁奖晚宴甚至互不说话。不过，对计划的特征的总结，哈耶克与缪尔达尔却几乎完全相同。关于这一点，可以参看哈耶克中年时期的著作《科学的反革命》。

计划体制下的经济，与市场是完全不同的。市场是个人自主行动、并且彼此互动的一个网络，在这里，没有自上而下的控制中心，每个人都在正当的法律和道德规则之下追求自己所喜欢的东西。当人们说这是一个“经济体”的时候，其意思就跟说杨树、槐树、柳树等合在一起是“树”一样。

“经济”则不同。古典学者所说的“经济”是指管理家庭事务，其中包括经营性活动。鼓吹计划的学者谈论“经济”，其内涵恰与此类似。诚如哈耶克在《法、立法与自由》第二卷所说，“一种经济乃是由一系列活动复合而成的，而在这些活动中，人们乃是根据一项统一的计划并且依照彼此竞争的目的的相对重要性而为这些目的配置一系列特定手段的。”

今天，当人们讨论某个国家或某个省的“经济”时，就不经意间把国家比拟成一家企业或一个家庭，并预设：这个国家或省内每个人的交易和生活活动是由一个人或机构自上而下地操控的，它构成了一个像家庭或企业似的实体，所有人都按照操控者分配给他的指令，追求某个预定的单一目标，比如，生产若干吨钢铁、GDP增长若干，并且，因为有了现代经济学发展出来的各种工具，这个目标是完全可以实现的。

现代厂商理论的主流解释是，企业是替代市场的。谈论“经济”的人，也把无数个体组成的平面的交易合作网络，简化为垂直型的家庭、企业似的实体。这是一种知识观念上的返祖现象。自20世纪中期以来，经济学家、媒体、民众不假思索地谈论“经济”一词，这标志着，现代民族国家已经完成了对交易活动的全面控制，而且，国家控制交易活动已经成为一种常识，模仿凯恩斯的一句话：人人都是不可救药的国家主义者了。

当然，可能有程度上的不同。西方也有政府的经济干预，但因为大部分资源并非国家所有，各级政府间的权力划分比较刚性，个人权利得到较充分保障，因而，政府其实不可能细致入微地安排“经济”的每个细节，替每家企业、每个个人安排生产与交换角色。

相反，在计划体制下，存在着完整意义上的“经济”。政府控制全部资源，包括自然资源、人力资源。计划机构相信，可以精确地计算出“经济”增长的预期目标，为此可以制订无所不包的计划，详尽地指令每家工厂、每个人应当做什么，每块煤、每千克钢用于什么地方，以使每个人、每单位资源都用于追求计划机构确定的目标。

中国社会启动转型已经二十多年，但现在，官员们谈论起自己辖区的“经济”，就仿佛谈论一个企业或家庭。我相信，大多数经济与社会难题可能源于，这种误导性概念在官员心目中已根深蒂固。

## 增长模式的支点

在中国，我们现在所看到的，仍然大体上是上篇文章所说过的作为一个组织的“经济”，而不是作为一种自发秩序的市场。

政府专业官员及学界专家们确实普遍承认，中国经济当前的市场化水平在60%左右。外人也乐观地称为“新兴市场”。但从结构上看，远没有这么乐观。专家们都同意一点：土地、资本、劳动力等要素的市场化程度，显著低于一般商品与服务领域的市场化程度。三大要素基本上仍然是由权力分配的，而不是通过平等的交易配置的。高层提出转变经济增长方式，说明原来的经济增长方式存在重大问题，是不可持续的；而这种增长方式的问题，恰恰就出在政府对要素市场的控制上。

### 计划经济的“优势”

笔者自接触经济学起，即服膺奥地利学派经济学（Austrian Economics）。在20世纪20年代，某些主流经济学家依据一般均衡理论而论证计划经济的可能性，比如奥斯卡·兰格。路德维希·米塞斯和弗里德里希·哈耶克两位奥地利学派经济学家，却令人信服地证明了计划经济的不可能性。在这场有名的论战中，米塞斯的主要理由是计划体系缺乏价格信号；哈耶克则将其深化为知识问题。就是说，计划当局不可能将分散在个人那里的知识全面收集起来，因而，根本无从制订精确的计划。为了避免市场内在的不稳定而实行计划体制，必然导致更大程度的混乱与波动。

当然，计划经济在有些国家运行了一段时间，现代宏观经济学的集大成者保罗·萨缪尔森在他的著名教科书中甚至曾经反复预言，苏联经济将会超过美国。

秘密可能在于，计划经济并不是对市场的一种模拟，而当初争论计划经济学的两方面的经济学家，都持有这样的假设。相反，计划经济完全实行了另外一套逻辑。政府完全控制所有的资源和要素，并通过复杂的控制体系让每个人、所有要素都服从于政治意志所确定的目标。这套控制体系让计划经济具有某些出人意料的“优势”。

不妨来计算一下计划经济的优势与劣势。

首先，按照哈耶克的范式，从知识的角度看，就这套体系内部而言，计划体制确实无法克服知识上的难题。计划当局不可能掌握分散在个人那里的信息。但是，实行计划体制的国家都是后发国家，因而，它又具有知识上的“后发优势”。也就是说，它可以借用外部现成的发现成果，不管是在产品、技术还是在企业组织形态方面。人们非常熟悉的一个词“填补国内空白”，所说的就是后发优势。国外市场主体已经进行了探索，发现了有效率的产品、服务、技术和企业组织形态。国有企业和计划当局照搬过来，就可以指导经济向哪个方向发展。假如少了这些外部知识，计划当局只能变成盲人骑瞎马。

计划经济还有另一个优势。由于面临委托—代理困境，国有企业的效率确实是低下的。但国有企业的要素投入成本却是低廉的。因为，计划当局可以通过权力，系统地、全面地抑制土地、资本、劳动力的价格，使其长期保持在非常低廉的水平下。事实上，由于政治刺激不断衰减，资本与技术补充乏力，国有企业的效率也呈现递减趋势。因而，计划当局倾向于冻结价格，使之实际上趋向下跌。

可以说，抑制要素价格是计划体制正常运转的要件，只有这样，才能维持低效率的国有企业的正常运转。到了今天，我们依然可以设想，允许利率自由浮动到目前的市场水平，大部分国有企业可能立刻就得破产。

所以，在所有计划经济国家，要素的官方价格都严重偏离国际市场水平，也偏离供需所确定的价格水平。因而，国有企业所获得的剩余，不是来自创新，不是源于知识的增加值，而是来自资源本身，源于官方价格相对于国际市场价格或正常供需所确定的价格之间的那个价差。因而，计划经济的基本模式就是，不断地投资，不断地投入廉价的资源。

知识上的后发优势，加上人为抑制的要素价格，让计划经济可以在一定时间内维持高速增长，但这种增长是不可持续的，因为它实际上并不创造财富，而是利用权力获取资源租金。

## 计划心态

今天的中国，当然不再是典型的计划经济了。但是，人们现在呼吁放弃的那种经济增长方式，就与计划经济具有类似的品质。原因在于，“计划心态”弥漫于整个社会。政府自己一直认为，自己是发展经济的主体，把发展经济视为政府的主要甚至唯一职能，视为解决各种社会问题的最终、也最有效的办法。政府官员也自信地认为，自己有能力让经济发展。

当然,政府确实拥有发展经济的手段。要素仍然大体上由政府控制。政府可以通过国有银行体系和行政控制手段,人为地长期维持低利率。90年代中期以来利率水平一直很低。而依据奥地利学派的商业周期理论,人为地将利率抑制在"自然利率"之下,必然导致全社会生产过程拉长,资源向中间投资品的生产环节转移,用于生产最终消费品的资源则趋于萎缩。

土地和劳动力的价格也被人为抑制。地方政府对土地拥有几乎绝对的权力,连中央政府都拿这种权力没有办法。大量商业用地是以政府征地或拆迁的形式进行的,政府可以依靠强制性权力,将不公平的交易条款强加给农民或拆迁户。政府在招商引资的时候,对有些企业甚至承诺免费供应土地。

现有的户籍制度则压低了工业部门的劳动力价格。在沿海工业地区,工人基本上是外来人口,由于户籍制度限制,他们无从参与本地公共生活,其诉求无法表达,其财政权利无法得到保障。出于群体的自私,在这些工人主张自己的诉求而与雇主发生冲突的时候,服务于本地民众的政府,通常不向作为外来人口的工人提供行政与司法救济。这种权利匮乏,导致工人丧失与雇主讨价还价的能力,使其工资丧失上涨动力,其工作条件也无从得到改善。

要素价格低廉,必然诱发投资狂热,因为,只要投资,就凭空获得了一笔租金。要素价格之所以低廉,不是因为土地、资本、劳动力供应过剩,而主要是因为,各级政府可以控制交易条件,人为抑制价格。

因此,90年代以来所形成的经济增长方式基本上就是权力主导,投资驱动。政府借助于对要素的控制,抑制要素价格,从而诱发高水平的投资,支撑GDP的高速增长。这种经济增长模式的支点就是政府对市场要素的控制与根深蒂固的计划精神。

与纯粹计划体制不同的地方在于,市场活动主体不仅限于国有企业,效率更高的私人企业和外资企业也可以利用这些廉价的要素,政府甚至鼓励这些企业成长,因而,GDP增长速度可以比纯粹计划经济时代更高。也因此,对于这个增长业绩,人们实在难以作出绝对的好或坏的评价。

# 中国模式与印度模式

世纪之交的时候，中国人沉醉于自己20多年的经济增长成就，全世界都在谈论中国的崛起。但是突然，人们注意到，中国的西南邻国——印度的经济增长似乎表现得也不错。于是，把中国与印度放到一起比较，成为全球财经与战略界谈论的一个热门话题。

美国《外交》杂志2006年7/8月号的封面报道是《印度崛起》，共有四篇文章，其中三篇谈论印度崛起对全球战略的影响，第一篇《印度模式》则讨论印度过去20多年经济增长的基本路径。作者达斯先生是宝洁印度公司前CEO，著有《印度挣脱束缚：从独立到全球信息时代的社会与经济革命》（Gurcharan Das, *India Unbound: The Social and Economic Revolution From Independence to the Global Information Age*）一书。

中印过去半个多世纪的发展历程有很多相似之处，20世纪50年代至70年代都信仰公有制和国家控制经济，增长表现较差。两国均从80年代开始进行改革，随后的增长趋势两国也相似，1980年到2002年，印度经济年均增长6%，2002年到2006年年均增长7.5%。在中国，这几年无法抑制的投资过热也推动GDP持续超高速增长。总体来看，过去二十多年，中国在总量指标——GDP增长率上，要比印度好看得多，人均GDP目前已是印度的一倍。这也正是国内部分经济学者以中国模式自豪、并对印度再三撇嘴的主要原因。

## 经济结构印度优于中国

不过，稍微分析一下经济结构，印度模式似乎更吸引人。

首先看产业结构。一般国家的经济增长都是按照农业—工业—服务业的次序展开的，中国就是这样的一个典型，而且是一个非常极端的典型。跟大多数东亚国家一样，中国选择了发展出口导向的劳动密集型加工工业，迅速成长为“世界工厂”，工业比重在GDP中所占比重极高，目前为47%。

但印度似乎是工业革命模式的一个例外，其经济中比较发达的产业是服务业，服务业在印度 GDP 中的比例从 1990 年的 41% 上升到 2005 年的 54%。相反，中国服务业则要落后得多，仅从 1990 年的 31% 增长到 2005 年的 40%。印度的工业只占到其 GDP 的 27%，整整比中国低 20 个百分点。印度最为引人注目的服务业是面向全球的外包业务，这使印度成为“世界后方办公室(back office)”。

产业结构决定了 GDP 的结构特征。在印度，消费是 GDP 的主体，占 64%，即使在欧洲，这一比例也只有 58%，日本是 55%，至于中国，只有 42%。消费为什么会在印度经济增长中唱主角？主要原因可能是，快速发展的服务业使中产阶级规模急剧扩大，他们的消费自然地驱动了经济增长。在过去 20 多年，印度中产阶级数量增加 4 倍，目前接近 2.5 亿。相反，中国致力于发展面向出口的加工工业，因而，大量投资于工业与基础设施，至于需求，则严重依赖出口，这使经济对出口与投资的依赖到了危险的程度：这两项目前占到中国 GDP 的 75%，并以每年接近 30% 的速度在增长。

由此可以看出，印度确实形成一种独特的，与东亚，尤其与中国截然不同的经济增长模式：主要依赖国内市场而非出口，依赖消费而非投资，依赖服务业而非工业，依赖高技术而非低技能制造业。

印度增长模式的社会效果似乎也好于中国。投资银行摩根·斯坦利首席经济专家罗奇说，印度消费驱动的增长方式可能要优于中国的资源动员模式，因为，这种消费驱动模式比起其他发展战略来说，更有效地造福于民众。同样是经过 20 多年的高速增长，中国出现了相当严重的收入不平等，印度的不平等增加幅度却远低于其他发展中国家。以基尼系数来衡量，印度目前是 0.33，美国为 0.41，而中国是 0.45。

当然，印度模式可能存在一个问题，即劳动密集型加工工业发展迟缓，不能为农村低技能人口提供充分就业岗位。

## 增长的道德性

这一结构性差异背后是两国经济增长不同的制度框架。

对此，达斯先生的文章简单地解释说：中国的增长是以国家为中心的，印度的增长则是企业驱动的。在中国，私人企业家始终得不到充分的信任。国家控制的银行发放的信贷只有 10% 给了私人部门，尽管私人部门雇用了 40% 的劳动力。而在印度，私人企业家获得了超过 80% 的贷款。1993 年开始运营的 Jet Airways 已成为印度民航业老大，中国的第一家私人航空公司奥凯才开业一年多，且受到诸多限制。

对达斯先生的这个观察结论可以予以扩展。美国经济学家克鲁格曼在东南亚金融危机之前就指出，东亚模式普遍依赖资源的高投入来换取高增长。在中国，这一点更为明显。国家利用权力人为地抑制要素价格，诱导国内外企业进行投资。尽管中国的法治、产权保护、合同执行等制度基础均不健全，但政府授予投资者的租金却对国内外投资者形成强大诱惑。由此推动的高速增长，也让政府可以回避了制度公共品供应匮乏的难题。

因此，中国经济增长主要依靠资源的高强度投入，在印度，GDP 增长的 30% 来自生产率提高，而不是出自资本或劳动投入增加。根据一项精细的研究报告，印度经济体的年度利润率从 1980 年的 11.5% 增长到 1999 年的 16.5%，这 20 年期间的平均利润率达到 14.3%；中国经济体的年度利润率从 1980 年的 13.5% 下降到 2003 年的 8.5%，中国在 1978 年至 2003 年这 26 年期间的平均利润率是 10.9%。

由此导致的一个重要经济后果是，中国的宏观经济增长表现奇好，却没有产生伟大的企业。印度却已涌现了二三十家世界级公司。还有一个惊人的事实：这套增长机制每天在诱导企业家犯罪，因而，中国企业家的犯罪率肯定是世界各国最高的。从前那些国企强人在风光无限之后一个个落马，在最近若干年发展最快的房地产业，能有几个开发商洁身自好、没有卷入权钱交易？健康的经济增长的主体只能是企业家，如此脆弱的企业家群体意味着中国经济缺乏保持长远增长的基础。

目前印度也试图学习中国模式，吸引外商投资，强化基础设施建设。但是，在印度民主体制的约束下，政府不大可能为了吸引投资而展开冲向底线的竞赛，很难为了吸引和留住投资而授予企业以污染的特权，其劳动力法规也使企业和政府难以合谋控制劳工工资。印度劳动法体系的取向跟中国刚好相反：印度劳动法对劳工的保护在很多人看来过分了，现实的中国劳动法规对劳工缺乏有效保护。

所有这些意味着，印度的增长速度在短期、甚至中期内，绝无可能赶上中国。但是，GDP 增长速度、规模或者哪怕是人均 GDP，难道是一个万应灵丹式的指标吗？经济发展不是开运动会，快的未必是好的。在讨论经济问题的时候，实有必要超越浅薄的实证主义，讨论增长的道德性。这种道德性体现于增长的结构、动力及其财富分配格局中，这些决定着增长能否持久而稳定；也体现于增长的社会、文化与精神后果中，即增长是不是有助于人的圆满，而不是把人工具化，变成增长的工具和财富的奴隶。

## 自然增长与强制增长

由印度与中国的比较，可以引入“自然增长”与“强制增长”的概念。大体可以说，印度所经历的是一种自然增长，而中国所经历的是一种强制增长。将二者区别开来的，乃是国家在增长中所扮演的角色。

使用“自然”一词，就会卷入到哲学史上最复杂、最繁琐的论辩中，从古希腊的“智者”学派，到亚里士多德，经过中世纪的托马斯·阿奎那，再到近代哲学，所有的哲学家都在谈论“自然”，并且，一个时代有一个时代的“自然”。这远远超出了笔者的把握能力。这里，笔者只引述亚当·斯密在讨论政府的恰当职能之前所说的一段经典论述，作为理解自然增长的钥匙：

一切特惠或限制的制度，一经完全废除，最明白最单纯的自然自由(natural liberty)制度就会树立起来。每一个人，在他不违反正义的法律时，都应听其完全自由，让他采用自己的方法，追求自己的利益，以其劳动及资本和任何其他人或其他阶级相竞争。这样，君主们就被完全解除了监督私人产业、指导私人产业，使之最适合于社会利益的义务。要履行这种义务，君主们极易陷于错误；要行之得当，恐不是人间智慧或知识所能做到的。按照自然自由的制度，君主只有三个应尽的义务——这三个义务虽很重要，但都是一般人所能理解的。第一，保护社会，使不受其他独立社会的侵犯。第二，尽可能保护社会上各个人，使不受社会上任何其他人的侵害或压迫，这就是说，要设立严正的司法机关。第三，建设并维持某些公共事业及某些公共设施(其建设与维持绝不是为着任何个人或任何少数人的利益)，这种事业与设施，在由大社会经营时，其利润常能补偿所费而有余，但若由个人或少数人经营，就决不能补偿所费。

斯密的意思非常清楚：没有政府对经济活动的干预，不需要什么产业政策，政府只要提供保护私人产权、合同执行等基本的制度框架，并提供某些必要的公共品，则经济本身就可以保持一定的增长，甚至是最完美的增长。

这是因为，由人所构成的社会内在地具有经济增长的动力机制。第一，人们普遍地具有追求财富、改变自身境遇的内驱力，它会激发出人们的企业家精神，而形成知识创新活动——不光是书本知识，更重要的是“默会知识”。第二，社会自然的分工体系会扩散这些知识，会推动知识与劳动分工的深化、细化，自然地推动贸易范围扩大，增加机会，改进效率。由此形成的经济增长就是“自然增长”。有些学者称这种增长为“斯密型增长”。

这种自然增长当然并不意味着排除人为因素，就好像自然法的倡导者从来不反对实证法一样。自然的增长并不排斥政府的恰当职能。在上述所引亚当·斯密的那段话的后半段，谈论的就是政府应当履行的三项基本职能。

历史可以给人一个更进一步的启示。以法律之治、有限政府为核心的现代宪政制度在英国的第一次确立，对现代市场体系的形成具有决定性意义。斯密的工作是论证，应当依据商业社会的需要对政府进行改造，确立“自然的自由制度”。但在逻辑上，政府的改造其实应当发生在商业社会、发生在市场制度形成之前。英国的历史也正是这样的：先有普通法下的法治及普通法宪政主义，然后才有现代市场。正是在普通法的法治与宪政的框架内，现代公司制度、股票制度及其他金融制度、各种复杂的交易与合作安排才发育起来，工业革命、现代经济正是在此基础上发育成长起来的。

可以说，没有国家或没有政府，就没有市场，也没有现代意义上的经济增长。但是，这里的国家，乃是相当严格地依照其自然的性质而发挥其作用的。国家并不直接追求增长，而致力于追求正义，以保障个人的自然的自由为其主要目标。但这种努力却能带来了一个良好的非意图后果：经济获得了平稳增长的基础。由此得到的增长是自然的，并不是说国家没有发挥作用，而是发挥了一种背景性作用、支持性作用。

### 自然增长未必是低速增长

在哲学传统中，不管是在亚里士多德，还是在托马斯·阿奎那，或者是在格老秀斯、卢梭，都承认“自然的”是好的。在人类历史的大部分时间，经济都处于自然增长状态。但今天，人们已经习惯了强制增长。几乎所有人本能地都是重商主义者，人们认为，政府必须对经济增长承担责任，政府采取直接措施实现经济增长，比如政府投资、产业政策，乃是必要、正当的且必不可少的。因为，据说，国家动员资源、直接介入经济增长，乃是实现传统经济向现代经济跃迁，或者是后发国家实现赶超的唯一可行之路。

某些国家一定时期的强制型增长表现，确实能给人留下深刻印象。苏联的经济增长绩效就曾经让萨缪尔森教授心醉神迷，他的那本久负盛名的经济学教科书关于苏联经济增长表现的描述就非常有趣。在 1961 年出版的第 5 版中，萨缪尔森虽对苏联的统计数据有所怀疑，但依然表示，经济学家们“似乎一致认为，苏联最近的增长率要比美国的增长率每年高出一个百分点”，虽然比西德、日本等国要低一些。从第 5 版到 11 版都有一张图，显示美国和苏联之间的差距正在缩小，并且有可能最终消失。到第 12 版取消了这张图，而代之以一张表，显示在 1928 年到 1983 年，苏联实现了年均 4.9% 的惊人增长，要高于美国，甚至高于德国和日本。到了第 13 版，萨缪尔森则宣布，“苏联经济证明了，与早些时候的悲观主义者的想法相反，社会主义的指令经济能够运转，甚至能够繁荣昌盛”。但从 1992 年的第 14 版以后，萨缪尔森的说法就变了，他承认计划经济是一种“失败的模式”。不过，在第 16 版中，萨缪尔森却仍然坚持，“指令经济有能力调动社会资源以促进经济高速发展”。

指令经济，或者说国家直接介入的强制增长模式，确实能够促进经济高速增长，尤其是在某一限定时期内。但这决不等于说，只有强制型增长能够实现高速增长。事实恰恰相反，自然增长未必是低速度的增长，有时完全可以是高速增长。

最典型的例子是美国 19 世纪中期到 20 世纪初的增长，1870—1913 年，美国工业生产增长了 8.1 倍。1950—1973 年，日本的年均增长达到9.29%。当然，日本存在一定程度的政府干预，但相比于计划经济，日本政府对经济的控制要小得多。

同样，目前印度所经历的也是一种相对自然的增长。受到民主与法治的约束，印度政府直接介入经济过程的程度较低，其增长更多来自于政府放松管制之后企业家的创新，来自全球化带来的机会，来自中产阶级的消费。但近些年来，印度的增长率也一直保持在较高水平上，这两年在 7%～8%。

可以说，相信强政府主导的强制型增长是唯一可行的赶超战略，基本上是一种迷信。

# 文艺复兴型国家

对于经济学家来说，国家的作用是一个永恒的话题——也许只有现代主流经济学除外。也正是这一点，遭到了两位学者的强烈谴责，他们把现代主流经济学避而不谈国家作用视为一场阴谋。

这两位作者是老制度学派在当代的代表人物杰弗里·M.霍奇逊和埃里克·S.赖特纳，前者主编了《制度与演化经济学现代文选：关键性概念》，收录了后者的一篇文章。霍奇逊教授曾经写过一本书《踢掉梯子：发展战略的历史透视》，他的基本结论是："几乎今天所有的富裕国家在过去都使用关税保护和补贴来发展他们自己的工业。"这些国家现在鼓吹自由市场和全球化、甚至成立 WTO，都没安好心，是为了踢掉使发展中国家爬到顶端的梯子。

至于形成于英国、繁荣于美国的现代经济学，当然也是这场阴谋的组成部分。在赖特纳教授眼里，鼓吹"自然的自由制度"的亚当·斯密、提倡公民不服从的梭罗，都是这个知识阴谋的始作俑者。因为，他们鼓吹经济体内在的自然和谐，只要有价格机制，而政府提供公平竞争的环境，市场机制就自然地能使国民富裕。

在这两位教授看来，历史的真相是：西方的富裕不是市场自行创造出来的，而是国家创造出来的，市场本身就是国家创造出来的。赖特纳教授据此提出了"文艺复兴型国家"的概念。这种国家就是在民族国家刚刚诞生之初的那种"积极的理想的国家主义类型"——它其实就是斯密直接批评的"重商主义国家"。

赖特纳把国家对经济发挥的职能划分为三类：第一，国家是制度的提供者，也即建立博弈规则，提供一个公平的竞争环境；第二，履行收入分配的职能并作为一家保险公司发挥作用，即防止不幸，分配蛋糕；第三，促进经济增长，做大蛋糕，也即"国家作为一种生产要素"。

赖特纳指责传统经济学只看到了前两项国家职能，忽视甚至反对后者。而他则认为，这一职能对于从传统经济体系跃迁至现代经济体系具有决定性意义。他认定，作为一种生产要素的国家是所有要寻求发展的民族国家必须经过的一个"强制性通过点"，只有借助于这种强势国家的积极作用，一个经济体才能够突破传统经济的瓶颈，走上现代经济的报酬递增与自强化的反馈机制。

赖特纳概括了这类国家职能的具体表现：引导国家进入“恰当的产业”，在“恰当的产业”中创造比较优势，国家充当基础设施供应商，制定标准，提供有技能的劳动力和企业家，创造需求，尤其是创造对高级产品的需求，强调知识与教育，实行高工资战略，最后一点，国家充当最后的企业家和资本家，就是指创建国家企业。

这些职能肯定已经远远超出了文艺复兴时代君主们的想象范围。它更多地是以 20 世纪下半叶日本所代表的东亚模式为范本的，而这一模式，有学者为其找到了一个名词：发展型国家。所谓文艺复兴型国家，就是借助东亚发展型国家的事后之明，对 16 世纪到 18 世纪的重商主义重新进行一番想象性解释而已。

Chalmers Johnson 通过对日本经济增长的研究，在《通产省与日本奇迹：产业政策的发育，1925—1975 年》提出了发展型国家概念。这种国家介于英美自由市场经济模式与苏联计划经济模式之间，采取市场经济但又实行国家介入。自由市场模式中的国家只是制定市场运作规则，关心的是经济竞争的形式和程序；发展型国家则在此之外，还具有实质性的社会和经济的目的。因而它会制定产业政策，提升其结构以强化国家在国际上的竞争力。

有学者概括发展型国家主要包括以下几个构成：信奉发展主义的理念，将经济发展作为国家最主要的目标；安排发展的先后秩序，如提高国家的生产力、改善居民生活水平、缩小与发达国家之间的差距；特定的政府组织安排，通常是成立一个由理性的官僚所组成的经济发展的领航机构，负责制定经济发展战略，并由强有力的政府机构负责推行政策；与产业协会、企业界之间建立制度化的关系，通过协商方式推行发展政策。如果按照这个标准，20 世纪中叶以来的中国当然不是经典的发展型国家，而是一种超级发展型国家：国家的作用绝不仅限于制定和执行产业政策。

## 主权与市场

不管是文艺复兴型国家，还是发展型国家，值得讨论的关键是国家在现代经济体系形成过程中的作用。

从 16 世纪开始，欧洲国家进入现代民族国家建立（nation - building）时代，诚如《新帕尔格雷夫经济学大辞典》“重商主义”条所说，“重商主义的箴言和建议，乃立国之经济组成部分”。世俗君主们致力于建立其在统治区域内的主权，这不仅包括排斥教会对民众心灵的管理，排斥封建贵族对民众人身的管理，也包括控制经济活动，使之服从于国家强大与繁荣这个政治性目标。

重商主义在法国的君主专制主义版本——柯尔贝主义（Colbertism），最典型地体现了君主追求经济领域之主权的激情：专制主义的信徒柯尔贝（Jean-Baptiste Colbert）绝不相信商人追求私利的活动会让国家繁荣。国家的繁荣当然离不开商人，但要使他们的商业活动服务于国家的强大，就必须严厉地控制他们，包括控制生产过程。结果柯尔贝主义与商人之间频繁发生冲突，柯尔贝的后任对商人的蔑视更强烈——这已是法国人的传统。

这与英国版本的重商主义大不相同。在英国，商人似乎占据主动权，他们乐于与国王们合谋，以获得垄断特权。国王也试图通过授予垄断的方式增加财政收入，强化对经济活动的控制。但是，最晚到 16 世纪末、17 世纪初，英国普通法法院和议会就越来越反感这种垄断，并致力于通过司法途径拆散这种垄断。最积极的是爱德华·库克爵士，他的志向是普通法宪政主义，用法律驯服国王的权力。毫不奇怪，他也坚决反对国王利用特权所设立的垄断。

因此，也许与那些试图为重商主义翻案的人士的想象相反，现代市场体系其实是在对专制君主的重商主义的反抗中生成的，在英国，这一反抗早在 16 世纪末就开始了——此时距亚当·斯密的系统反驳尚有两百年。

当然，这个市场体系本身是如何发育的，是另一个问题。也许，它确实是国家发挥某种职能的结果：现代民族国家建立了全国统一市场和强有力的法律执行体系。尤其重要的是，现代民族国家的崛起，打破了教会对人的精神的控制，使所有人都可以正当地追求物质利益，这释放出了人们在财富创造方面的创新精神。

追求专制统治的君主们曾经试图让这个市场体系服务于他们的政治目标——其实，所有的现代民族国家都有全面控制经济活动的野心——因而两者曾经复杂地纠缠在一起。但由此断言，现代市场体系就是君主们创造出来的，则是荒唐的。

# 发展的迷信

按照有关学者的总结，发展型国家（developmental state）都普遍地信奉“发展主义”的理念，将经济发展作为国家最主要的目标。应当说，这是对传统“国家”概念的一个重大突破，从根本上改变了“国家”在社会、经济领域所扮演的角色，但这种突破带来的是什么样的结果？

## 这国家不是那国家

人为什么要国家？国家是为了什么而存在的？亚里士多德有一个著名的论断：人是政治的、城邦的动物，个人的完善只有在城邦生活中才有可能。这句话有点费解，托马斯·阿奎那在《论君主政治》第一篇中的一段论述，或可帮助人们理解亚里士多德的意思。

“如果人的目的是要到存在于人的本身的任何完美状态中去寻找，管理一个社会的最终目的就在于获得这种完美状态并在获得以后妥加维护。假使一个个人的或社会的这种目的是生命和身体的健康，医生就会操支配之权。另一方面，假使目的在于取得丰裕的财富，社会的管理工作就可以放心地交给经济学家。假使目的是了解真理，则负有指导社会之责的君主就应该尽到教授的义务。但一个社会之所以聚集在一起，目的在于过一种有德行的生活。”因此，“国王的职责是公正无私地治理他的臣民”。在汉代著名的盐铁之论中，代表儒家的贤良文学也开宗明义地说：“窃闻治人之道，防淫佚之原，广道德之端，抑末利而开仁义，毋示以利，然后教化可兴，而风俗可移也。”

看起来，不管是中西，在近代之前，人们都普遍认为，国家乃是为了人的完善而追求某种政治或伦理目标的共同体，国家应当追求正义，为人民的道德完善创造条件。当然，在任何时代，大多数普通人都要通过某种赢利活动维持生存，国王、甚至教士也不是圣贤，同样可能贪婪地追求财富。但在当时，国家本身却并没有想到“发展”。一个民族可能通过殖民活动掠夺其他民族，君主会掠夺他的臣民，而明智的统治者也可能会重新分配土地。但这一切都是财富的再分配与转移，在国家的视野里只有财政问题，没有经济问题。

近代欧洲民族国家及技术变革的出现，在很大程度上改变了这一点。经济问题第一次进入君主和议会的视野。因为，日益繁荣的贸易让贸易成为一个战略武器，战争的胜负也取决于本国的工业力量，总之，国家的实力主要来自“经济力量”。于是，与现代民族国家一道，出现了“国家经济政策”。重商主义就是种种经济政策的大杂烩。

不过，总的来说，在西方国家，尤其是在宪政制度比较成熟而稳固的英美，经济增长始终没有成为国家的支配性目标。仅就这一点而言，在现代世界，这些国家反而似乎带有某种古典色彩。倒是在后发国家，尤其是在东亚，形成了一种“发展的迷信”。

《联邦党人文集》开宗明义地指出，“时常有人指出，似乎有下面的重要问题留待我国人民用他们的行为和范例来求得解决：人类社会是否真正能够通过深思熟虑和自由选择来建立一个良好的政府，还是他们永远注定要靠机遇和强力来决定他们的政治组织。”在美国建国者看来，美国人面临的根本挑战是设计一个良好的政体。而印度尼西亚的苏哈托却是这样说的：“‘新秩序’应该把经济建设放在首先地位。”韩国的朴正熙也说：“今天我国面临的不安和混乱，全部来自赤贫状态。从贫困中摆脱出来，提高人民生活水平是最优先的课题。民主主义的健全发展也好，福利国家的建设也好，归根结底在于经济建设的成功与否。”

为什么会有如此明显的差异？

## 增长喧宾夺主

也许是因为，东亚国家是后发现代化国家。

“发展”本身就预设了先进与落后，面对西方的繁荣与强大，焦虑的后发国家精英们马上就得出了本国“落后”的结论。民族国家观念及其历史也告诉他们，“落后就要挨打”。这些精英立刻迸发出一种发展的激情，他们试图通过发展，摆脱落后状态，追赶发达国家。

但是，文化很难改变，政治变革也比较艰难，最有可能发展、并且实现追赶的领域是经济。借助于西方的科学技术和经济组织知识，后发国家可以在经济领域实现赶超式的发展。在奉行社会达尔文主义的世界上，这种经济发展本身也为国家实现强大提供物质基础。

那些研究发展型国家的学者也提出了另一个解释。按照理查德·多纳等人的观点，发展型国家是后发国家政治领导者在面临强大政治环境压力下找到的一种确保其权力正当性的方案。这种政治环境压力来自三个方面：大众生活水平的下降可能引发失控的群众运动，威胁政权稳定；保障国家安全需要寻求国际贸易和战争物资的支持；政府财政匮乏可能导致预算紧缩。这三者互动形成一种“制度性脆弱”，政治精英必须解决这个问题，而解决的直接方案就是发展经济。

不管怎样，在后发国家，国家把经济发展当做了自己的使命，不遗余力地推动高积累和工业化，把统治的合法性建立在经济的高增长上。当然，这些发展型国家也拥有有效推行必要的经济政策、实现经济高速增长的能力，因为，这些国家普遍建立了一种威权主义政府——事实上，这种威权主义国家本身因为缺乏民意基础，也只能用经济增长业绩证明其统治的正当性。

于是，发展经济差不多成为国家唯一目的，国家成为一台经济增长机器。国家制订计划，国家建立企业，国家通过产业政策影响私人企业，国家也通过种种方式，把社会各个群体整合进增长机制中。

国家甚至为了发展不惜牺牲其他价值，为了效率而牺牲正义。阿玛蒂亚·森在《以自由看待发展》中描述了一种发展观：为了发展，国家必须硬起心肠，拒绝某些当下的诱惑，这包括：建立社会安全网以保护极端贫穷的人，为一般民众提供社会服务，处理民众实际困难时背离规章条例，“过早地”提倡政治权利、公民权利以及民主这样的“奢侈品”。这些东西也许是重要的，但只能、且必须在经济发展带来充足的成果之后再加以考虑。在此之前考虑，是天真的，不合时宜的。

新加坡前总理李光耀说过的一句话可以作为这段话的一个注脚：“今后两年内绝对不允许任何形式的罢工，煽动罢工者将被逮捕。为吸引外资，必须建立适合其状况的国内环境。如果没有产业，我们将彻底崩溃。”

阿玛蒂亚·森当然反对这样的国家，他那本书的主题就是：发展的主要内容应当是扩展自由。事实上，设想一下，如果亚里士多德、董仲舒、托马斯·阿奎那重生，他们会承认这些发展型国家是真正的国家吗？就像圣托马斯所说：假使管理一个社会的目的在于取得丰裕的财富，干吗还需要政治家和政治本身？

## 国家的本分

古怪的理论总是时运不济："北京共识"刚被人提出，中国政府就宣布要转变持续了十几年的经济增长方式。在这之前，东亚"儒教资本主义"及"发展型国家"理论也是80年代被人提出的，但该理论所依据的国家很快就陷入发展的困境：日本进入长期停滞，随后又爆发东南亚金融危机。

相比之下，阿玛蒂亚·森的《以自由看待发展》（*Development as Freedom*）则呈现出一种"事后之明"，它提醒人们思考，东亚社会，从民间到官方，以至经济学界，对增长的普遍迷恋是否可取，或者说，对于一个社会来说，真正的善究竟是什么。

在森看来，一个社会中最珍贵的东西是自由。自由就应当是发展的目的。该书一开篇，森就指出："发展可以看做是扩展人们享有的真实自由的一个过程。"作者在后面又论证了，自由本身也是一种最有效的发展手段。关于后一论点，森的一个经验性论证已经广为人知：一个国家如果有基本的民主架构和言论自由，就不会发生大规模饥荒。

森并不反对国家在一定限度内追求增长。发展型国家所追求的国民生产总值（GNP）增长或个人收入提高，或工业化，或技术进步，或社会现代化，作为扩展社会成员享有的自由的手段，确实可能是非常重要的。在森看来，自由同时还依赖于其他决定性因素，比如，社会的和经济的安排（例如，教育和保健措施），以及政治的和公民的权利（例如，参与公共讨论和检视的自由）。他说，"如果发展所要促进的是自由，那么就有很强的理由集中注意这一主导性目的，而不是某些特定的手段，或者某些特别选中的工具。"

而这正是发展型国家的根本问题所在：它把增长这一实现自由的手段当成了目的本身，个人的自由和权利反而成为实现这一增长目标的工具。这种制度安排确实实现了经济的高速增长——至少在短中期内，但是，一个增长的时代就是一个好时代吗？

森在他的著作第一章引述了印度古老的梵文经典《奥义书》中的一个故事：一个名叫玛翠伊的妇女和她的丈夫亚纳瓦克亚在讨论了致富的方法和手段后，很快就涉及一个更重大的、具有哲学意味的问题：财富在多大程度上能帮助他们得到他们所想要的？玛翠伊想知道，假如世界上的全部财富都归她自己，她能否实现长生不老。她的丈夫干脆地回答："不可能。你的生活会像别的富人的生活一样。但是别指望通过财富实现长生不老。"玛翠伊对此评论说："那么，我要那些不能让我长生不老的财富干什么？"类似的故事，可见之古希腊、中国的经典，值得追求的那永恒的东西未必是长生不老，也许是幸福。

当然，个人为了解决生计，至少要拿出人生的部分用来创造财富。玛翠伊不过是提醒人们，将生命全部用于追求财富是否值得。假如个人换成国家，问题就更尖锐了。一个物质主义的国家是否可取？一个国家，以追求国家和国民财富增长为其主要目标，是否合宜？

## 国家有其本分

如果某个成年人在孩子面前搞怪，人们就会严肃地对他说：大人应当有大人的样儿。同样，人们也会说，老师应当有老师的样儿，警察应当有警察的样儿。

这样的朴素观念在西方自然法传统中发展为一整套精致的哲学体系。人具有其本质性的自然，国家也有其本质性的自然，一个人生活的正当目的就应当趋向于这种自然，这样的生活才是合乎道德的。同样，一个国家也应当趋向于其本质性自然。如果用一个词来概括，那就是"正义"。就像亚里士多德所说，"一个治理者是正义的守护者"，或者像托马斯·阿奎那所说，"国王的职责是公正无私地治理他的臣民"。

这种正义观念，隐含了人人平等、个人自由、私人财产权、法律至上等现代宪政主义的基本要素。用现代的话语说，国家的正当义务就是通过法治，保护个人自由不受侵犯，保障私人财产权，推进平等。相对于其财富再分配性功能，有人把这称之为国家的"保护性职能"。相对于重商主义国家和发展型国家模式中国家创造财富、推进经济增长的物质性职能，则可称之为"政治性职能"。

国家必须优先履行其保护性职能、政治性职能。森自觉地将自己归入这个传统。另有一些学者则基于更现代的理由，而坚持这一点，阿玛蒂亚·森提到了发展经济学的"异议者"——皮特·鲍尔。在主流发展经济学沉迷于国家控制、政府干预的时期，这位学者一直主张，自由市场才是发展的正道，他在 1957 年的一篇论文中说，"我把选择范围之扩展，即人们可以获得的有效备选项范围之增加，视为经济发展的首要目标和衡量标准；我对一项政策措施的判断，也主要看其对于人们可以获得的备选项范围所能发挥的影响。"

只要政府履行了这些职能，则经济、社会、文化就会分别以其内在的动力而自然地增长、发展。也就是说斯密所说的，一旦自然的自由制度树立起来，国民自然地就会走向繁荣。

自然法传统甚至不认为国家能够创造财富、哲学或者诗歌。笔者最近翻译完成一本《自然法的观念史与哲学》，其作者海因里希·罗门曾是德国天主教活动人士，纳粹兴起之后流亡美国，与近些年来在国内学界非常热门的施特劳斯等人一起复兴了自然法哲学。他在这本书中说："不管是自私的个体还是官僚制的工业国家都不可能从事创造性活动。创造性活动只属于人，属于民族共同体，它们有资格成为国家的不朽的基础和天赋土壤。"政府不可能从事创造财富的活动，按照事物的性质，它也不应该从事这样的活动。

如此一来，则评价一个国家是否称职，主要就是看它是否履行了自己的保护性职能、政治性职能。政府热衷于经济增长，并且通过积极的政策而实现了经济增长，也许并不值得称赞。假如它为此而放弃履行那些首要职能，甚至侵害民众的自由，则这种增长的效用就足以被抵消。重商主义或者发展型国家通常就是做这种南辕北辙的事情。

国内不少经济学人不屑于印度的经济表现，那很可能只是因为，他们不像阿玛蒂亚·森那样，在观察经济问题的时候具有哲学的视野，只为肤浅的、高度物质主义化的经济学逻辑沾沾自喜。森明文指出，亚里士多德是他的思想渊源之一。他提醒人们回答一个根本问题：假如发展的目的就是自由，自由就是现代国家所应当追求的本质性目的，而技术进步、经济增长等不过是一些手段而已，那么，国家首先应当做什么？

# 走火入魔的地方竞争

对于经济学家来说，“竞争”几乎就是一个万能咒语。确实，没有竞争，就没有市场，也没有效率。因此，对于中国近二十多年来形成的地方竞争，国内外大多数经济学人持赞赏态度。事实上，大多数学者将中国二十多年来的增长奇迹，主要归功于地方政府之间为增长而展开的竞争。但是，地方竞争如果要占有这个荣誉，那它也该为这种竞争增长方式所带来的问题承担责任。

## 政绩最大化下的竞争

中国过去二十多年的增长令经济学家困惑。在这里，法治一直不完善，没有完整的私人产权制度，政府仍然控制着大多数要素，金融体系也是低效率的，并始终隐藏着巨大风险。但是，中国经济却奇迹般地保持了高速增长。经济学家试图解开这个谜。他们从政府间竞争那里看到了增长的秘密。

政府间竞争的概念，大约源于布雷顿（Albert Breton）所提出的“竞争性政府”（competitive governments）概念。德国维藤大学经济系教授、维藤大学文化与经济体制比较研究所所长何梦笔以此为基础，并依据对俄罗斯和中国转型的经验研究，在《政府竞争：大国体制转型理论的分析范式》中系统提出了政府竞争的理论框架。其实，名噪一时的“财政联邦主义”理论也隐含着政府竞争的含义，尽管这个理论主要关注的是中央政府与地方政府间的竞争。

经济学家是这样解释政府间竞争，尤其是地方政府之间的竞争的逻辑的：自90年代以来，地方政府间为了实现“政绩最大化”而展开了“为增长的竞争”。这种竞争促使地方对基础设施大幅度投资，改善投资环境，加快金融深化进程等。地方为增长而展开的竞争让中国经济在制造业和贸易战略上迅速迎合和融入了国际分工网络。具有吸引力的投资环境和令人惊讶的开放度，就是地方为增长而竞争的结果。经济学家也不忘强调，地方间竞争也有重大的制度性优势：它根本上减少了集中决策的失误，也促使高效率的创新迅速传播。

这一切都是事实。唯一让人奇怪的是，在世界主要经济体中，中国的政治分权程度是比较低的，何以经济增长的动力，却来自地方政府？地方政府之间会展开为增长的竞争？

笔者的看法是，恰恰是低水平的政治分权本身造成了地方政府间的竞争。每个地方政府主政者的政绩，都是由一个中心按照单一的经济标准自上而下地来考核、比较的。可以设想，假如每个地方政府都对其选民负责，因各地民众的偏好不可能是单一的，则地方政府就未必一致投入为了增长的竞争中，而完全可能追求别的价值。简单地说，以经济建设为中心的政绩观及自上而下的政绩考核体系，诱导政府官员实现“政绩最大化”，投入到单一的为了增长而竞争中，而别无选择。

话说回来，地方政府也有能力决定一地的经济增长表现，因为政府仍然控制着要素，并且可以利用合法与不合法的手段，影响企业的行为。研究地方政府间竞争的学者提出了“地方产权制度”（regional property rights of local governments），解释地方政府竞争的主要激励。这是一个很恰当的概念，尽管笔者赋予其完全不同的含义：各个政府将其辖区内的重要资源视为己有，而私人及企业的产权及其他权利，则必须服从于政府的这种支配权。

这两点，让地方政府间竞争既有必要，也具有可能。但也正是这两点，让当代中国的地方政府间竞争，与布雷顿和何梦笔所说的政府间竞争，在后果上存在相当大差别。

## 竞争的前提条件

即使在一般性市场上，竞争也并不必然是有益的。

正确地理解亚当·斯密，不能不关注这位伟大学者的背景性知识或支持性知识，尤其是注意他的《道德情操论》及他的神学背景。因此，当斯密说“个人追求自己利益的活动之所以能够增进公共利益”的时候，其实是有条件的。

第一个条件是由正当行为规则构成之法治秩序，此即斯密所说的“无形之手”。在斯密那里，这个概念最初其实是隐喻上帝。用启蒙的观点看，就是休谟、斯密提出，而由哈耶克深化的概念：“正当行为规则。”第二个条件是具有内在约束的竞争主体。

假如不具备这两个条件，竞争就无益于公共收益，比如，在贪官周围也存在着争夺租金的竞争，但这种竞争只会导致公共资源的净损失。竞争如果是在完全不讲规则的无赖与正人君子之间进行，则很可能是无赖胜出，最后，无赖的做法会被广泛模仿，市场秩序将趋于恶化。

地方政府间的竞争，也需要若干条件。一是全国性法律对地方政府的约束，以此阻止诸如地方保护主义之类的竞争策略;二是本地民众对地方政府的控制与约束,对地方政府来说,这构成内在约束。当然,这两种约束是相辅相成的。因为,当地方政府为了政绩而侵犯本地民众权益的时候,需要全国性司法机构为民众提供及时而有效的救济。

不幸的是,人们看到,90年代以来的地方竞争,在这两方面均有欠缺。这是一种没有规则、也没有内在约束的竞争,从而导致地方政府商业化,地方经济权力化,地方权力粗鄙化。

应当说,政府的内在约束及本地约束尤其重要。地方政府间的竞争其实存在一个委托——代理问题。如果公司治理结构设计不当,管理层就会拿着股东的资源进行竭泽而渔的竞争,自己获得一时之利,而令股东蒙受永久性损失。地方政府间的竞争,也存在这样的道德风险。

给政府及其官员带来收益的竞争策略,未必有益于民众,甚至经常地,官员会采取损害本地民众利益的策略,谋求优良的政绩。不少地方政府的竞争策略就是竭本地民众之福利,结投资者之欢心。比如,压低农民地价,抑制工资上涨,以吸引外商投资……

地方政府间竞争的原型是联邦制之下的竞争性政府。问题是,在联邦制下,任何一个政府都直接对其选民负责,为讨好选民,每个政府都倾向于通过提供和改进政府服务性公共品,吸引人口、资本和技术流入及停留在本地。这种竞争之所以是良性的,是因为,每一个政府都具有健全的治理结构,民众可以控制政府的竞争策略和目标;同时,各个政府的活动都要接受独立法官之审查,民众拥有对抗每个政府的途径。这两项制度确保了政府的竞争不至于损害其他政府的利益,也不至于损害本地民众的利益。

因此,一般而言,地方间的积极竞争,比起地方的懒惰可能要好一些。积极竞争,但却不受合理规则限制、缺乏内在约束的政府,很可能采取扭曲的竞争策略,而令整体秩序趋向坏的均衡。

# 地方不应是公司

现代政府通常是官僚制政府，即使在民主政治下，民众对掌握着权力的官僚也缺乏有效的控制手段，严密的官僚控制体制也会扼杀社会的创新精神。因此，在美国，自70年代以来，一直有人主张在政府治理中引入企业家精神。甚至连民主党的两位智囊人物也曾经写过一本书，《改革政府——企业精神如何改革着公营部门》。

在当代中国，政府不是在引入企业家精神，而是差不多真的已经成了企业家。赞美当代中国地方政府间竞争的人士，经常以企业的视角来看待、分析地方政府的行为。张五常说，“要明白中国的地区政制，我们要从一家公司或一间机构的角度入手。北京上头的运作我一无所知，但地区的政制，是公司制。相比之下，美国的城市，法律上不少注册是公司的，但运作程序是另一回事。”更有人形容，内地地方党政首脑就分别是城市公司的董事长和总经理。公司化的政府，也许很有效率，但这种效率是否能够获得政治上的正当性？

经济学大体认定，企业（厂商）是对市场的一种替代，至于厂商何以会替代市场，经济学家给出了各种解释。弗兰克·奈特说，通过建立企业可以减少不确定性，德姆塞茨则用专业化来解释企业的优势。但最出名的解释是科斯的交易费用理论。科斯在其名篇《企业的性质》中说，“市场的运行是有成本的，通过形成一个组织，并允许某个权威（一个‘企业家’）来支配资源，就能节约某些市场运行成本。”这就是企业存在的效率依据。

简单地说，企业的效率来自其企业内部的“专制”结构。诚如哈耶克所说，市场是一种偶合秩序，企业是一个“组织”。市场秩序的制度基础则是个人自由及分立的产权，依据这种产权安排，个人或企业可以各自按照自己认为合适的方式追求自己为自己所确定的目标，这些个别的、多样的目标可在市场过程中实现偶合。相反，企业是以企业产权为基础，通过一套命令——服从体系自上而下地给雇员安排工作，使之追求一个单一的目标，即股东收益最大化。

假如一个地方确实就是一个企业，那它必然也有这样一套架构。现实的公司化地方政府确实如此。大力鼓吹“经营城市”理念的中国城市发展研究会副理事长朱铁臻曾这样解释：“所谓经营城市，是从政府角度出发，运用市场经济手段，对城市的自然资源、基础设施资源、人文资源等进行优化整合和市场化运营，实现资源合理配置和高效使用，促进城市功能完善，提高城市素质。”这位作者说，城市是最大的国有资产，因而，经营城市的主体就是城市政府。据此可以说，作为一个公司的城市的基本治理结构是：城市政府依赖其对城市、对作为一个整体的城市资源的产权，统一安排城市所有资源，并自上而下地为城市每个企业和个人安排任务，以追求政府所设定的某个单一目标。

也就是说，那些致力于“经营城市”的公司化的地方政府以政府对整个城市的单一产权，取消、弱化了城市内部本来就存在的分立的个人与企业产权，或者刻意地压制了另外一些分立的产权的发育。这就是笔者在上篇中所说到的政府僭取了个人与企业的产权。据此，整个城市的资源变成政府进行赢利性活动的资本，不论其初始的权利属于谁。

这种安排，确实能够在短期内产生惊人的效率，尤其是可以轻易地从外部获得知识的时候。就如同厂商理论中所解释的，以企业内部的命令——服从关系取代局部市场的平等交易，可以提高效率。

## 无人约束的赢利性政府

但是，在真正的市场秩序中，企业始终只能局部地替代市场，替代市场的部分功能。探讨厂商出现的所有经济学家都假定，市场从逻辑上先于企业，且是企业活动的制度基础。整体经济效率只能源于竞争性的市场秩序本身，企业的效率功能之有效发挥，有赖于市场的正常运转。而这种秩序是需要维护的，这个职能是由企业之外的另一个组织——政府承担的。

维护这种秩序，需要同时平等地保障处于两个层面的主体的自由与权利：第一个层面是已经形成的企业的自由与权利；第二个层面则是通过企业宪法构成企业的那些要素各自的权利，资本的权利，劳工的权利。加入企业的这些要素让渡给企业的只是有限的自由与权利，一旦企业、企业的管理层越界，资本、劳工就可以向政府寻求救济。这一点非常重要，它让企业制度不同于奴隶制度，企业的效率具有道德上的正当性。

地方政府成为企业，彼此激烈竞争，但缺乏一个利益无涉的权利界定与保护者，因而，不大可能形成类似于市场秩序那样的政府竞争秩序。任何一位学者如果要肯定所谓“财政联邦主义”或地方政府间竞争，首先就得构想出一个能够生成并有效执行约束这些竞争主体的规则的架构。不幸的是，这样的执行架构今天似乎并不存在。地方政府的不正当竞争行为，比如地区封锁四处泛滥，却无人有制止的意愿和能力。

在另一个层面上，地方政府之间的竞争，必然扭曲一个地方内部分立的个人与企业之间的竞争。因为，政府以其对城市的产权，按照自己的目标来安排城市经济活动。这必然意味着，政府会根据自己的偏好，对不同的个人和企业采取歧视性政策。谁有助于城市的效率、有助于董事长、总经理们的政绩最大化，政府就给予谁以特权和豁免权，给予谁以显性或隐性补贴。

在正常的法治秩序下，每个人、企业，包括政府财产的产权都是十分完整的，地方政府间进行竞争的主要策略是在自己受到限制的权限内改进本地的制度环境。但在内地，政府是城市的产权所有人，则其竞争手段就不用迂回到制度那里，它现成地可以控制各种要素，不受约束地按照自己的偏好分配特权、豁免权与补贴。

这样，在城市内部，个人与企业在自由与权利上是不平等的。一个企业内部当然可以对其资源进行统筹安排，城市的董事长、总经理也正在这样做。为了保证他们所青睐的项目取得较高效率，其他项目、其他人必须让路。这是那些赞美地方政府间竞争的人同样必须面对的一个挑战：当城市公司的董事长、总经理们为了政绩最大化而不惜侵犯城市内部某些民众分立的权利的时候，谁来充当裁判、制止他们？假如没有这套机制，竞争效率恐怕就难以具有道德上的正当性。

那些设想一个地方就是一家公司，政府就是管理层，鼓吹经营城市的人，还得回答更多问题：这间公司的股东是谁？管理层通过什么途径获得权力？他们的经营活动是否对股东负责？股东对于管理层有哪些控制与监督手段？

# 再说地方政府间竞争

在上一篇文章中,笔者曾讨论过地方政府竞争问题。地方政府间竞争被普遍认为是90年代以来中国经济快速增长的一个重要、甚至是最重要动力。但笔者以为,这是一种“缺乏内在约束的”竞争。最近读到张五常的几篇文章,进一步把这种地方政府间竞争上升到政治、政体的层面予以美化,笔者深感,这个问题仍有讨论的必要:何以内地的地方政府间竞争如此突出?究竟如何解释这一现象,并作何价值判断?

## 竞争的限度

讨论地方政府竞争有一个基本预设:包括地方政府在内的政府,可以运用某种手段对经济活动施加强有力的影响。而赞赏地方政府竞争的人士都必然从价值层面上肯定,权力影响以至控制经济是好的、可取的。

人们是很自然地如此这般思考与判断的。近代国家“主权”概念本身就隐含了国家全面控制经济活动使之符合主权者所设定的某一单一目标的必然性,只要国家具有这种意志,它就可以那样做,并且,通常会动员到民意的支持。在现代国家,哪怕是法治相对健全的国家,经济实行国有化还是私营化,在很多时候也变成了一个纯粹权宜性的政策选择问题,而与财产权、与正义等原则没有多大关系。这在罗马法学家或者晚期经院哲学家眼里,完全是不可思议的。

从精神的角度看,近代以来,所有人都成为不可救药的物质主义者。在物质主义看来,经济增长对于个人和共同体的幸福具有决定性价值,因而,人人都希望本地、本国快速实现经济增长。为此,人们也赋予了,或者至少是承认,政府有权采取任何它认为合适的“经济政策”,推动经济增长。当然,这些经济政策通常已得到经济学的论证——近代经济学本来就是一门关于国民和国家发财致富的学问。

在现实中,货币政策被全国性政府垄断,不过,地方政府仍有相当广泛的政策回旋空间,地方政府正是以此展开竞争的。比如,地方税的税收优惠政策,企业补贴政策,政府也可以通过投资基础设施,为经济活动创造便利。所谓地方政府竞争，就是地方政府有意识地采取具有明确目的的政策组合，以吸引某一类企业到本地投资，并为其扩展业务创造条件。地方政府得到的回报可以有两类：税收收入增加，及因为创造就业机会、增加本地人口收入而购买到选票。

但是，在法治相对健全的国家，地方政府所能采取的政策组合会遇到一个天花板，那就是个人与企业的自由与权利。为说明这一点，不妨回头看看内地的政府竞争手段。不管是在沿海还是在中西部地区，地方政府为了吸引外来投资普遍采取放纵企业制造环境污染的政策。有些地方政府许诺，若到本地投资，在若干年内，环保局的人不会到该企业去检查。在法治较为健全的社会，地方政府不大可能作出这种许诺，因为遭到侵权的民众可以通过司法途径主张自己的权利，这种政策几乎是不可能实施下去的。但在内地，遭到侵权的民众不可能找到恢复正义的任何途径，因此，地方政府完全可以不理睬遭受污染的民众的抗议和不满。

因此，在法治较为健全的国家，尽管也存在地方政府竞争，但竞争是有限度的。相反，在内地，地方政府在采取竞争手段的时候，却没有法律与伦理规则的约束。正是这一点，使得内地的地方政府竞争看起来非常热闹，不完整的“财政联邦主义”反而比真正的联邦主义更像联邦主义。

## 强政府、弱权利

内地地方政府竞争是一个非常容易迷惑人的知识陷阱。如果不考虑初始的权利配置，仅考察如此竞争的后果，则可以说，这种不受约束的地方政府间竞争是高效率的，很多人，比如，张五常因此而得出了某些与经济学和政治学的正统教条相反的结论，而对目下的地方政府竞争推崇备至。但是，假如考虑到初始的权利配置，结论就不是那么乐观了。

张五常在解释内地地区竞争时说，“北京当局是大地主，拥有中国的所有土地。大致上，他们把土地以佃农分成的方法租给整个国家的数以百计的县，而县又再以佃农分成的方法租给无数用家。”

这确实就是当下土地制度的现实，这一点也正是“中国独有的地区之间的激烈竞争”的制度基础。不过，张的这一解释并不合乎内地法律规定。根据法律，对于城镇国有土地，政府当然拥有完整的权利，而国有土地之外的全部土地另有其明确的法律所有者，农牧用地均属于农民集体组织。当然，张五常说出了现实。农民并不拥有完整的权利，相反，农民对于土地的权利受到政府的严厉限制，尤其是在土地的权利束中，改变土地用途的权利属政府所有。另一方面，在政府征用土地的过程中，作为征用者的政府可以利用权力将不公平的条款强加于农民，而农民没有任何讨价还价的合法渠道。因而，地方政府反而对农村集体土地享有事实上的控制权。

同样，劳工的部分权利也受到限制。张五常曾说，“县与县之间的竞争非常激烈，大家拼命招徕，而又因为没有劳动人口，土地不值钱，他们善待工人。”这句话绝对可以入选年度最佳黑色幽默。现实恰恰相反，为了吸引投资者，地方政府竞相压低本地工资，其方法是现成的：阻止劳工维护自身权益，使劳工无力与雇主讨价还价。

这就是内地地方政府竞争的基本特征。个人和企业的自由与权利中的一部分被地方政府僭取。内地地方政府拥有其作为政府的一般性权力——或者用普通法法律家更喜欢的一个词，权利。这一点与法治较为健全的国家的地方政府无异。应当说，在此限度内的政府间竞争，不会损害某部分人的权利和利益，因而是一种正当的效率。也正因为此，它只能带来有限度的效率。

而内地地方政府在其应有的权利之外更有一种超常的权力，它对本属于个人和企业的权利，享有某种程度的支配权，并倾向于按照自身政绩最大化原则来利用它。地方官员们拿着本应属于别人的东西去做买卖，他当然可以不计成本。这是另一种形式的“软预算约束”，政府完全可以不顾个人和企业的权利的约束，可以随意地把他们的财产、他们的权利作为一种资源投入，换取本地经济的高增长。这种软约束自然可以使政府在短时期内推动要素超常规投入，让无数经济学家形成一种“效率幻觉”。

## 增长型治理机制下的企业与媒体

因不满一篇有关员工“超时加班”问题的报道，台湾首富郭台铭所控制的台湾鸿海精密工业股份有限公司投资创办的富士康集团旗下公司——鸿富锦精密工业（深圳）有限公司，以名誉侵权纠纷为由，向《第一财经日报》的两名记者索赔3000万元，并已要求相关法院查封、冻结了两名记者的个人财产。

因为涉及媒体，涉及公众最关心的血汗工厂、言论自由等重大问题，因而，这一司法事件迅速膨胀为一起公共事件，登上舞台的有四个主角：企业、法院、《第一财经日报》及当事记者，还有舆论，包括媒体舆论与网络论坛所反映的公众舆论。企业说，我要捍卫自己的声誉；法院说，我的立案程序没有什么问题；当事记者成为人们眼里的受害者和英雄。至于媒体与舆论，则愤怒地斥责企业，并对法院的立案程序之合法性、合理性表示深切怀疑。

后来，事态出现了戏剧性转变：富士康决定改为赔偿1元，但坚持采取司法途径解决，控告对象追加上海《第一财经日报》。深圳中院随后也迅速解冻了之前因富士康申请冻结的翁宝和王佑的财产。如此出尔反尔，且速度转换之快，令人惊讶，也引起舆论的广泛嘲笑。

两位当事记者宣称自己获得了部分胜利，这可能言之过早。但舆论确实获得了胜利，富士康、深圳中院则已经成了铁定的失败者，不管最终审理结果如何。

不过，在笔者看来，整个事件中还有一个至关重要的角色，这个角色在截至目前的事件中从来没有露过面，但它才是整个事件幕后真正的导演。那就是事发地政府。根据翁宝披露的信息，本次纠纷的两大当事人翁宝与郭台铭通过富士康一位来自台湾的高层曾经有过一定沟通，并约定在上海见面。但就在见面前的三小时，该高层称郭台铭有深圳市领导的招待而爽约。这一周之后，两位被告就收到了查封财产的公告，而该法院正是深圳本地法院。

这个情节，恐怕才是整个富士康事件的关键所在：富士康之所以成为媒体调查血汗工厂的标本，它之所以以一种骄横的姿态起诉一家主流财经媒体而法院也密切配合，民众之所以被富士康的狂妄诉讼激怒，秘密正隐含在这个很容易被人忽略的故事中。

## 企业与政府是一家人

90年代以来，中国经济结构发生了一个非常巨大的变化，增长的推动力从中央政府转为地方政府，地方政府间展开了“为了增长的竞争”。大多数经济学家认为，这正是中国经济持续高速增长的奥秘所在。

从此前经济增长的经验中，政府官员都知道，投资是实现GDP快速增长最简捷的途径。地方官员的这种知识来自计划经济时代的经验。中国经济在大多数时间是依靠投资推动的。企业的投资及经营业绩可以直接计入本地的GDP数据中，并成为地方政府官员的政绩。同时，在目前税制下，地方政府的税收主要依靠流转税，取自企业活动，只要招引来投资并使企业开展营业活动，不论其是否赢利，都可以给地方政府带来税收收入。当然，招商引资也可以创造一定的就业机会，从而解决另一个在政府官员心目中较为重要的问题：社会稳定。

整个政府以经济增长为中心，政府推动经济增长又以招商引资为中心，这决定了，在劳工、市民与企业中间，政府必然是亲企业的。为了吸引和留住外商，各地政府软硬两手同时抓。硬件方面，政府出台了土地批租等方面的优惠政策。企业因此获得大量显性与隐性补贴。软件方面，则针对投资者和企业的需求，改进政府服务，比如，改进政府审批程序。在几乎所有地方，投资者、企业家，尤其是外商，确实能够感受到一种“亲商、安商、富商”的政治与舆论气氛。

相比之下，民众、劳工的权利和利益则因此而被忽视甚至牺牲。确实，中国的二元经济结构决定了廉价劳动力的供应近乎无限，但这并不意味着劳动力价格就可以被长期抑制在非常低下的水平。假如劳工的权利——包括结社权、罢工权——得到政府的公平保障，则进入现代经济部门的劳工可以通过某些合法手段，迫使企业提高其工资水平。

但是，一心追求增长业绩的地方政府在执行法律的时候，却不是公平的。在工人主张自己的诉求而与雇主发生冲突的时候，地方政府通常不向作为外来人口的工人提供行政与司法救济。这种权利匮乏，导致工人丧失与雇主讨价还价的能力，使其工资丧失上涨动力，其工作条件也无从得到改善。

这就解释了富士康事件中的一件怪事：国际、国内媒体反复报道该企业的劳工状况，但深圳本地劳动部门始终没有介入进行深入而彻底的调查，反倒是富士康的客户，美国的苹果公司派人进行了调查。

可以说，亲企业的政府必然造成某种“血汗工厂”，尽管其程度可能并不像外人想象的那样严重。追求利润确实是企业家的本分，为此，采取某些措施压低劳动力价格，也是合乎经济学逻辑的。但是，这种压低措施是有一个限度的，而这个限度需要由道德和法律来界定。道德的界定只能通过言论自由来进行，假如人们通过媒体的报道了解到，某家企业对待劳工的措施超出了正常人可以接受的界限，该企业难免面临舆论压力，而改变自己的做法。法律的界定则是政府的职责。假如政府不承担这一职责，一味地保护企业，而对劳工的诉求不闻不问，则企业很可能就会逾越法律设定的界限。如果此时又没有言论自由，则企业必然放肆地逾越人们认为合理、合法的限度，而以一种人们不能接受的方式对待劳工，即形成所谓“血汗工厂”。

不幸的是，在过去若干年，媒体与政府对企业的监督是软弱的。

## 媒体与法院、企业

为了增长，各地形成一套高效的增长主导型治理机制，一切公共权力与资源都被安排用于寻求本地经济高速增长。各级党委紧密围绕经济发展这个“中心”进行工作，各部门的工作都服务于“中心”。即使是党的纪律检查部门，也要紧密围绕经济发展这个中心工作，服务于中心任务。党委也对政府、人大和政协进行整合，要求这些权力机构都围绕经济发展这个中心工作，组合为统一的合力。为此，人大突出经济立法，积极发挥地方立法在完善市场经济体制、改善投资环境、促进地方经济发展上的重要作用。各行政机构也围绕着经济发展中心进行整合。地方政府的科技、教育、文化、卫生等资源也被整合起来服务于增长，工会、共青团、妇联等群众组织也不例外。

同样，富士康事件的另外两个主角——媒体与法院——也被整合进了政府主导的一体化的增长机制中。

首先，受地方政府控制的官办媒体必须奉行一种亲商政策。按照政府的要求，这些媒体与企业的正常关系是合作，而不是监督。官办媒体会大量报道、赞美政府的招商引资活动，宣传那些对本地经济增长作出了突出贡献的企业和企业家。企业家、企业就是地方媒体上最突出的主角。即使有所谓监督，通常也只是小骂大帮忙，只打苍蝇，不打老虎。假如地方官办媒体要想监督本地企业，尤其是对增长举足轻重的企业，必然会遭遇政府方面的压力。

随着媒体市场的初步放开，国内也出现了一些独立性略微增大的商业化媒体，这包括某些比较活跃的地方都市报，也包括《第一财经日报》这样的全国性报纸。他们出于另一种动机而采取了一定程度的亲商政策，即获得广告，毕竟，广告是他们的生命线。

当然，比较而言，这些商业化媒体的亲商色彩没有官办媒体那么浓厚。听起来或许有点怪异，商业化的媒体反而有一定社会责任感。这也许是因为，富有责任感的报道作为媒体市场上一种匮乏的产品，能够给媒体带来一定收益。正是这类媒体，比较积极地对于那些不良企业做了一些批评性报道。这一点，《财经》杂志最为典型。新闻界将此称为“异地监督”。

但是，这样的批评性报道会给媒体带来麻烦，尤其是一旦被诉诸法院，其败诉的概率是比较高的。原因在于，大多数自认为名誉遭到侵犯的企业在本地法院起诉媒体。中国的法院因为严重的行政化而高度地方化，尽管宪法要求地方法院统一执行全国法律，但法院在人、财、物上受到地方政府控制。这些地方法院已经被地方政府整合进了实现地方经济增长的一体化机制之中。党政部门明确地要求法院为当地经济发展保驾护航，法院不能不承担这一政治任务。这项政治任务在具体案件中，则可以有多种表现。最突出的表现就是，当企业与其员工、消费者发生纠纷的时候，企业的权利通常会得到法院格外的照顾。而在媒体与企业的名誉权纠纷中，本地法院也通常倾向于保护本地企业的权益。

由此不难理解，在富士康案件中，为什么会出现某些漏洞与瑕疵。尽管深圳那家法院再三否认立案程序存在漏洞与瑕疵，但法学专家已经提出质疑。以法院应原告请求查封被告个人财产为例，杨立新教授提出：“作为法院，应当对原告的财产保全请求进行审查，对于一个新闻侵权的诉讼案件，无论怎样，也不会赔偿天价的数额，对此，法院应当有一个起码的判断。未经斟酌，就作出这样的财产保全裁定，法院是不慎重的。”张卫平教授也提出：“作为法院，应当思考一下，因记者履行职务所引起的名誉侵权案件，查封、冻结个人财产，究竟是为了保障判决的执行，还是把它作为满足原告基于对被告的一种威胁、一种临时性惩戒而采取的措施？”

正是这样的政治、司法与舆论环境，娇惯了企业，企业正常的权利膨胀为一种不受节制的特权。企业甚至滋生了一种骄横之气，对媒体的任何批评，都不愿容忍。

## 富士康的失算

但是，富士康大约没有注意到，近两年来，舆论与民众心态已经发生了深刻的变化。

大约从2004年开始，舆论就开始对过去十几年来的政经格局进行反思，对经济增长的经济与社会后果进行反思。公众对经济增长本身已经没有多大兴趣了，因为人们认为，经济增长带给自己的收益在递减，自己甚至要为增长付出权利与利益方面的代价。于是，当统计局官员或经济学家兴奋地预言，中国的GDP规模将在某年赶上美国，或者某地宣布自己已经达到中等发达国家的经济水平时，公众都笑了，媒体上的评论则是一边倒的批评。今天这个时代，人们关注的是正义，人们也渴望正义。

在这种社会心理背景下，企业、企业家在公众心目中的形象已经大变。在90年代，企业或许是英雄。到今天，在民众眼里，部分企业，比如垄断企业、得到政府照顾的企业，正在成为贪婪、无耻的化身。人们已经对官商勾结、权力与资本合谋深恶痛绝。媒体顺应民众的这种心声，也已经更愿意进行批评了。

面对这样的公众舆论压力，甚至政府也开始改变对企业的态度。政府官员之所以亲商，仅仅因为企业投资能给本地带来GDP增长，给政府官员增加政绩。归根到底，企业不过是官员实现其政绩最大化的一个工具。因而，在某个限度之内，政府会无条件地支持企业。但是一旦越过了这个限度，政府完全有可能抛弃企业。这个限度是由舆论与政治环境共同决定的。在民众普遍痛恨官商勾结，普遍同情劳工，在高层提出建设和谐社会的时候，政府对企业的保护就不会是无条件的。一旦企业把事情闹得不可收拾，政府官员就会果断地抛弃企业，而企业一旦失去了政府官员的支持，就会一无所有。

可以说，政府控制的一体化增长治理机制娇惯了企业家，让他们以为自己可以为所欲为，他们也确实曾经为所欲为，而当时，人们敢怒而不敢言。但是，当这套机制由于民情、由于政治环境的变化而出现裂缝的时候，企业就处于无人同情、无人支持的孤家寡人状态。

对于中国企业，尤其是那些曾经在一个地方叱咤风云，随意出入政府门庭的企业来说，这是一个困扰的时期，或许类似于20世纪之交的美国企业。企业觉得自己创造了财富，民众对企业的看法或许不完全理性。但是，企业恐怕需要反省，在利用政府特权而专横地对待员工、对待消费者、对待媒体的时候，又何曾是理性的？面对如今的民情，企业家需要学习承担起自己的责任，节制自己的行为，把自己与权力剥离开来。任何一个社会都不可能容忍企业无视社会的基本价值和公众的基本情感，更不可能容忍资本与权力密切捆绑在一起，富士康事件或许可以把这一点教给企业。

# 监管的傲慢

在云南昭通地区，外出民工务工2006年收入共计21亿元。其中通过银行等渠道汇回的款项不到50%。云南省银监局的一份调研报告显示，在以昭通为代表的云南偏远农村地区，私下从事资金汇兑的民间机构正在逐渐增多。在监管当局及新闻媒体眼里，这成了一个问题。于是，它遭遇民间自发形成的金融制度的共同命运：来自监管，甚至公安部门的整顿、打击。

然而，代表着现代经济的政府监管机构，有没有资格监管传统部门自发生长出来的、旨在满足自身需求的金融制度？即使有这种资格，应当依据何种规则进行监管？

## 现代性的自恋

在一个城乡二元经济体中，现代经济部门当然需要现代金融制度相配合。银行之类的现代金融制度组织化程度比较高，因而，与传统的票号、钱庄相遇，后者无法与之竞争，而自然地被淘汰。这种过程发生于20世纪初。不过，这些票号、钱庄其实是城市的，与银行的市场覆盖范围重叠，发生正面碰撞而被其替代。

但是，乡村的传统金融制度，比如各种形式的合会，则是现代银行所不愿介入的市场。所以，至少在20世纪50年代之前，乡村自发形成并维系的金融制度仍然存在，彼时的民商事法律对于这些传统金融形态大体采取的是放任政策。

从那之后，情况发生变化。随着权力深入民间社会，现代金融网络也向乡村社会伸展。当然，这种扩张基本上是权力驱动的，而非市场需求驱动。看起来比较现代的银行，服务乡村的功能远小于其汲取乡村资源的功能。

政府为了将所有资源集中于自己手中，以实现自己设定的经济与政治目标，必须维持这一网络的垄断性。从另一个角度看，因为现代金融体系向乡村的扩张不是出于市场的真实需求，因而，其扩张是无效率的。为维持生存，使之免遭竞争压力，同样必须维持官方金融网络的垄断性。

这种垄断在80年代之前没有遭到任何挑战，因为，所有剩余皆被现代经济部门剥夺的乡村，并无任何金融活动可言。但80年代之后，随着个体私人经济发展，乡村金融体系自然地复苏，并渗入工商业领域，从而形成了一个与官方金融部门相对的民间金融部门。

十几年来，政府持续地执行了一种取缔、打击民间自发金融活动的金融监管政策，民间自发金融只要具有一定规模，就自然地被视为一种刑事犯罪活动。有些学者也带着一种现代化偏见，称其为“地下”金融，或“非正规”金融。现代金融体系及其观念，面对着自发生成的民间金融体系，赤裸裸地呈现出其霸权姿态。

监管部门声称，这是为了防范金融风险——这简直是一个黑色幽默。民间金融活动因为高度分散，绝无可能酿成系统性风险。恰恰是在城市现代金融部门，由于垄断及因此导致的无效率，而给整个经济积累了巨大的系统性风险。当然，它也是寄生性现代经济部门一个牺牲品。只是由于政府可以不断地利用公共资金填补这个体系的巨大窟窿，所以尚可维持一个光鲜的外表。

如果摒弃现代性崇拜，人们或许可以更准确地评估，官方现代金融体系与民间金融体系两者，究竟谁对经济的健康增长贡献更大，谁带给经济的风险更大。对于权力驱动下整个现代体系的扩张，笔者更愿意保持一种审慎态度。再以现代教育体系、尤其是垄断性的现代教育体系为例，它究竟是帮助了乡村的发展，还是导致了乡村的衰落？现代教育体系所传授的知识、所灌输的意见，对于大多数注定无法进入城市生活的学生，究竟有何价值？至少在一定程度上，这种垄断性现代教育的功能是把乡村中最有能力的人从乡村选拔进城市，如同垄断性的现代金融体系把乡村的资本转移到城市一样。

## 监管就是风险

假如监管部门确实想防范这些民间金融活动的内部风险，那它就不应当迷信源于现代金融实践的“外部规则”，这种依据外部规则的监管，因为扰乱市场参与者的预期，只会放大风险。

由于效率低下，现代银行纷纷收缩原来由权力支撑的营业网点，邮政部门的服务能力同样低下，因而，云南省银监局也不能不承认，民间汇兑机构在方便群众、弥补金融服务不足方面，确实发挥了比较好的作用。但据说，这些民间金融组织存在明显的“身份认知”问题。也就是说，没有得到官方认可，成文法中没有关于它们的身份的明文规定。而法律没有规定，就是不合法的，就蕴涵着巨大风险，就应当予以打击。比较温和的做法，则是将其正规化，但同样认定其风险巨大。

这里的逻辑跳跃也太大了。现行金融法律都是针对现代金融活动制定的，因而它们其实属于某种特别法，但立法者及监管者却将其视为普遍性法律，要以其管制立法时根本就没有考虑过的民间金融活动。这是一种现代性的自负。

当然，成文法没有规定，并不意味着民间金融活动中就没有法律，完全是无法无天的。那里其实是有法律规则的，那是在市场交易过程中自发形成的规则，或者是习自传统的规则。用哈耶克的术语说，这些属于“内部规则”。

其实，在任何一个商业交易领域中，都存在这种“法”。在欧洲中世纪的商业繁荣时代，形成了所谓的“商人法”。威尼斯之所以繁荣，就是因为那里执行的是自发的商人法，而不是“国家法”。英美为什么能发展出现代市场制度？也是因为，普通法灵活地承认并随时吸纳各个领域中形成的内部规则。中国古代同样有发达而完善的商事习惯法。

中国现代金融发展的悲剧在于，国家沉溺于现代性崇拜中，从来不接受民间金融领域自发形成的内部规则，相反，总是试图用现代金融制度管制民间金融。但对于民间金融，这些貌似现代的规则，只是一种强加的“外部规则”而已，它与民间金融本来就是不相干的。因而，这种管制只能打乱民间金融的自然生长，破坏市场参与者对内部规则的遵守、信仰，强化所有人的机会主义倾向。

因此，民间金融如果有风险，那最大的风险就来自试图用外部规则取代内部规则的现代金融监管活动本身，来自对国家权力的崇拜及现代金融的自恋症。

在二元经济基础上，不应当指望形成一个统一的金融市场。而多元的金融体系当然需要监管的多元化，包括规则的多元化。金融监管部门的理念完全是现代的，那它就应该集中监管现代金融部门。

至于民间金融部门，它本来就是在自发形成的规则之下运转的，可以推测，此规则必能实现资源的高效配置，对交易各方也是公正的。因而，如果政府要进行监管，则司法监管就足矣。法官通过对内部规则的解释、阐明和执行，即可使民间金融部门的交易秩序正常维系。

# 旗帜鲜明地支持温州模式

人们近来热烈议论的苏州模式，基本上就是过去十几年各地普遍奉行的主流经济增长模式，只不过别的地方没有苏州表现得那么淋漓尽致、那么极端而已。以现在的目光看，苏州模式是不可取的，温州模式则是一种珍稀的异类。后者在普遍扭曲的经济体中昭示了一种相对较为健康的市场发育乃至社会秩序发育的模式。不幸的是，今天，温州却正在走向已被普遍认为失败的苏州模式，造成这种危险的，正是苏州模式的致命病因：政府官员的理性自负，自利动机，及其权力不受约束而导致的权力滥用。

## 苏州模式是政绩经济

苏州模式滥觞于20世纪80年代以政府主导发展乡镇企业为重要特征的“苏南模式”。90年代中期，“苏南模式”难以为继，苏州迅速转向引进外资之路，由此，GDP开始了高速增长，苏州也一时成为经济增长的楷模，其主政官员被拔擢至其他省份任职，就是一个显著标志。但以事后之明，这种增长却并没有给当地民众带来多少实惠，媒体用“贫困的苏州”来形容苏州模式的社会后果。这一点都不奇怪，而是苏州模式的必然结果。

苏州模式的基本特征就是政府强力主导，拼命吸引外资，依靠高投资实现GDP的高速增长。为了吸引和留住外资，政府必然通过种种措施，人为抑制劳动力成本本来具有的上涨趋势。因而，在苏州模式中，社会财富分配向资本、向企业，尤其是外资企业倾斜。

同样，政府全面控制、管理和操纵经济，官员们必然选择那些能够实现财税收入最大化的产业模式。因为目前的官员考核体系以地方GDP增长率为最重要指标，所以，政府官员也追求那种能够实现名义GDP最大增长的产业结构。至于民众的福利，企业提供就业岗位，尤其是高收入就业岗位的效率，并不在政府设计产业结构时的考虑之列。如果民众的收入竟然有所提高，那也主要是市场自发运行的一个意外结果。

苏州模式当然不是计划经济，但也不是市场经济，而是奇特的“政绩导向的威权经济”：政府官员基于其对资源的强力控制，按照政绩排序，人为地设计一种产业结构，使当地所有企业和民众服务于其所设定的政治与经济目标。这种模式最有利于实现主政官员收益最大化。温州新任主政者之所以放弃温州模式，而力排众议走上苏州增长之路，奥秘恐怕正在于此——对任何官员来说，苏州模式具有致命的诱惑。

## 温州模式是自发的市场秩序

温州模式则是著名思想家弗里德里希·冯·哈耶克所刻画的市场自发秩序的范本。自发的市场秩序之所以在这里得到健全的萌芽、发育，是因为这里本来就是计划经济的边缘地带。也因为，由于种种历史文化原因，这里的民众具有较为强烈的自由精神及充沛的企业家精神。计划经济的松动，让他们获得了机会，从而创造了令人瞠目的经济增长奇迹。

事实上，可以说，温州模式是80年代初期自下而上的改革时代的一个珍贵遗留。在那个时代，计划经济的控制放松，曾经被排斥在旧体制之外的民众的创造性释放出来，劳动生产效率大幅度提高。其结果是经济的高速增长，以及最重要的，低收入群体的收入大幅度提高，从而出现了过去五十多年中唯一的一段贫富差距趋向缩小的时期。这是因为，民众收入的增加来自劳动者自由的扩大、劳动分工的深化及这些因素所导致的生产效率之提高。

但90年代以来，由于种种复杂的政—经因素，逐渐形成了政府主导、投资驱动的经济增长模式，而温州却幸运地仍然沿着80年代初的轨迹向前延伸。在经历了最初的混乱之后，到90年代，与苏州、与全国的增长轨迹相反，形成了一种相对健全的自由市场增长模式。温州模式系以家庭式的私人企业为基础，以民间灵活的金融制度为支撑，以自发扩展之产业结构为依托。

与苏州模式相比，更不要说与北京模式、上海模式相比，温州的产业结构显得相对土气，新上任的市委书记就抱怨温州企业“低、小、散”。但笔者不能不遗憾地说，这位市委书记尽管控制着一方之经济，却丝毫不明白经济学的基本原理。他不明白，这种产业结构乃是市场通过自我扩展而自发形成的，每一个看起来低、小、散的企业，都有机地嵌入当地复杂的分工合作网络中。甚至可以说，企业的低小散，正是分工网络高效运转的前提。低小散标志着温州的分工已经细化、深化到无以复加的程度，而任何一位真正的经济学家都会为此喝彩。因此，温州个别企业看起来是低、小、散，但温州整个分工合作网络却是异常坚实的、高效率的，且每个企业的位置都是最优的。

也因此，温州经济自成体系，没有出现过政府人为操纵所导致的增长的明显起落。这张自发形成的分工合作网络具有外人难以想象的弹性和灵活性。当然，这种网络创造财富的能力也是外人难以想象的，低、小、散让每个人都有机会发挥自己的企业家精神，而企业家精神正是利润的唯一来源。

十几年来，专家、学者和评论家孜孜不倦地谈论着温州模式的缺陷，为温州产业结构的升级换代出谋划策，这些议论所暴露出来的只是专家学者的自负与无知，他们不了解，私人企业通过自发分工合作而形成的产业结构，就是最合理的产业结构。

## 温州秩序不限于经济领域

事实上，温州模式的价值并不仅在经济效率方面，同样重要、甚至更为重要的是这种模式可能具有重大的社会、政治乃至精神价值。

一个最为引人注目的现象是，温州人是富裕的，且是一种普遍的富裕。这一结果的奥秘在于，温州的市场是内生的，并且按照分工合作的原理自然地扩展，从而将当地所有民众吸纳进来，令其在市场中获得机会。这种自发秩序不会刻意地照顾任何人，而天然地倾向于使财富在所有市场参与者之间均衡地分配。在这种秩序中，每个人都可以自由地利用其天赋和技能，找到属于自己的位置，并有同样的机会利用他人的知识和市场的合作网络，提高自己的生产率，增加收入。在今天人人议论贫富差距扩大的时候，人们更深刻地意识到，温州模式下的社会分配结果，对于一个社会的稳定具有决定性意义。

另一个引人注目的现象是，温州的商人自治是全国发育最为健全的。温州在全国城市经济中排不上号，温州商人中也未必有几人能跻身那些花哨的富豪排行榜。在北京、上海、深圳，多的是坐拥百亿、数十亿资产的资本家、高级企业管理人。但在所有这些地方——包括苏州，企业自治、商人自治几乎是一片空白。商人只是被动地充当着政府管理、管制的对象。相反，在温州，各种形式民间的商会、同业公会相当健全，他们的治理也是卓有成效的。反过来，这种商人自治已经成为抵御政府不合理干预的有利屏障，也正是保证温州市场持续健全生长的制度基础。具有自主意识和自治能力，是人成年的标志，商人自治乃是市场成熟的标志。

同样，在温州，村民自治选举与人大代表履行职责方面的民间自发创新，也频频引起人们的广泛关注。温州的精神生活领域也具有进一步观察与研究的重要价值。可以说，以自由市场为基础的温州模式，已经呈现为一个包容更大领域而又初具规模的“温州秩序”。对于中国社会之向民主法治转型，温州秩序具有一定的标本意义。

## 谁来约束主政者的权力

当然，温州模式并不是不存在问题——世间本来就没有完美的事物。面对自发的市场秩序，政府也不是只能绝对地置身事外。理性是重要的且必要的，政府可以基于理性的权衡，对市场的规则、结构进行某些干预。但重要的是，这种干预是有前提的：干预者必须对自发秩序保持足够的敬意，并时刻意识到自己理性的不足，审慎行事，以防扰乱市场内生的秩序本身，导致某种坏的“非意图后果”。

可以说，温州模式之所以能够从80年代初起步并幸运地延续到今天，就与温州本地政府及浙江省当局面对温州的市场自发秩序采取“无为而治”的明智做法有关。尤其是自90年代以来，当几乎所有专家学者都批评温州产业结构的时候，当全国各地的政府都走上了不计成本地招商引资之路的时候，温州仍可不受干扰地走自己的正确道路，实属难得。

如今，温州的主政者却雄心勃勃，试图在温州吸引跨国公司，发展重化工业。假如是在不扰乱现有的温州模式自我扩展之外，为温州增加这一块经济活动，似乎也未尝不可。或者，假如外商看中这里的资源或知识优势，投资于此，温州人自然也不会反对。但目前的趋势似乎不是如此，他不是要对温州模式作一些“边际上”的补充，而是试图在温州另起炉灶，颠覆温州模式。他对温州模式的总结——低、小、散，就蕴涵了强烈的价值判断。目前的操作手法是苏州式的，其所追求的最终目标，同样是苏州式的。

首先，是政府在主导招商引资、产业优化。危险在于，无为而治的温州治理传统正在终结，一个类似苏州那样的强势政府可能出现在温州，而这将意味着，若干年后，温州可能会面临今日苏州同样的后果。只是，主政者本人却很可能已因为政绩出色而高升了。正是受这一美好前景的吸引，主政者才产生了力排众议的勇气。人们不能不思索一个问题：任期有限的主政官员是否有权强制改变本地经济的基本发展模式，尤其是这一模式已被证明是成功的？谁来约束这类“过路神仙”的这种权力，如何让主政者真正地接纳本地民意？

其次，为了招商引资，主政者开出了种种优惠条件，尤其是人为压制供地价格。而在土地资源已经相当稀缺的温州，这意味着，本地企业的资源将被外来者吞噬，本地企业在获取资源方面被置于政府设置的不公平竞争环境中。在苏州模式中，政府本身就是企业经营环境不公平的主要制造者，因而，民营企业的发展受到了严重抑制。温州主政者正向这条有悖于市场经济发育的邪路上狂奔。人们同样需要思考一个问题:怎样才能使政府履行自己的正当职责?当其反而采取与自己的正当职责完全背道而驰的政策的时候,有什么机制可以阻止政府?

可以说,温州模式的成功依赖的是政府对自身权力的自觉节制,而防止温州模式的毁灭,关键亦是节制政府官员,尤其是所谓"一把手"的权力。

# 新国有化运动

市场化改革的基本内容就是放松政府对资源的控制，向私人资本开放原来由国有企业垄断的市场。计划体制所面临的不可克服的缺陷，使得以国有企业为主体的经济体制，只用了30年时间，就耗尽其全部增长的力量。随后政府被迫进行经济体制转轨，其总体方向就是国际上流行的私有化，或者国内所说的“民营化”，让私人企业成为经济活动的主体。

中国经济过去二十多年的奇迹增长的根本基础，就是因为政府放松管制，个人获得一定的活动空间，国人被抑制的创业精神爆发性地释放出来。这些私人相对自由地运用私人积累的资本，进入越来越广泛的市场领域，以远高于国有企业的效率，为资本持有人自己，同时也为整个社会创造财富。

然而，怪异的是，自90年代中期以来，尽管“姓社姓资”的辩论已经烟消云散，市场化已经成为整个社会的政治共识，但在经济领域，国有企业反而一改往日的守势，改采攻势，不断扩张。尤其是近几年来，在资源性行业、基础性行业，形成了一股相当明显而强烈的“再国有化”趋势。

以钢铁和石油产业为例。最新一轮经济繁荣的一个突出特征是民营企业大举进入很多原来由国有企业垄断的行业，钢铁行业看得最为清楚。2004年，政府进行宏观调控，民营企业成了事实上的主要调控对象。就在政府严厉整顿江苏民营企业投资的铁本集团之际，就在河北的民营钢铁企业面临强大调控压力之际，几家外资与内地国有企业合资组建的钢铁企业却热闹开业，宝钢也宣布了其雄心勃勃的投资扩产计划。

在石油行业，在陕北，仅有的一点民营原油开采业务，也被政府与垄断企业合谋强行收归国有。在炼油行业，由于石油成本提高，运输成本提高，2005年下半年，在全国大面积出现成品油供应不足的时候，民营炼油企业却纷纷降产、停产，5000万吨的年产能只有不到一半在开工。至于成品油零售领域，中石油、中石化两大垄断集团也不断挤压民营加油企业的生存空间。

总之，过去几年，在有些行业，国有企业的市场份额在扩大。国有企业的利润持续大幅度增长，利润尤其向中央企业集中。这种趋势对民营企业产生了一定“挤出”效应。

这确实有令人高兴的一面，它意味着国有企业改革取得了一定成果。自80年代以来进行的国有企业产权改革、经营管理机制改革初步显示出一定效果。过去二十多年的艰难历程，已经淘汰了大量效率比较低下的中小型国有企业，剩余的国有企业的自我生存能力应当是比较强的。这些国有企业经过90年代的大规模改制，企业治理结构和经营机制发生了比较可取的变化，能够在一定程度上模拟私人企业，企业运营效率有所提高。另外，近几年来，资源价格和基础性商品价格不断上涨，而国有企业集中于这些领域，其利润自然水涨船高。

## 产业政策：第二十二条军规

假如国有企业确实都是依靠自身的竞争力、依靠市场运气自然实现扩张的，那当然也是合乎公共利益的。但仔细检讨当会发现，除了上述因素之外，国有企业的发展壮大在相当大程度上依靠的是倾斜性政策的保护。经济领域很多法律、政策带有比较强烈的倾向性，或者即使看似公平，但事实上仍然有利于国有企业扩张，而挤压民营企业的生存环境。最近几年制定的几项产业政策最清楚地显示了这种偏向。

2005年年中，国家发改委公布了《钢铁产业发展政策》，其中的一个主要政策取向就是提高产业集中度，培养实力强大的集团。为此，政策明确了行业进入门槛：普钢企业上年的钢产量必须达到500万吨及以上，特钢企业产量要达到50万吨以上。同时，对于已有的中小企业，政府也已经确定了推动企业兼并、联合重组的思路。

在成品油销售领域，2005年6月份商务部出台的《成品油批发企业管理技术规范》和《成品油仓储企业管理技术规范》给民营企业设置了几乎不可逾越的门槛：成品油批发企业要有30个以上自有或控股加油站，要有两年以上成品油零售业务经验。

汽车行业同样以投资和生产规模作为主要的进入门槛。

从表面上看，这些产业政策似乎并没有错，提高单个企业规模、提高产业集中度，要求企业在高起点上进入，似乎可以推动整个行业提高生产效率和技术水平。然而，在中国很多行业，历史形成的现实背景是：具有规模的，恰恰就是由国家不计成本地投资形成的国有企业，或者只有跨国公司具有政策要求的进入标准，而民营资本在进入之时，当然不可能有较大规模。即使已经进入若干年，由于政府政策多变，由于企业融资存在难题，其规模也不可能迅速膨胀。因而，强调规模和技术水平的实际效果是，民营企业几乎不可能进入很多重要行业，即使原来侥幸已经进入，也要么将被政府强令退出，要么投身国有企业。

可以说，这些产业政策是典型的“第二十二条军规”：本来，只有进入市场，企业才能在竞争中自然地做大做强，但现在，宏观管理部门却要求你一开始就得具有相当的规模和实力，问题是，从前的市场本来就是封闭的，企业又如何在这个领域中具有规模和实力？

正是这些似乎很公平的产业政策，将《非公经济 36 条》承诺给民营企业的市场进入权一个又一个架空。这一年反而成了民营企业退却年。只有原有的企业——也即国有企业——继续占据垄断地位，而刚刚进入的民营企业则被驱逐排挤，由此导致市场化的倒退。

2005 年年底，国家发改委出台了《促进产业结构调整暂行规定》，基于钢铁、水泥、汽车、铝业等行业将会出现“生产能力过剩”的基本判断，发改委有意通过“市场与行政相结合”的方式，“限制和关闭落后、高耗能产能”。假如这一政策开始执行，很多民营企业将难逃被调整的命运。大型国有企业及国有企业与跨国公司所建立的合资企业则可以扩张其市场份额。

### 不对称的影响力

没有人知道，在这些宏观调控政策与产业政策的制定过程中，国有垄断企业究竟施加了哪些影响，但从一些蛛丝马迹可以推测，大型国有垄断企业具有超强的游说能力，有能力使政府的产业政策都向自己倾斜。国有垄断企业与政府能够产生话语上的共鸣：国有企业大谈经济安全、能源安全、航空安全、装备安全、电信安全，而垄断企业的利益一旦与国家安全利益捆绑在一起，其说服力就会所向披靡。

同时，这些企业与政府部门之间有直接的利益关系。行业主管部门或者相关领域的政府监管部门与这些垄断企业有千丝万缕的联系，这些部门的政绩也与其所主管和监管的企业的业绩有直接关系。于是，这些企业就在政府内部拥有自己的利益代言人。很多行业政策就是由垄断企业主导制定的。舆论怀疑，很多产业政策就是为垄断企业量身定做的。

相比之下，民营企业对政府的游说能力和渠道却非常欠缺。民营企业缺乏真正的自治，因而没有能力形成共同的诉求，即使形成一定诉求，也无法有效地进入政府的立法与决策过程中。

当然，国有企业的游说之所以能够发挥作用，还因为政府相信一套逻辑，这套逻辑让政府容易接受国有企业的说辞，并倾向于维护部分国有企业的垄断地位，在某些特定环境下，强化其垄断地位。这就是赶超心理和“现代化崇拜”。自近代对外开放以来，面对西方的强大，中国人始终有一种赶超心理。而政府始终认为，最高效的赶超主体就是国有企业。赶超心理在50年代中期达到顶峰，于是，就是采取全面计划体制，通过单一的国有企业，实现经济增长。计划经济也确实创造过增长的奇迹，但那是一种不可持续的体制，最终，计划体制崩溃，大量国有企业在80年代之后破产倒闭，国有企业成为淘汰和改革的对象。但国有经济在政治上比私营经济更正确的意识形态，始终没有改变。

90年代中期，中国经济的实力开始增强，也开始实质性地融入国际经济体系中，人们开始注意到国际竞争。此时，在决策者那里，逐渐形成了一种“现代化崇拜”，相关部门官员迷信企业规模，迷信技术水平。政府开始强调组建大型企业集团，参与国际竞争。而身处现有体制的夹缝中，民营企业当然只能从小规模、低水平起步，自然遭到各级政府的排斥。各级政府采取了很多措施鼓励合资企业发展，也采取不少措施保护某些企业的垄断，而鼓励民营企业发展的政策措施，最终似乎多数落空。

## 民营企业退却祸福难料

经济学理论及20世纪东西方各国的历史均已证明，国有企业的效率不可能与私人企业、民营企业相提并论，这也正是改革的基本动因。通过对民营企业开放市场，整体经济的效率大幅度提高。如果民营企业在某些领域退却，导致竞争削弱，必将导致社会整体的资源利用效率下降。

哪怕是从保障公共利益角度看，国有企业也未必可靠。2005年下半年各地出现油荒，舆论普遍推测，这是由于中石化、中石油对原油与成品油价格倒挂不满而人为制造的，旨在要挟决策部门。事实上，由于这些垄断性国有企业与政府相关监管部门存在过于密切的关系，政府的监管反而会失灵，反而不能较好地维护公众利益。比如，垄断程度不断提高的资源性行业目前就又在酝酿大规模涨价。

人们不能不怀疑，目前的再国有化趋势对于各个行业的健康发展，对于资源利用的整体效率，对于民众的福利，究竟是祸是福？为了将中国的经济增长保持长期稳定，市场化，也即民营化，向民营企业开放市场，乃是较为可取的政策选择。

对于市场化，有些部门可能存在投机心态。最近几年，各种资源和基础商品价格上涨，集中于这些领域的国有垄断企业效益很好。这种局面让相关管理部门丧失了推进民营化的热情；相反，让国有企业继续维持垄断地位，甚至扩大垄断规模，似乎是有利可图的事情。但经济周期的逆转是可以预料的，如果目前高涨的价格逐渐回落，规模不断扩大的国有垄断企业经营出现麻烦，甚至陷入困境，该谁负责呢？

## 货币政策的理性化

同样存在房地产市场过热，从2004年6月份起至今，美国联邦储备委员会已经加息15次之多，联邦基金利率从1.25%一步一步提高到了4.75%。中国的宏观调控同样始于2004年，房地产也是过热的主要罪魁，但与美国不同，中央银行对于最重要的宏观经济政策工具——利率，只动用过可怜的两次。政府其他部门忙忙碌碌地采取了很多行政性措施，人民银行也采取了若干窗口指导政策。但两年下来，效果实在乏善可陈，至今依然是产能过剩、房价飞涨。宏观调控大体上失败了。

对此，货币政策决策机构缺乏独立性，应承担相当大责任。

### 法院与政府分家

近代民族国家从诞生的那一刻起，就带有绝对主义的气息，法国、英国的国王们都要让自己摆脱一切宗教、道德及世俗权力的约束，而成为公共事物和臣民命运绝对的主宰者。法国的让·博丹最早系统阐述了这种理论。

在英国，詹姆斯一世国王本人就是一位出色的王权专制主义政治理论家。在《告诫司法机构》的谕令中，他提醒法官们："记住，你们不是法律的制定者，而只是法律的解释者。即使是国会，也不能参与制定法律，而只能在必要时提供咨询意见。"

这样的专制倾向惹恼了一位法律家，当时担任王家高等民事诉讼法庭首席大法官的爱德华·库克。洞察到专制主义即将到来的危险，他奋起抵制。在多个案件中，他作出了对王权不利的判决，并在陆续编纂出版的《判例汇编》和《英格兰法律大全》中，通过对判例的记录和阐述，借助各卷前言，阐述了一套"普通法宪政主义"的基本理论框架。

现代的"法治"——即法律的统治——就是在与绝对主义王权的抗衡中发育成长起来。在普通法宪政主义传统中，法治就是法院之治，法官之治。法治不仅意味着司法机构的独立，意味着法官在审理案件的时候不受国王和任何其他人之干预，更重要的是，法治意味着，法官也是法律规则的制定者——普通法乃是一种法官造法体系。

由此可以看出法治国家的基本架构：行使权力与制定规则这两项工作被分开了，分属于两个不同群体。专制国家是“法由君出”，法治则要求，把国王制定法律的权力分割出来，交给独立的法官群体。只有这样，才谈得上以法律制约权力。

为此，法律的效力就不能再诉诸国王的暴力，而得另行寻找依据。库克爵士给出了新说法：法律的力量来自法律内在的理性。法官透过“技艺理性”在案件中“发现”法律规则，它之所以获得当事人及整个社会的认可，是因为它合乎自然而普遍的正当。

因此，尽管司法机构仍然是国家权力结构中的一个组成部分，但这个机构与立法和行政部门已经完全不同，它的活动理性化了。司法机构以理性来指导其发现、深化、细化法律规则的活动。这样，在政府的一个部分，专断的意志被开明的理性取代了。而政府的这部分正好负责向社会供应交易规则，于是，现代市场就在普通法宪政主义国家发育完善起来。因为摈斥了国王与国会之专断意志之后所形成的正当行为规则，作为看不见的手，引导着个人的自利活动增进公共福利。

## 货币与政府分家

在货币政策领域，同样发生了类似的驯服国家国王或国会之任意权力的过程。

近代民族国家自一诞生，即对经济活动享有较大控制力，17世纪以来，这种控制力越来越强大。可以说，每个国家都是重商主义的，只是在程度上有所区别而已。政府控制经济的最重要手段是货币。

不过，在贵金属作为货币的时代，政府的权力还是受到有效限制的，因为，政府不可能凭空造出贵金属。纸币的出现及其占据支配地位，则给了政府以任意操纵经济活动的权力，哈耶克在其晚年的一部重要但未引起足够关注的著作《货币的国家化》中说，“在金属货币居于统治地位的时候，政府垄断货币发行就已经够糟糕的了。在纸币（或其他代币券）被置于政治控制之下后，这种垄断就变成了一场无可救药的灾难。”近代以来的经济史基本上就是一部政府通过发行货币制造通货膨胀的历史。因为，国王或国会总是倾向于通过滥发货币，增进自己或自己所偏爱的社会群体的利益，从而扰乱市场的内在平衡。

认识这样的危险之后，经济学家一直试图给政府的货币政策施加约束。哈耶克曾经提醒人们说，亚当·斯密在“根据自然的自由制度政府应当承担的三项职责”中，并没有提到控制货币的发行。包括米塞斯在内的经济学家倡导恢复金本位制。这听起来很滑稽，但却有深意焉：贵金属本身可以对政府的货币权力施加某种约束。哈耶克早年曾经提出，货币应与一篮子实物挂钩。米尔顿·弗里德曼更倾向于为中央银行的货币发行量确定一个规则，比如，按照一个固定的速度增发货币。

所有这些设想，可行性或有差别，但其目的都是取消货币政策。在实践中，政治家们出于保护自身权力的需要，拒绝接受经济学们的上述设想，但西方法治国家起码做到了一点：驯服国家的货币政策权力，让货币政策决策尽可能少受政治因素的干扰，而只按照市场的内在理性，专注于维持经济活动的基础性框架的稳定。毕竟，货币乃是现代市场经济的枢纽所在。

为此，各国普遍把中央银行从政府中剥离出来，赋予其独立的宪法地位。这倒也在一定程度上保障了货币政策的理性化。统治的理性化是由司法机构不受国王和国王的干预来保障的，货币政策的理性化则是通过保障中央银行的业务不受政治机构之干预来实现的。只有这样，中央银行进行货币政策决策的时候，才能够以市场的内在逻辑为决策的唯一考虑，而不受政治的干扰。这样的货币政策是理性的，而不是任意的。

尤其是经历了70年代的滞胀之后，西方各国普遍强化了中央银行独立决定货币政策的独立性，且以维护币值稳定为其主要目标。东南亚金融危机之后，相关国家同样致力于追求中央银行货币政策的独立性。其中日本中央银行的进步最为迅速，它已经基本上获得了相对于内阁的独立性。

相比之下，中国的进步最是缓慢的，其独立性也是各大经济体中最弱的。也因此，对于本轮经济过热，中央银行实难辞其疚，正是它在外部压力下，积极参与制造了经济过热，那么多货币不正是中央银行发出来的吗？同样是在外部压力，基于非经济的考虑，中央银行又迟迟不能对经济过热作出灵活反应。

大多数政治决策者总有一种幻觉，以为控制中央银行的货币政策就可以让经济增长更快。但事实证明，中央银行丧失独立性的成本是巨大的，那就是经济的大幅度波动。在法治之下，政府的活动受到束缚，似乎效率更低，但从长时段看，社会却更为稳定。可惜的是，现代实行的政治任期制度，却通常使政治决策者采取机会主义策略，为了短期目标而牺牲长远利益。

# 经济野蛮化与企业家的“原罪”

秋　风 QIUFENG

# 黑窑场现象的文明根源

山西洪洞县黑窑场事件触目惊心，包工头、窑场经营者欺诈雇工、非法监禁、强制劳动等种种做法之残酷无情，令人发指。

而媒体报道称，这种情形并非少数。此种现象的出现，与市场经济或者资本主义无关。其根源至少可同时追溯至文明与制度：文明上的根源是，某些乡村，尤其是北方乡村，由于历史原因，缺少儒家文明教化，其为追求财富而进行选择的时候，人性之恶肆无忌惮地呈现出来，普通乡村民众精神荒漠化，对于种种反人道行为熟视无睹。

制度原因则包含社会制度与政制两方面。首先，后发国家特定的城市化模式，导致乡村精英严重流失，而城乡隔离制度则完全阻止了城市精英向乡村的回流，导致乡村社会组织形态野蛮化。其次，政制方面，在目前的社会治理架构下，上级政府赋予掌握乡村权力者以不受约束的权力，土围子经济、土皇帝统治的故事以种种形态上演，黑窑场就是其最极端的表现形态。

本篇先讨论第一个根源。

## 废奴动力是信仰

奴工现象是一个社会特定精神状态的产物，而不是经济逻辑发挥作用的结果。

从纯粹经济学的逻辑看，奴工劳动当然有助于节约交易成本，从而带来某种高效率。古希腊、罗马维持奴隶制度，或许确有其经济学上的优势。甚至，根据经济学家 Robert Fogel 等人的研究，美国南方奴隶们的实际物质收益要高于北方、西部的自由农业工人，奴隶的预期寿命也高于美国和欧洲的城市自由工人。

因此，奴役、强迫他人劳动之所以成为丑恶的，被法律所禁止，乃是因为人们的观念发生了变化，人们认识到，这种行为本身是不正当的，不管其效率有多高。但是，单纯追求私人利益的个人很难认识到这一点，甚至连那些被奴役者，也未必会觉得这种做法不对，他只会把自己的不幸归咎于奴役者的暴力比自己强，假如自己有那种暴力，没准也会奴役别人。

一个社会要废除奴役制度，取决于某种信念，而这种信念需要借助于某种教化途径被人们所接受，并成为一种文化本能。

前不久，英国纪念废除奴隶制度200年，而英国废除奴隶制度乃是宗教复兴运动的产物，其主要力量不是来自启蒙和革命，而是来自18世纪后期兴起的“福音主义”。同样，美国的废奴运动，也以虔诚的基督教人士为主体。当然，再往前说，西班牙晚期经院哲学家曾经依据基督教自然法传统论证，美洲土著人享有其作为自由人的自然权利，不容欧洲君主们随意剥夺。

在中国，古典儒家，比如孔子、孟子，以及后来的董子、朱子，都是坚决反对奴隶制度的。在他们看来，人确实有贤与愚、君子与小人、劳心者与劳力者、治人者与治于人者之别，两者各有其“分”，即各有对应的权利义务，但两者之间绝不存在奴役与被奴役的关系。单就这一点而言，儒家或许比古希腊的爱智慧者有更深沉的人文、人道精神。

儒家教化的功能不仅在此。它也通过其他教化活动，唤醒民众的道德精神和正义感，而抑制其动物的本能一面，从而使经济活动文明化。

现代经济学、伦理学都强调个人的选择自由。这在公共事务领域当然十分重要。但是，个人的理性是有限的，个人仅凭私人理性作出的某些选择，很可能是短视的：可能短期收益较大，但长远看来会有严重后果，或者增进了自己利益，却以损害他人利益为代价，甚至整个社会的短期利益都增进了，而对社会的基础秩序却造成损害。以个人的理性能力，个人只能看到那些看得见的利益，而看不到或者轻视那些看不到的损害。道德规范的作用其实能够扩展个人的理性能力，促使个人自觉地、甚至潜意识地排除那些坏的选择，从而使市场秩序良性演进。

## 没有教化，就没有好的市场

余英时先生受韦伯“新教伦理与资本主义兴起”论旨的启发而对儒家文明进行研究，撰写了《中国近世宗教伦理与商人精神》及相关文章。他证明，儒家思想有利于工商业之健康发展。对此，笔者愿意补充说，儒家的文明教化为交易制度之维系，提供了基础，比如，勤奋、诚信、商人自治、回报社会等价值，都是儒家所强调的。

但是很显然，所有历史学家都知道，商人精神在南方有最突出表现。而南北文明的差异实缘于儒家化程度之高低。凡在儒家文明教化较为发达的地区，人文精神影响于人际关系，尤其有助于驯化强者、富者，约束其奴役弱者、贫者的本能冲动。在儒家文化气氛淡薄之地，则人际关系就可能趋向残酷。

从历史上看，北方黄河流域虽为华夏文明发祥地，尤其是今天陕西、山西人咸以文明悠久而自豪。但实际上，由于北方、西北蛮夷一波一波地南下东进，这些地区的文明曾经遭到一次又一次浩劫，儒门望族纷纷南迁。这样，江南、东南反倒成为儒家文明教化传统保存相对完整的地区。南方文明由此差异较大，而这则影响着两地的经济生态。

设想一个人面对贫困，会作出何种反应？一个南方的民众会想办法寻找正常的务工、经商机会。同样是面临贫困，北方民众则倾向于选择某种野蛮的应对策略。一个引人注目的现象就是，宋室南迁以来，北方多出土匪。吴思先生提醒人们注意：在北方各省及同样兵祸不断的四川，很多乡村居民，农忙时是农民，农闲时是土匪；在统治秩序较有效时是农民，在政治失序时是土匪。北方也有某些地方，人民习惯于乞讨，妇女则在贫困时倾向于卖淫。这些看似无奈的个人选择，其实是文明劣质化的产物。

再设想一个"能人"想发财致富，会采取何种策略？受到儒家教化的民众很可能去开办实业、去经商，而一个缺乏这种文明精神的能人，则在进行选择的时候毫无顾忌，必然倾向于选择其私人理性所能见到的最直接的办法：掠夺。在这些地方盛行的行为模式是：有智力者欺诈他人，有力量者欺负他人，有权力者则奴役他人，而旁观者对于此种行为羡慕多于厌恶。

总之，儒家社会组织体系较为发达地区，民众具有最基本的是非、对错观念，因而，在日常生活及经济活动中排除了最坏的选择。明清以来南方经济之高度发达，与儒家文化保存相对完整，社会道德秩序相对健全，民众具有基本是非感，有直接关系。当代南方的市场秩序也远优于北方。相反，由于经历了一次又一次去儒家化过程，北方乡村缺乏这些因素，其经济生态呈现出落后，甚至野蛮的形态。黑窑场不过是其中之一斑。

然则，谁、通过怎样的方式滋润这文明的荒漠，使社会、市场趋向文明，这是一个严重的问题。

# 黑窑场现象的社会根源

洪洞县是中国民间的文化、历史叙事中一个具有丰富内涵的符号。无数家族都声称自己来自洪洞县大槐树下。但今天，果真应有了苏三的那句咒语：洪洞县里无好人。来自另一个曾经的华夏文明中心——河南——的儿童、智障者，就在这大槐树下被剥夺了人身自由、被强制劳动，而洪洞县的官员们、村民们冷漠地，甚至羡慕地旁观着这些罪恶，完全丧失了斯密所说的那种"同感"。文明堕落如斯，一个十分重要的原因是，现代化所带来的急剧的工业化、城市化及政府所采取的相应政策，加速了乡村文明的荒漠化。

## 精英流失，劣绅当道

在传统中国，城乡之间并无太大差异。个中原因，似乎并不仅仅由于中国是个农业社会，而是因为，秉持儒家文化信念的精英——士绅——在城乡之间双向自由流动。这些精英群体进城为庙堂之上的大夫，回乡则为乡村士绅。进城及出外游历之时，士大夫们相互切磋砥砺，塑造着主流的人文话语及主流的道德动向。回到乡村，他们则把这些知识与道德适用于乡里，从而提振乡村的人文道德。

正是通过这样的机制，士大夫群体几度在社会变乱之后的废墟上，硬生生地重建了社会秩序，使乡村生活再度文明化。其中最著名者就是汉、宋、明三代。秦以吏为师，民众崇尚军功，权力深入民间，汉代拨乱反正，儒学复兴，建立家族制度，使社会生活去权力化，而以人文道德为纽带。经历五代之乱后，宋代儒者经过一场道德觉醒，"先天下之忧而忧"，从事社会重建，后世之"乡规民约"大约就起源于此时。明代士大夫同样是在蒙古铁骑冲击之后，致力于文明重建，从而有了明清两代江南文化、经济之高度繁荣。

笔者无意夸大士绅的作用，但文明只有通过自我更化才不致堕落，道德生活也必须不断经历觉醒，经历"宗教改革"，才能抑制人的动物本能欲望之侵蚀。人心中始终有一种对暴力、权力、金钱力量的偶像崇拜，乡村民众也不例外。若不加以约束，此种冲动就会使人的行为野蛮化。比如，为了获得金钱利益而滥用暴力、权力。

乡村社会如果缺乏外部的知识与道德观念的提振，必然在自身粗陋的观念、价值中自我循环，从而趋向衰败或野蛮化。因此，士大夫群体在城乡之间的双向自由流动，乃是把乡村生活维系在文明程度的重要机制。

19世纪后期开始的工业化、城市化，则导致此一精英双向自由流动机制的毁坏。比较一下各国现代化过程中精英在城乡间的分布格局：在英美，精英似乎始终没有与乡村隔绝，英国的绅士固不用说，美国的律师、政客、商人也经常在退休之后回到祖先的农场。但在法国，现代化伴随的是贵族、知识分子向巴黎的迅速集中，托克维尔对此有精彩描述。

中国的精英向城市集中并不再回归乡村的情形，比起法国来可能更为严重。原因或许有二：首先，现代化是由政府主导的，政府自然有能力兴建大工程、大项目，它们必然集中于中心城市。这些部门的收入异乎寻常的高，对精英具有强大吸引力。

其次，也是尤其重要的是，中国引进西方教育体系时只注意到了世俗的、科学的一面，过分强调科学、理性，而忽视了非现代化的部分，即宗教的、道德的教育的一面。英国的公学体系迄今坚不可破，英国古老的大学也始终没有放弃神学教育，大学教育也长期以通识教育为主。同样，直到今天，美国大学的科学化、专业化程度似乎远不如中国。这些非现代化的教育部分恰恰在培养绅士，接受过这种教育的人可在任何地方就业，当然包括乡村。

相反，中国的大学却是高度科学化的，作为精英的大学毕业生仅适合于在现代高度分工的部门就业。他们只具有知识，而不再具有道德与社会权威。不仅如此，大学及城市形成了一种反乡村的文化认知。中国的大学一直由启蒙知识分子控制，掌握权力的行政官员也是启蒙的信奉者。这些人相信，城市代表西方现代文明，乡村所代表的传统中国文明则是愚昧的、落后的、非理性的。从乡村来的大学生最后也相信，乡村生活根本是一种没有价值的生活，留在城市是一种文明的选择。

## 户籍制度加速乡村文明退化

这样，社会精英不再像传统社会那样在城乡之间双向自由流动，乡村精英在流入城市之后一去不复返。这样一来，乡村的领袖当然趋向劣质化。一方面，接受过儒家教育、具有一定道德自觉意识的传统士绅逐渐消亡；另一方面，新教育体系培养的精英不再回到乡村。20世纪上半期人们普遍注意到了乡村的“劣绅”现象。士绅的权威来自其道德感召力，劣绅的权威则依靠外在的行政权力、暴力及金钱。乡村领袖权威的这种转变，自然导致乡村社会经济、社会秩序的野蛮化。晏阳初、梁漱溟等先生即痛感乡村社会的衰落，而分别发起各种形态的乡村建设运动，试图使乡村再文明化。

50年代中期后，乡村精英的流失进一步制度化了。高考、提干等制度吸收着乡村精英，而户籍制度使得少数愿意返乡的乡村精英也不可能再回来。市场本来具有的驱动资源向乡村自然流动的力量，也被计划体制完全禁止。由此，城乡差距日益扩大，吸引力几乎完全丧失，下乡已经被当做是对城里人的一种惩罚措施。

有人不遗余力地歌颂高考制度的公平，据说，高考是农村学子跳出农门、改变命运的主要通道。仅仅因为与绝对不公平的户籍制度相对照，高考的这种公平性质才显现出来。但现代高考的社会功能其实远逊于科举制度。

一方面，高考制度为农村学子所提供的通道完全是单向道的。农民学生升学之后，其户籍即被本村勾销，即使有心，也无从返回乡村。当代户籍制度是禁止市民流向乡村的，就在不久前，建设部还提醒市民说，在农村购买的农民建造的“小产权房”是不受法律保护的。

当然，即使这些学生回到乡村，也不可能成为乡绅，因为，科举制度所考核的是儒家学说，儒生们所学习的乃是通识，因而，自始即具有某种士大夫精神，一种关心社会文明秩序的情怀。而高考后被录取的学生，却只能接受工程师教育。大学教育之科学化、专业化，在50年代以来变本加厉，院系调整把大学完全变成了工程师培训班。系统的教育使大学生与乡村丧失了情感与道德上的任何联系。

由于精英不再回流乡村，所以，乡村社会与外部切断了知识、道德的联系，而在自身粗陋的观念、价值中自我循环。儒家文明的衰落与精英流失相结合，使北方乡村文明劣质化。当人们获得发财的自由的时候，人性之恶即不受约束地释放出来。据说，黑窑场、黑矿山在山西、河北、河南、内蒙古等地所在多有。如此不人道的工场长期存在，让人们不得不推论：当地的社会道德生态已经高度荒漠化。人们普遍地把奴役他人赚取黑心钱视为自然，当事人不觉愧疚、难堪，他的邻居也不认为这是可耻的。不少人可能还羡慕这种不义的生财之道。正是普通堕落的精神状态，许可甚至鼓励着种种非人道的经营活动。

## 土围子经济

黑窑场、黑矿山等以暴力为依托的经济活动方式在某些地方泛滥，文化方面的原因是传统的道德教化体系日趋衰落，而新的文明涵养体系又未出现，导致乡村人文道德的荒漠化；社会方面的原因是乡村精英又日益流失、匮乏，导致乡村精英灰色与黑色化。而制度方面的原因是现代国家权力深入乡村，新型乡村领袖依托上级政府授予之权力，建立起程度不等的“土围子”经济体。山西洪洞县黑砖窑事件就是一个典型：欺诈雇工、强制劳动、奴役童工及智障者的窑主，其父亲就是那个村的支部书记。

### 乡村权力精英的监管真空

孙中山先生对中国人的“一盘散沙”痛心疾首，北伐之后的南京国民政府启动了建立现代民族国家的事业，把“一盘散沙”的家族成员、乡民，变成国民。政府权力开始突破古代官不下乡的界限，向基层乡村延伸。50年代以后，为建立全面的资源控制与动员体系，乡村完全被纳入到自上而下的权力控制体系中，乡村建立了完整的党政组织单位，构成漫长的法律、政策执行体系的末梢。

这样，传统道德与文化精英被挤出，乡村出现了一批与先前完全不同的权力精英、领袖。他们的权威来自上级政府授予的权力，而不再来自民众基于传统礼仪或见多识广而对他们的认可和尊重。而上级政府之所以授予他们权力，当然为的是让他们有效地执行政府的法律和政策。

这样，在上级政府、乡村权力精英、村民之间形成了一种复杂的关系。政府的架构是金字塔形的，从中央政府、省市政府乃至乡镇基层政府，都只制定法律、政策，自己并没有独立的执行体系。所以，每一个上级政府都依赖下级政府执行自己的法律、政策。最终，所有的政府都依赖乡村组织执行法律、政策。即使有些法律、政策由县市、乡镇政府来执行，也需要乡村组织密切配合，比如，提供乡民的信息，进行组织等。

这样的架构必然产生一个严重弊端：乡村组织的权力几乎不受约束。民众不可能约束，因为，乡村精英的权力并不是民众授予的，而是上级政府授予的。但是，上级政府又不可能有效地控制监督乡村权力精英。

本来，这种政府架构的运作机制是政府管政府，而不是各个政府分别管民众，有人会以为，乡村组织作为最底层的治理机构，所受的管治最多，因而，假如乡村组织滥用权力，侵害民众，上级政府会雷厉风行地查处。然而事实不可能如此。因为，基层政府要依赖乡村组织执行上级布置给自己的法律与政策，这些法律与政策未必切合本地实际，但要显示政绩就必须执行，否则上级会怪罪下来。在这种情况下，基层政府官员的理性选择就是全力支持乡村权力精英的工作，甚至豁免他们不那么严重的滥用权力行为。由基层政府往上，各级政府都会这样考虑选择。

此一体制的后果是，乡村权力精英的活动几乎无人监管。反过来，这些权力精英还可以狐假虎威。既然他们的主要工作是执行上级政府的法律与政策，那他们站在村民面前，代表的就不仅仅是他自己，而是整个政府的权力，政府的所有权力都集中在他身上，对无权的农民，他当然可以为所欲为。当农民申诉、上访的时候，上级政府也确实庇护这些乡村权力精英。

## 权力在市场中贴现

于是，中国出现了一种看起来十分奇怪的现象：乡村权力精英根本不是"官"，但他们却具有官员的一切威仪。住在城市的上级政府并不关心他们琐碎的权力，但就是这不入流的权力，在本乡村却是一种绝对的权力。这种权力甚至可以颠覆传统的家族关系。村民们就承认，乡民的关系都是按辈分，但黑窑主的支书父亲却是例外。

这种绝对的权力滋生了"土围子"经济。传统中国乡村社会没有现代意义上的"经济"。乡绅既有知识与道德优势，又具有信息与人脉资源，自然成为乡村社会生活的权威。乡绅的经济条件也会较好。但是，乡村的整个经济活动组织方式是基于私人财产权的初级市场机制，乡绅的权威并不扩展到他人的家庭经济领域。

但新型权力精英的控制权，恰恰以控制集体的资源和经济活动为基础。80年代以后，乡村经济逐渐市场化，这些乡村权力精英开始利用其权力及积累的人脉从事经营活动。通过执行法律与政策，他们与上级政府建立了密切的关系，可以获得管制信息，也知道逃避管制的关窍。

这种土围子经济有两类。一类仍然冠以集体的名义，媒体宣传的各种明星村，都是这些乡村权力精英的杰作。他们利用自己手中掌握的被政府承认的权力，控制了本村的资源，甚至劳动力，把本村作为一个军事化组织，按照自己的意愿安排本村的经济活动。这种努力通常也会得到上级政府的支持。这类名义属于集体的企业,但实质上却是掌握权力者的企业,最终也必然走向子承父业。

当然,大多数乡村权力精英则干脆不用集体的名义,而直接利用手中掌握的权力和在上级政府那里的关系,创办和经营自己的私人企业。权力精英摇身一变而成为经济领域里的“能人”、“市场经济的领路人”。一点也不奇怪,这种私人企业从一开始就带有权力的横暴,因为其经营者本来就是乡村社会中绝对权力的掌握者。

并且,这两类“土围子”经济实体都会继续得到基层及上级政府官员的照顾。官员之所以这样做,首先是因为大家是熟人。其次,照顾乡村权力精英在经济上的私人利益,可以换取其为自己的政绩卖力气。于是,这类乡村强人企业家创办的企业,就处于根本无人监管的状态。黑窑场之泛滥,乃是一个可以预料到的后果。

就这一点而言,乡村社会与外部世界也许并无太大差别:暴富者有多少不是靠权力?而对于这种暴富者,人们不都是羡慕多于谴责?整个社会的文明、道德、人文维度已经十分稀薄了,所以,黑窑场也许无处不在,只不过在不同的地方、领域,程度有所不同而已。问题的关键在于权力深深地卷入经济过程中,权力化的经济过程当然不可能是温文尔雅的,因为这种权力本来就是绝对的、横暴的。

# 改革与变法

每隔一两年，民营企业家的“原罪”问题就会被翻出来热论一番。不过，每次都是无果而终，而意见对立的双方的情绪则日益积累，于是，双方都越来越不耐烦，激情愈来愈多，理性的论辩则越来越少。至于决策者，则似乎指望时间可以解决问题。但其实，时间几乎不大可能消磨任何问题。我们终究需要认真地面对它。

## 变革与变法

我们已经习惯了“摸着石头过河”，因而几乎已经忘记了，其实，这个世界上还有另外一种改革进路。

人世间没有永恒完美的政体，所有国家在其立国之后，都必然会经历若干重大的变革，即古人所说的“变法”。此处的“法”并不是指狭义的法律，而是指法度，即广泛的政治、行政制度安排。不过，如果仅从字面来理解，这个词倒也恰好可以帮助我们思考一个问题，即变革与“变法”究竟是何种关系。

各式各样的变革，大概可以归入两类：深思熟虑型与随机应变型。除了天真的理想主义者之外，人皆有惰性，这两种变革，都起因于必然性。而变革者立刻面临着一个问题：如何面对现有法律。显然，现有的法律体现的是旧的、将作为变革对象的制度，那么，变革将首先从变法，即修订法律开始，还是先变革起来最后再变法？

这就是深思熟虑型与随机应变型的根本区别所在。变革究竟哪种类型，取决于人们，尤其是精英群体，将要操持变革的群体，对于法律（包括宪法）的尊重程度。假如人们十分尊重法律——主要是尊重蕴涵于其中的基本原则，那变革就会采取深思熟虑的进路。也就是说，人们会通过某种公共辩论程序，对现有法律的条文及其基本原则进行反思，达成共识，制定出新的法律，然后再按部就班地实施变革措施。

应当说，中国古代的历次政治变革，都有强烈的深思熟虑色彩。原因在于，古人天然是保守的，所谓祖宗之法不可违，王安石的“三不畏”——天变不足惧，人言不足恤，祖宗之法不足守——乃是惊世骇俗的。即便王氏作如是想，但与赵宋几乎相始终的政治变革，却一直渗透着理性精神：当时的朝野精英积极而开放地对变革问题进行公共辩论，辩论涉及变革本身之必要性、性质、任务、战略、措施、策略等。检阅宋人文集就会发现，似乎每个人都在变法过程中发了言。

余英时先生在其关于朱熹思想的最新研究中指出，这些辩论深刻地影响了宋代的哲学。余先生特别提示“国是”二字，揭示这种公共辩论的性质。宋代是十分特别的一个王朝，其区别于明清之显著特征是皇帝“与士大夫共治天下”，士大夫不只是政治原则、政策的执行者，更是其制定者，所谓“君臣共定国是”——这就是古典宪政主义的一种形态。在政府采取任何重大变革措施之前，先通过公共辩论共定国是，然后才颁布变革措施。

这似乎也正是美国宪政变革的模式。美国学者 Bruce Ackerman 在其巨著《我们人民》中区分了立宪政治与日常政治。美国建国之后，尽管宪法文本并无修订，但其实，美国现实的宪制，或者说政府运转的某些基本原则、社会的基本架构，已经发生了至少两次重大变化，即内战与其后的重建，罗斯福政府大幅度扩大政府的经济职能。这两次变革，完全在我们所说的“改革”的范畴。

在美国，这些问题既是政治问题，同时更是宪法问题。变革通常是由行政部门启动的，但司法审查制度会予以阻拦，裁决变革的法规违宪。恰恰是这种宪法裁决，将社会各方面动员起来，促使其认真思考国家的发展方向，并为此展开公共辩论。辩论的结局以最高法院的转向为标志：最高法院认可变革的行政法规，并通过司法裁决将其变为宪法的活的内容——这种“活的宪法”(living constitution)用“国是”来形容其实最恰当。可见，美国人先发展了宪法，然后才正式推行其变革。

## “违法”的改革

在中国，80 年代以来的改革则是随机应变型的。这可以说是一种实用的政治智慧。确实，包括精英在内的绝大多数人曾经普遍地具有变革的意愿：农民在旧体制下是被剥夺者，因而时时在突破旧制度；官员、知识分子也曾经普遍遭遇迫害；而当时的计划经济也确实走投无路了。

不过，尽管有这种共同意愿，但是，改革却不能做到先变法再变革。改革的基本进路是“摸着石头过河”。之所以选择这一策略，一个重要原因是，改革的主导者面临无数意识形态教条，与宋代“国是”和美国宪法不同，这些教条十分僵硬，它们本来是原则，但内容又十分具体，比如，政府如何管理经济、谁有资格经营企业等，都有严格的要求。因而，这些教条缺乏必要的灵活性。

在这种情况下，改革的基本模式就是民众及基层自发地突破旧体制，试验一些替代性制度，上层对这些突破与试验予以默认，并在合适的时机予以总结、推广。邓小平作为改革总设计师，提出“不争论”，以便维护民众试验的空间。当然，改革进程中一直伴随着争论，但这些争论经常被适时制止，而并未变成程序层面上的公共辩论。

这是一种实用智慧，在不利的环境下拓展出了变革的空间。不过，这种摸着石头过河式的渐进改革模式也意味着，当民众及基层政府在自发突破、自发尝试的时候，他们所突破的法律仍然具有法律效力。民众的所有创新、政府出台的几乎所有改革政策，其实都是在超越现有法律，突破现有法律。

在深思熟虑型变革中，先有宪法，后有变革。因而，变革不仅合乎实质正义，也合乎法律的形式要求。尽管政治、社会正在发生大变革，但这种变革并未损害宪法、法律的权威。因为，从形式上看，变革是在宪法、法律之下进行的。宪法、法律的权威不仅支配着“常规政治”时期，也支配着“立宪政治”时期、变革时期。

在中国，变法滞后于变革。几乎每一项改革，都是先有变革的既成事实，然后才有变法。改革的绝大多数措施当然获得了民众的认可，具有实质正义的性质。但却是在法律之外进行的，甚至在政府推广民众自发试验成功的做法的时候，也只是以政策的形式，而不是以法律的形式。宪法、法律的修订通常发生在变革已经完成时，对已经进行、并大体成型的改革格局予以认可而已。比如，在私人企业已经具有相当规模后，宪法的相关条款才进行修订，承认私人企业的合法性。

原罪问题，在很大程度上，就是这样的变革模式造成的。变革是在不合乎当时有效的法律的情况下进行的，政府当然享有法律上的豁免权，但那些进行创新的民众却未必如此了。

# 私人企业无"原罪"

谈论私人企业家的"原罪",首先得看看,"原罪"一词的含义究竟是什么。

该词显然根源于基督教教义。根据《海德堡教理问答》的论述,人是按照神的形象被造的,亚当被造时并无罪,也无瑕疵,更不是为了有一天死去,而是要永远活在荣耀的乐园中。唯一的条件是对神他们要自愿地爱和顺服。但可惜的是,亚当没有服从神。魔鬼撒旦挑唆他和夏娃吃"分别善恶的树"上的果子,而那棵树是神的权威的象征,亚当竟然想变得跟神一样自己决定善恶。结果,神的惩罚降临到人身上。这就是"原罪"。亚当的行为代表全人类的行为,原罪的意思就是亚当的罪也算在全人类身上。又因为他的堕落,全人类继承了罪恶的天性。

从这些论述中可以看出,"原罪"大约有两层含义:一方面是指原始之罪,即作为人的始祖亚当对神所犯下的罪;而这一原始之罪似乎变成遗传基因植入每个人身上,从而产生了原罪的第二个含义:原罪就是与生俱来之罪,人生来就是有罪的。以此衡量,改革启动之后兴起的私人企业,其实并无原罪。

## 私企的宪法地位

讨论中国私人企业在过去二十多年的发展,如果与国外进行比较,有两点特别值得注意:第一,中国的宪法跟其他国家的宪法一样,包括了若干宪法原则,不过,比较独特的是,宪法中也有很多非常具体的细节性规定,其中一条就是对经济的所有制形态进行了细致入微的规定。而自改革以来,姓社姓资争论的关键,也正是企业的所有制结构问题:究竟是不是应当允许私人企业发展,即使允许发展,是否应当设立一个限度?

值得注意的第二点是,在国外,私人企业是人们关于经济问题的观念中的一个"默认值",所有的经济事务天然就是由私人企业来从事的,因而,法律根本可以一字不提。公立企业反倒是一种例外。所以,假如法律要对企业的所有制形态有所规定的话,就必然是说到公立企业,因为这些公立企业只能由法律设立。

也就是说,在大多数国家,私人企业自然地具有正当性,因而,其合法性无须法律提供。公立企业的正当性却只能来自法律的意志，假如民众认为，设立公立企业可以为自己带来某些便利——是否真的达到这一效果另说——则通过实证立法的方式设立之。假如这些公立企业不再具有这些便利，则通过法律就可以任意地废除之。但是，假如法律要涉及私人企业，却立刻就上升到宪法原则的高度。比如在美国，尽管宪法里面根本就没有涉及私人企业的问题，但在19世纪后半期到新政之前，美国法院通过对“正当程序”条款的扩展性适用，偶而也借助自然法，维护私人企业免受政府干预之权。这里，政府所能做的只是管制，而根本不可能涉及没收、废除私人企业的问题。

中国改革启动之时，格局与此正好相反。包括国营、集体在内的公有企业不仅具有法律上的依据，更在理论上被认为是唯一正当的经济活动组织形态，私人企业则没有任何合法性依据。相对于彼时的法律与意识形态，私人企业确实带有某种“原罪”——不少人士现在仍坚持这一点。

## 正当性与合法性

不过，对于一种行为，人们除了考察其合法性之外，还应当考察其正当性。合法性就是指法律明文许可，正当性则是更高层面的一种承认，这种层面可能是超验的存在，可能是某种绝对的道德价值，也可能是具有正常理性与情感的人们的普遍共识——这三者经常是重叠的。合法的通常是正当的，但也不时有例外；正当的通常会得到法律认可，但同样有例外。比如，私人企业尽管在人心中获得了正当性，但中国的法律却并未许可。

以此分析改革中的私人企业，若按照正统的意识形态，私人企业当然没有正当性。不过，执政党进行改革这一事实就意味着，这种正统的意识形态自身的正当性已经大成疑问。但它在另一方面的正当性却是极其充分的。

改革之初，普通民众，尤其是农民和城市的体制外人口，依据本能和常识理性就天然地亲近私人企业，小岗村农民的冒险活动，就是要让农村向私人企业靠近一步。部分知识分子、部分党政官员也已经清醒地意识到，公有制企业的效率不可能比得上私人企业，哪怕只是为了实现经济增长这个实用的目标，也必须容许私人企业存在。这样，在当时大多数人心目中，私人企业获得了正当性。

私人企业所具有的这种正当性，正是市场化得以自然演进并在一定程度上获得政府推进的根本驱动力。民众不断地突破旧法律，在城市、乡村创办私人企业。多数民众自然地接受了私人企业，甚至为了创办私人企业或使原来的公立企业朝私人企业的经营方式方向转化，而不惜甘冒政治与法律风险。到今天，在市场秩序较为正常，也即政府权力比较节制的地区和行业，私人企业已经成为一种自然的经济组织形态了，没有人嚷嚷着要建立公立企业了。

主持改革的官员同样是基于常识对此也予以默许、认可，从实用的角度承认了私人企业的正当性。至于接受了个人自由、市场、权利、法治、宪政诸观念的主流知识分子，则在效率之外，对私人企业的正当性提供了更丰富的论证，比如私人企业可以增进个人自由等。经过这样的论证，私人企业就成为经济领域中的一种必然性。也正是依据这一点，主流经济学家积极地主张国有企业民营化，甚至到了急不可耐，为快速民营化而不惜省略公共监督程序的地步，从而造成了很多问题，让自己的声誉大受影响——这当然是另一个问题了。在这样的环境下，到了90年代，私人企业也大体上获得了合法性。

上述的梳理或许可以让我们得出一个结论：如果“原罪”指的是法律意义上的原始之罪，则私人企业曾经有过“原罪”，但是，如果从大多数人的信念的角度考虑，则私人企业大体上不存在“原罪”，说私人企业有“原罪”是一个误导性概念。私人企业在过去二十多年的恢复及快速发展，向来得到了充分的正当性资源的支持。真正有原罪的倒是当初那些反对私人企业发展的人士及其理论。

当然，这里存在一个问题：正当性资源转化为法律规范的过程总是相当滞后的。之所以始终有一些人士对私人企业持有否定性意见，恐怕正是因为，“摸着石头过河”式的变革模式抑制了深入的公共辩论，法律对私人企业地位的承认始终严重滞后于变革的事实，让那些观念僵化者始终有所依恃。

## “原罪”与后天之罪

既然“原罪”一词出自基督教教义，那我们不妨继续利用这里的语汇，对私人企业的所谓“罪”进行分析。按照《海德堡教理问答》的说法，人其实有两种罪，一种就是“原罪”，就是全人类在亚当那里所犯的罪，这是天生的。另一种则是“实际的罪行”，这是后天的。我们已经辨明，私人企业并没有“原罪”，但是，不得不承认，某些私人企业确实有后天之罪：说罪的意思是，这些私人企业家不仅违反了当时的法律——这其实是可以原谅的，并且更进一步，也违反了人们的基本正义观念——这才是不可原谅的真正的罪。

### 法律事小，天理事大

不少官员、学者为中国式渐进模式自豪。变革过程不仅没有出现明显的混乱，反而维持了经济的快速增长。但世间似乎没有免费的午餐，这种渐进变革模式有若干严重后果，其中之一是，人们普遍地在规则之外行事，在习以为常之后，人们对规则——而不仅仅是坏规则——完全丧失了尊重之心。

渐进的摸着石头过河式的变革模式意味着，法律总是滞后于人们的实际行为，通常情况下，私人企业家必须在不合理的制度环境下生存，这些制度总是赋予政府官员以巨大且不受任何约束的权力。直到今天，政府的权力始终不愿放弃对资源的控制与对市场的严厉管制。私人企业家必须拿出很多精力和资源用来应付这些荒唐的法律与贪婪的权力。贿买策略似乎就是私人企业家的唯一选择。

一些坚持自由市场信念的经济学家正是据此为私人企业家的一些败德行为辩护的：罪魁是不合理的制度，在那种制度下，私人企业家不得不贿赂官员。这样的说法并非完全没有道理。不过，这样的说法却失之简单。

对于一种行为，除了判断其合法性之外，还需要判断其正当性。合法性就是合乎法律条文之明文规定。不过，法律并不是人世间唯一的规范体系。只有狂热的实证主义者才会相信，法律只是国家的意志，法律的依据就是国家的强制力，因而国家可以任意颁布法律，而人民只有无条件服从的份儿。相反，历史上绝大多数法律理论与普通人的常识皆相信，法律之上还有某种规范，它高于法律，并作为法律的衡量标准，唯有合乎这些规范的法律才对人的良心具有约束力。它们曾被称为“自然法”（natural law）、“自然的正当”（natural right）或“天理”、“道法”。这些规范体系可见之于休谟、斯密所说的“公正的旁观者”（impartial spectator）或者普通法法律理论中所说的“明理的人”（reasonable man）的常识中，它们可以具体地表现为具有正常理智与情感的人们的普遍共识。一种行为或一部法律是否正当，就可以去询问他们。

准此可以说，旧的管制体系尽管具有合法性，但却不具有正当性，因为它们剥夺和限制了人们从事那些具有自然的正当性的事业的权利。假定人们从事一种活动，这种活动乃是个人实现其正当目的所需要，且不会给他人带来显著损害，则此时，尽管该行为是违法的，但却是正当的。比如，温州农民在计划经济时代偷偷地从事传统的鸡毛换掸子的生意，或者小岗村农民以民主方式私分田地，当然是不合乎彼时的法律，但这些行为却是正当的。在当时，他们或许因为自己的行为而遭到官方的围剿，但任何一个明理的人都会对其予以肯定。

因此，可以说，仅仅违法，并不构成私人企业的罪。相反，如果说真有“原罪”的话，那其实正是那些不合理的、不正当的法律。这些法律所依据的仅是某种专断的意志，而显著地有悖于“普遍的正当与理性”（common right and reason）——这是英国 17 世纪初大法官爱德华·库克所用的一个词，因而，这些法律是应当予以废除或遭到谴责的，相反，那些依循良心自由地追求自己幸福的人们是无罪的。

## 不同选择，不同后果

依据上述对合法性与正当性的界定，我们可以把私人企业家面对不合理的规则而采取的对策最粗略地区分为三类。

第一类，私人企业家坚守原则，绕开明文规定的不合理规则，未获得必要的执照，在其夹逢中艰难生存。或者从事不合理的规则所禁止的活动，但并未为了让自己豁免于这些规则而去贿买官员。这类行为不合法，但却是正当的。

私人企业家面对不合理规则可能采取的第二类行为是，为了维持企业的正常生存而被动地贿赂官员，以换取官员暂停干预或禁止，或者换取官员暂停滥用其权力。也就是说，私人企业家用金钱来赎买自己做正当之事的权利，这包括进入某些被政府禁止的行业。这样的行为就其性质而言是不合法的，贿买行为本身也是不合乎道德原则的，制度环境下的某种必然性并不能让一种败德行为具有道德上的正当性。在那种情况下，那样做或许是必要的，我们却不能因此说那种做法就是正确的。不过,在“公平的旁观者”或“明理之人”看来是可以给予宽宥的,因为他们所追求的目标大体上是正当的,其行为也不会给他人造成显著的损害,相反倒很有可能增进公众的福利。

私人企业家可能采取的第三类贿买行为,旨在积极地谋求某种特权。私人企业家不再仅仅以金钱换取官员的不管制,而是以金钱收买官员为自己设立垄断,或者打压交易对手,或者像在国有企业产权交易中那样压低交易价格。这种金钱贿买行为是不合法的,也是不正当的,因为他们的行为对他人或公共利益或市场秩序构成了显著损害,因而,在“公平的旁观者”或“明理之人”眼里也是难以宽宥的。

上述三类行为当然只是最粗略的划分,大体上可以说,大量私人企业属于头两类,有的在规则的夹逢中生存,有的只是为了用贿赂换取管制官员的暂停其滥权行为。但有少数私人企业,却积极地利用贿赂谋取特权,由此所生成的乃是权贵企业或攀附权贵的企业。经济学家为私人企业家作的辩护之所以引起巨大争议,根本原因就是他们没有看出这两者间的重大差异。

今日人们谈论最多的那些知名的私人企业家,大概就属于这一类。他们与官员的关系,已经不再是猫与老鼠的关系,而成为一种合谋关系,一种制度性的权钱交易关系。作为私人企业,他们本身同样并无原罪。他们进入政府所禁止的行业,或许违法,却并无不当。他们最初或许也只是以金钱贿买换取官员暂停其滥权行为,但在尝到甜头之后,他们就系统地利用金钱从事广泛的贿买活动,一旦越过这个界限,他们就不再是迫不得已。此时,规则已不再限制他们,相反,他们倒在利用权力来建立某种垄断特权。当然,此时,罪最大的仍然是那些出卖权力的官员本身,但这些私人企业家的后天之罪也是同样大的。

## 权力与“原罪”

作为一种区别于公有制企业的经济组织形态，私人企业本身并无原罪。不过，在渐进转轨过程中，私人企业始终面临不合理的管制，有些企业家被迫贿买官员以维持企业的正常生存，或更主动地通过贿买获得特权，这后一类带有原罪性质。不过，比较而言，另一类人的财富才犯下了名副其实的原罪。

### 官倒及其变种

80年代初改革的主要受益者是被旧体制剥夺了一切机会的社会群体：农民，及城市非公有部门人员，他们是第一批私人企业家。随后，这个市场向相对现代的经济部门扩展，公有部门被卷入。但另一方面，这些部门的要素与产品定价权仍控制在政府手中，于是就形成了“双轨制”。

这个双轨制催生了第一批权贵富豪：官倒。某些干部子弟利用权力网络从掌握资源的政府部门拿到批文，倒卖紧缺的生产资料和进口商品。在短缺经济及价格落差巨大的环境下，拿到批文就等于拿到了钱。倒买外汇同样是快速生财之道。有人估计，仅1988年，双轨制下的商品价差总额在1500亿元以上，官方汇价与市场汇价的汇差总额在930亿元以上。这些价格差最终大多落入官倒囊中。

进入90年代，原来由国家控制的实物资产开始了资本化进程，其中最重要的是土地买卖，国有企业股份制改造与上市。地方政府以极其低廉的价格强行向农民征地或在城镇进行拆迁，在长期实行的协议转让制度下，能够从政府手里拿到地的，当然都是有关系、有门路的地产商。因而，土地增值收益在政府及地产商之间分配，政府发财了，地产商也发财了，因而，最近若干年，地产商占据各个富豪排行榜的半壁江山。

经济学家可能会将实物资产的资本化过程视为市场化的进步，毕竟，土地可以交易了，而在经济学家看来，只有进行交易，资产才有市场价值。问题是，这些土地的初始交易是以政府征地的方式进行的，政府根本不是依据土地未来收益定价，而是依据土地过去的农业收益定价。土地溢价完全被地方政府及房地产商人分享。

农民尽管是法律上的土地所有者，对于这样的定价方式却无从反对。即便是如此荒唐的价款，假如地方政府不支付，农民也无可奈何。因而，土地的初始交易带有某种程度的掠夺性质。

国有企业产权改革过程则更为暧昧。有的时候，国有企业产权就是内部人交易，国有企业管理层在买通政府官员之后，自己定价把企业资产出售给自己。他们当然会把价格压到极低程度。有的时候，改革则涉及某些雄心勃勃的私人企业家。这些企业家个个都是“资本运营”高手，他们通常与政府主管部门及国有企业管理层合谋，压低定价，凭空获得巨额收益。

主流经济学家坚信，私人企业比国有企业更有效率，国有企业快速民营化可以改进经济的整体效率。认定了这个目标之后，他们认为任何民营化程序都是合理的，他们甚至认为，如果官商勾结可以更快地突破僵化的意识形态、推进国有企业民营化，那就是可取的。经济学家完全变成了只问目的不管手段的机会主义者。

然而，在缺乏合理制度框架下进行的土地与国有企业产权交易，变成了一个十分明显的逆向财富再分配过程，即原来掌握权力或者接近权力，因而本来就享有较多实物福利的人，不仅将自己的福利货币化，更进一步，把不平等的交易条款强加于人，从而占有了那些实物资产资本化所带来的全部溢价。他们不是因为发现了这些资产的价值而享有这些溢价的，事实上，这一溢价早就被市场发现了。他们享有这些溢价的唯一依据是他们接近权力，他们依此驱赶了原来法律上的所有者，强占了本来应当属于他人的初始交易权。

## 权力的“原罪”

由此可以看出，真正的原罪其实是权力本身。善与恶本来是由上帝决定的，这意味着，对于人来说，善与恶的标准是客观的。但亚当却禁不住魔鬼的诱惑去吃智慧树上的果子，因为他想由自己决定善与恶。这是一种理性的僭妄，傲慢自负的原罪在人身上根深蒂固。它的一种表现就是权力在经济社会事务中的滥用。某些人正是借助这样的权力积累起巨额财富的。

但是，善与恶的标准终究是客观的，这样的财富终究难以获得人们的普遍认可。暴富阶层的原罪因此而成为一个社会话题。事实上，这种财富也会自行陷入困境。那种逆向再分配过程导致群体间收入差距扩大，尤其是收入最高群体与一般民众收入差距扩大的速度高于整个社会财富规模的增长速度。这必然会促使人们追问暴富阶层财富之正当性。而任何财富，一旦丧失了正当性，就是风险缠身了。

面对民众的这种追问，有些天真的经济学家及诚挚的改革支持者作出了一种奇怪的反应:不承认有原罪这回事。确实,作为一种经济组织形态的私人企业制度,及社会分类范畴中的私人企业家群体并无原罪,尽管他们的某些行为在当时是违法的,更进一步说,即使他们的某些赎买行为违反了伦理规范,但放在具体历史背景下,也是可以宽宥的。然而,当代暴富群体中某些人的财富,确实是借助权力或者收买特权而获得的,是以牺牲他人的权利和利益为代价而积累起来的。这样的财富是有罪的。

只有承认这一点,才能把富裕的企业家从暴富阶层中拯救出来。过去二十多年的新增财富其实都是私人企业家创造出来的。正是他们发现了旧体制下的种种利润机会,将原有的资源重新组合,或者创造出新的资源,从而创造出了大量财富。私人企业家的企业家精神乃是中国经济增长的根本动力。

不过,由于私人企业发育的过程始终与双轨制、与实物资产资本化过程交织在一起,所以,人们对权贵富豪的愤怒经常会被泛化,指向整个私人企业家群体,权贵富豪的财富原罪变成了整个私人企业家的原罪。

面对这种混淆,正确的做法是对财富的来源进行某种辨析。当代中国富裕阶层中有相当部分是私人企业家,他们的财富来自企业家精神之贴现。另有一些企业家成为权力的攀附者,其部分财富是比较可疑的。还有一些暴富者,则从来就不是企业家,尽管他们也混迹于商场,表面上也在进行交易,但他们的身份却是“官倒”,他们的主要交易对象是权力,他们的财富来自这种腐败的权力。

这样的辨析,或者可以避免整个私人企业家群体成为道德与政治攻击的对象。全盘否定原罪问题,反而会让私人企业家与权贵一同淹没在漫天的道德口水中。

# 高增长与企业家高犯罪率

又一轮宏观调控开始了，中央政府尤其下定了调控房地产行业的决心。而这一轮调控的重头戏，就是打击与房地产领域相关的犯罪活动。短短一个多月时间，北京市副市长刘志华、安徽省副省长何闽旭、天津市检察院检察长李宝金、福建省福州市国土资源局局长王炳毅、福州仓山区土地局局长李仲、仓山区区委书记张森兴（该省工商局局长周金伙则逃往美国）先后被“双规”。尽管其职位五花八门，但全部都涉嫌在城市拆迁、土地交易、房地产开发等领域进行权钱交易。当然，与他们关系密切的房地产开发商人也同时落马：京城地产大腕——首创集团的刘晓光已被双规，还有更多商人遭到调查，随时可能面临牢狱之灾。

房地产业的黑暗一角因此而被揭开。官商勾结在这个产业已经病入膏肓。可怕的是，这个产业却是整个经济的支柱产业，尤其是在某些大城市，房地产及其相关产业竟然可以贡献 GDP 的 30%、40%。人们怎能不怀疑当下经济增长的道德性？

## 增长背后的权力之手

其实，这种情形不仅仅存在于房地产业。

比较中国与印度经济，会发现一个非常有趣的现象：过去十几年，国际商学两界公认，印度已涌现了二三十家世界级大企业，从软件业、制药业到钢铁业。但持续了一代人的中国经济增长，却没有孕育出哪怕是一家伟大的企业。任何一个严肃的经济学家都知道，企业是经济活动的主体，富有活力的企业是经济健康增长的基础所在。中国经济的增长奇迹却似乎颠覆了这个常识。中国幸运在哪儿？

简单说来，印度的增长完全靠的是政府放松管制之后被释放出来的企业家精神。在中国，经济增长的很大一部分同样来自这种企业家精神，这一点，以温州经济最为典型。但另外一部分则来自国家的强制推进，自 90 年代以来，尤其是地方政府的强制推进。

有的时候国家似乎确实拥有某种魔法，直接充当经济增长的主体确实可以创造出某种奇迹，就像计划经济的最初若干年那样。90 年代以来地方政府间展开的为了增长的竞争,似乎也导致了同样的效果。当然,这意味着政府权力的复辟,在80年代的退缩之后,政府——这一次换成了地方政府——再度恢复并且扩张其控制性权力,竭尽本地一切可交易的资源招商引资,扶持最能实现政绩最大化的产业。

这其中最重要的就是房地产业。对于狂热追求政绩的官员来说,这个产业简直是上天的恩赐:第一,这个产业产出上面能够注意到的政绩的效率最高。它能吸纳大量投资,能够创造高速增长的GDP,也能给政府带来大量税收收入。第二,政府又恰恰控制着这个产业所需要的两种最重要的要素:土地和信贷。对于地方政府来说,主要是土地。城市原有城区已被宪法宣告为完全属于国有,地方政府当然可以随意拆迁、改造;乡村土地尽管法律上属于农村集体所有,但地方政府通过其政治与行政控制链条,享有事实上的支配权。第三,这意味着,政府可以压低支付给农民的土地征用补偿。这样,政府就有条件以非常低廉的土地价格吸引工商业投资者。而用于商业和房地产开发的土地,政府则可以通过操纵供应将其价格哄抬上去,从而获得了巨额预算外收入。这笔收入又可以作为政府进行政绩工程、面子工程的资本。因此,90年代中期以来,中国经济,尤其是城市经济迅速地"房地产化"。

但权力必然带来腐败,不受约束的权力会带来无法抑制的腐败,尤其是当这种权力直接介入经济过程中的时候。在房地产产业链条的每个环节,人们都能看到强壮的权力之手。首先,在城市政府获得土地的环节,或者是通过拆迁,或者是征用农民土地,政府都是利用权力将自己的交易条款单方面强加给市民或农民,拆迁户、被征地农民的权益被普遍忽视、践踏。其次,在政府出让土地环节,协议出让土地的幕后交易是可以想象的,而"招挂拍"也未必能够削弱权力对交易结果的影响。最后,在房屋供应环节,权力总是在市场背后哄抬价格,比如,政府通过短期内大面积拆迁,人为制造大量被动需求。或者政府通过缩减土地供应向市场释放供应短缺的信号,推动房价上涨。

权力与企业无间合作,确实制造了炫目的房地产市场繁荣。城市经济也因此保持了高速增长,维持了一种热火朝天的繁荣局面。但是,繁荣背后却是令人瞠目的犯罪活动。仅仅是宏观调控杀鸡儆猴式的清算,就揪出了如此多的官员,如果严格地执行相关法律,不知还有多少官员落网。可以说,在这个行业,官商勾结不是偶然的意外,而几乎是一种必然的法则。增长却带来腐败,从而损害政府的治理权威,这样的代价是否过高?

## 经济增长了,企业家死了

在这样的营商环境下,当然不可能指望出现伟大的企业家。刘晓光是业内公认比较低调,口碑也不错的商人,他似乎也有成为伟大的企业家的雄心,但他永远不可能实现这个梦想了。他一个人的梦想不能实现,也许无关紧要的,但如果很多企业家都跟他一样,身不由己地走向毁灭,那肯定说明,增长的机制存在重大缺陷。

事实上,如果稍微回顾一下过去20多年企业家的兴衰史就会发现,目前的增长模式是一个令企业家跌落的巨大陷阱。一个一个看似成功的企业家,最终都难逃遭受羞辱,甚至成为罪犯的宿命。远的不说,在90年代涌现的一批国企强人,比如健力宝的李经纬、三九的赵新先、长虹的倪润峰、中航油的张久霖,到21世纪之初纷纷因为经济问题落马。国有银行的高管们也曾经一个接一个入狱。民间曾经出现过一批资本运营高手,张海、顾雏军、德隆的唐氏兄弟曾经风云一时,后来也陆续成了阶下囚。现在,似乎轮到房地产大亨们了。

笔者大胆断言:中国企业家的犯罪率可能是世界上最高的。越是在中心城市,越是看起来现代化的产业,越是在政府扶持、重视的那些行业,企业家的犯罪率越高。因为,在这里,权力的控制越有力,寻租经济的色彩最浓厚,要取得经营成功就越是得勾结权力。在这些领域,究竟是权力在诱惑商人犯罪,还是商人在腐蚀官员犯罪,已经难以辨析清楚了,因为,权钱交易已经成为这些人的生活方式,双方都已经习惯了彼此勾结、共同发财的美好生活了。

高增长却伴随企业家的高犯罪率,这确实是世界经济史上空前绝后的一种现象。前面曾经指出,中国经济增长部分依靠企业家精神,部分依靠政府直接介入。单从增长的直接经济后果看,这是中国的幸运。但是,企业家的高犯罪率却提醒人们,这种额外的增长动力,也许是一种不幸。政府直接利用权力推动增长,确实给经济的自然增长加了一把力,但是,这把力也产生了一种致命的反冲力:它对那种自然的增长动力,即企业家精神的健全发育,造成了严重负面影响。它让中国几乎无法成长出伟大的企业。

就此而言,目前的经济增长存在着致命的结构性缺陷。正是因为在所谓高端行业、现代化行业,企业家精神被权力扭曲、抑制,这个经济体的上层结构反而最缺乏创新,最缺乏效率,也最不健康。这意味着,增长的长期前景是脆弱的。

这种增长的社会后果更为严重。这种增长固然给普通民众带来了某些收益,但是,它也让很多民众产生了一种被剥夺感。拆迁户、失地农民、工资长期被抑制的新兴产业工人、被高房价压得喘不过气来的市民等群体,不可能为这个增长欢呼。对于过去的增长的评价,国际与国内形成强烈反差,经济学圈子与公众媒体形成强烈反差。说来也许奇怪，增长给整个社会带来的不是一种喜悦，而是一种怀疑、焦虑、不满甚至愤怒。现在，当某位官员或学者预言中国将在某年赶超日本或美国，或某地宣布自己已进入中等发达国家水平的时候，得到的是一片嘲笑、讥讽。这样的民众心态，实际上已经宣告了一个增长至上时代的结束，现在的问题仅仅是怎样结束。

公众对于官商勾结下的增长机制的怀疑和愤怒，也损害了企业家、市场化改革在公众心目中的形象。一提起企业家，人们马上联想到官商勾结，一提起市场化，人们立刻联想到涨价。陷入信誉危机的改革，是难以为继的。可以说，权力所推动的强制增长，反而为制度变革设置了似乎难以逾越的社会政治障碍。为了增长，也许中国付出得太多了。

## 腐败的经济学论证

腐败是我们这个时代最为触目惊心的政治与社会现象，这其中，企业家贿买权力，乃是腐败的一个重要方面，不论是企业家为购买特权，还是为赎买本属自己的权利。在任何一个社会，这种腐败都会受到谴责。但奇怪的是，在过去十几年，某些经济学家一直在为这种政商交易的腐败辩护，或者简直可以说，信奉市场的主流经济学一直默认这种腐败的正当性。他们认为这是通往他们所想象的天堂的必由之路。但是，他们能够到达自己的天堂吗？

### 腐败的历史必然性

诚如张维迎教授所说，在市场经济国家属于公民个人和企业的权利，在中国则被政府部门垄断，如开办企业、从事投资活动都需要政府批准，个人和企业不得不通过"行贿"的办法"赎买"本应该属于自己的权利，从事正常的经济活动。当然，我要补充的是，还有一些人更聪明：有一些政府控制企业进入或实行严厉管制的部门，这就意味着，任何一个进入者都是幸运的垄断者。假如通过贿赂官员得以进入该领域，就等于获得了一种垄断特权。所以，有些商人不仅在购买本属自己的权利，还在购买特权。

如此腐败的根源，当然是权力不受制约的问题。中国的渐进改革模式就意味着，除非到了万不得已的时候，不会有人去改革权力控制资源的体制本身。人们一直期待这样改革，将其称为"攻坚战"。但是，既然官员能够从这种转轨的中间过程中获得巨大收益，那他们自然倾向于把这个攻坚的时间一次又一次地往后延宕。

对此，主张人人追求自身利益最大化的经济学家，不应当感到惊讶。但经济学家终究还是十分着急，因此，张维迎教授回忆说，在 1996 年的一次会议上他就指出，如果不从根本上改变政府统治经济的体制，不减少政府的行政审批权，那么，私人产品（按照经济学的定义，使用上没有排他性）领域的腐败，反倒是一个"次优"选择。张维迎解释说，他说这个话的意思是，反腐败必须治本，不能治标不治本。

不过，在很多时候，这个论断却具有另外一种含义：在当下的体制下，腐败是不可避免的。就在最近，张五常教授仍然这样说。张五常教授当然知道权利的重要性，希望从等级界定权利转到资产界定权利的道路上去。问题是，权力如何肯让渡出自己控制的资源？一个简单易行并且交易成本最低的方式就是赎买。因此，腐败有助于中国转型。

由此再迈进一步，那就简直可以说，腐败在当代中国是一种历史必然性。鉴于当下的体制约束条件，中国必然要经过一个普遍而严重的腐败环节。既然它是一种历史必然性，那人们就不应当对其说三道四。相反，人们应当恭顺地接受它，明智的人，比如经济学家，看到私人企业家用金钱打通了管制的僵硬大门，纷纷欢呼起来。

这些经济学家本能地都是黑格尔历史哲学的信徒，其实在学校大家学的都是这一套。这种哲学教导人们，历史上的善其实都是通过恶的力量实现的。假如最终达到了善的目的，那恶的过程就完全可以容忍，甚至本身就是善的。比如，古典史学的共识是，秦始皇是个暴君，其专制应当予以谴责。但接受了现代哲学训练的历史学家却颠倒了这种伦理学，普遍赞美起秦始皇来，因为据信，始皇的专制推动了中国历史的进步。

类似的，有些经济学家也通过历史必然性这一概念，成功地对腐败进行了一次伦理漂白，他们提出了“腐败有利论”或者“腐败有功论”。腐败最初不过是迫不得已的次优选择，到这一步，腐败本身就是好的、正确的、善的。相反，禁止腐败、打击腐败，反而被某些具有经济学心灵的人士指责为阻碍中国的经济发展。

## 物质主义的心灵

经济学家之所以冒天下之大不韪，为腐败正名，有一个十分重要的原因，在经济学家的价值排序中，经济增长居于首要位置，而腐败是在那种制度约束条件下能够实现经济增长的唯一可行方案。

经济学从一诞生起，也即在斯密之前的重商主义那里，就以国家物质财富的增长，作为其首要的研究主题。因此，经济学的心灵自始就是物质主义的心灵，就是把物质财富视为人世间最为重要的价值，并视为其他价值的前提。比如，大约只有经济学家会说，要实行法治和民主制度，经济必须增长到一定水平，人民必须达到一定的富裕程度。当然，这样一种观念，现在似乎已经成为一种常识。这种常识乃是近代以来经济突破瓶颈出现“增长”的精神基础：增长是一种近代现象，在前近代漫长的历史中，是不存在经济增长这回事的。

因此，在经济学家，或者在所有具有现代性的心灵看来，经济与财富的增长是一个至高无上的价值，它要求在任何制度条件下实现自己，而不以人的意志，也不以制度为转移。如果政治、伦理、信仰等方方面面的制度正好适合人们追求财富，那就是最好不过；假如此类制度不合适增长，那就对其进行改造；如果制度的惰性太大，那就贿买它。此时，贿买活动实现了那个至高无上的价值，则在这种交易中官员践踏权力伦理、企业家践踏商业伦理，就是无关紧要的。

正是上述历史哲学及物质主义的心灵，塑造了90年代以来的腐败的精神状态。一旦腐败变成了一种历史必然性，并由此免于道德上的责难，甚至更进一步获得道德上的正当性，则腐败的普遍化就是必然的了。

任何时代都有政府管制，政府控制似乎也并非罕见。而且，经济学家们说得很对，政府控制与管制也确实容易诱发腐败。但在大多数情况下，这些腐败者，不论是贿买者，还是受贿者，都知道自己是错误的，他们会以此为耻。至于社会其他人，更会对其予以道德谴责。在中国，事态却似乎已不复如此。腐败者似乎不认为腐败是错误的，潜规则已经改变了人们对善恶、是非、对错的基本认知。腐败者以腐败为荣，贪贿行为已经带有一种变态特征，官员经常为贪贿的成就感而贪贿。某些企业家的行贿似乎已成为例行公事，看见官员就立刻想到行贿，而似乎不再计算收益成本。至于民众，对于腐败只有愤怒，而没有道德上的谴责，很多人对腐败倒很能理解：在那个位置上，谁都会贪。我在那个位置上，我也会贪。或者，人家能弄到钱，那是本事云云。

过去二十多年中国经济的快速增长，得益于中国人的企业家精神之尽情释放。这种精神之所以能够释放出来，部分是因为改革放松了管制，但管制的另一部分放松则是因为管制被腐败了。看起来，腐败确实有功，但事实果真如此吗？

# 坏制度下腐败的路径锁定

很多经济学家把现有制度约束条件下企业家收买、勾结官员的腐败，视为一种历史的必然性。当然，这些经济学家毕竟还是很理想的，或者曾经很有理想。他们的终极理想是私人财产权、自由市场、法治及宪政。经济学家之所以要求人们接受这个次优选择，是因为，他们相信，这个次优选择是现有约束条件下实现这些终极目标的唯一道路。

这些经济学家的推论过程是：面对僵硬的政府控制与管制，企业家贿赂、收买政府官员，就为市场打开了门缝，从而提高了资源利用效率，推动了经济增长。经济增长将会使很多人获得财产，其中当然包括企业家，这些人为了保护自己的私人财产，就会推动政府强化法治。

不过，先不管残酷的现实，仅从理论上说，如此期望未免过于乐观。

## 谁的收益在最大化

主张腐败有利论的经济学家坚信主流经济学的基本预设，即个人遵循收益最大化原则进行选择。企业家之所以贿赂管制官员，乃是因为，给定管制，贿赂是企业家能够实现个人收益最大化的有效途径。同样，官员之所以愿意放松管制，也是因为，它获得了贿金补偿，从而愿意放弃某些权力。这些经济学家期望采取某种赎买策略，令管制官员逐渐放松管制，从而瓦解僵硬的计划体制或严重管制体制，让市场获得发育的空间。

然而，假如严格按照经济学的这种推论，则企业家的贿赂只会让管制趋向强化。显然，官员很快就会通过经验学习到一点真理：维护和强化管制就是他实现自身个人利益最大化的最佳策略。他之所以能够在政府发给的薪水之外获得灰色乃至黑色收入，仅仅因为自己掌握着管制权力，权力越大，权力的灵活性越大，他的寻租空间就越大，贿金收入也就越多。

而且，企业家贿买官员，所支付的并非官员放松管制制度的成本，而仅仅是官员对自己例外的成本。贿买者总是单个企业家，所以，也没有哪个企业家愿意为管制制度本身支付租金。每个企业家所寻求的仅仅是个人收益最大化，因而，他并不关心管制规则本身是否变化，只要该管制规则对自己，甚至仅仅对自己的本次交易不再生效即可。这是降低贿赂成本的理性策略。再说，作为贿买者的单个企业家之间存在着非此即彼的恶性竞争关系，每个人都期望只有自己例外，其他人仍被管制束缚着，这意味着自己将享有垄断特权，而垄断特权是每个人追求利益最大化的企业家所梦寐以求的。

反过来说，官员也会通过经验变得十分精明：他决不会把一项管制作为一个整体一次性出售，假如这样，他就是在自断财路，就绝不是一个理性的经济人。作为理性的经济人，他的最优策略是每次只针对单个企业家，出售管制制度的一个例外特权。这样可以保持贿金收入的现金流之持久性。事实上，即使作为一个整体的企业家所支付的租金已足以换取官员取消一项管制制度，官员也仍然可以不放弃管制，因为，官员与企业家之间的交易并非正义的法治规则之下的平等交易，而是一种不平等的交易：官员居于支配地位。因而，在接受了贿金之后，官员可以依据自己的判断，不对企业家交货。对此，企业家无法寻求正规渠道的任何救济，除了黑社会的做法。

结论显而易见：依据主流经济学的理性经济人预设，恰恰能够证明，腐败将会把一个社会锁定在腐败的死胡同之中。企业家群体以及整个社会沿着看似能够实现个人利益最大化，最终却大幅度增加整个社会交易成本的危途狂奔。企业家的活动空间确实扩大了一些，但是，政府权力似乎并没有缩小，原因在于，企业家所得到的活动空间，不是制度化的，而仅仅是管制制度的例外。金钱或许能够软化旧体制，却不可能变革旧体制。事实上，一个个自以为聪明的企业家也在帮助维持、甚至强化这个体制。

## 财富的道德属性

在给定的约束条件下，腐败确实可以弱化两种不同产权制度之间转换过程的摩擦，或者说降低其政治方面的交易成本。中国私人经济空间的扩大，在一定程度上得益于经济学家们所说的“赎买策略”。

但是，以腐败作为润滑剂减少摩擦，也必然导致一个“非意图的后果”：由此形成的新的产权配置结果之道德正当性比较薄弱。富人的“原罪”问题被舆论、被学者再三提出，原因正在于此。此种质疑一波接一波，导致国内财富最多的那个群体，始终处于不安、恐惧与焦虑之中。而富人们也十分清楚，舆论对富人的不利议论、民众的怨恨心理，随时可能推动政府采取某种清算政策，未来对于刚刚发财致富的人来说，是高度不确定的。

这种不确定性促使他们在安排财富用途的时候，趋向于行为短期化。在经济活动中，富人的投资倾向于投入到快进快出的领域，带有强烈投机色彩，这可能极大地妨碍着中国经济结构之合理化。一个不为未来投资——它集中表现为知识与技术创新及企业组织创新——的经济体，其增长的潜力是可疑的。

在经济活动之外，富豪们更倾向于把钱花在奢侈品消费上，以获得肉欲的当下满足。他们不愿意为自己的未来投资。富人们经常满足于财富强人的形象，而无意进行长期的社会投资，为自己博取社会声望。这是中国社会建设缺乏足够动力和资源投入的一个根本制约因素。因此，富人们有钱了，但其社会声誉却十分糟糕。有些人将其归咎于中国人的平均主义思想，这实在有点不着边际。古代中国的商人是教育、公共交通、社会救助等各种社会事业的主要举办者。当代的富人似乎对此没有多大兴趣，因为他们不敢相信未来，不再追求“不朽”。

更重要的，一个人的财富是如何创造出来的，在很大程度上也决定着他将借助何种手段保护他的财产。一个人通过贿买个别的特权积累了财富，必然倾向于借助个别掌权者的庇护来保障自己财富之安全。他不会把保障个人财富安全的需求，转化为普遍的保障个人财产权的权利诉求。因为，他是理性的经济人，对他来说，追求权利的成本太高了。而且，假如自己费劲争取这种权利，会让很多人搭便车，理性的经济人绝不会愚蠢到去做这样的事情。确实有很多人在呼吁保护私人财产权，但这些人是向往法治的学者，是普通中产阶级，而不是财富较多的那些人，也不是具有影响力的企业家们。

常有人说，与外国人相比，中国人极其聪明，这或可为主流经济学的腐败有利论作一注脚。但中国也有句老话：聪明反被聪明误。

## 企业家当了坏制度的帮凶?

90年代以来,作为对启蒙时代的文化决定论话语的反动,“制度”成为经济学家、法学家及媒体评论家们说得最多的一个词。这些制度决定论者把一切问题都归咎于制度,也把全部希望寄托于制度改进。在制度发生变革之前,一切都无从谈起。

这样的制度决定论,在主流经济学界关于腐败问题的看法中,表现得最清楚。经济学家说,企业家之所以要贿买管制官员,是因为,在给定的制度下,企业家及官员,要实现个人利益最大化,就必须如此这般。这是迫不得已的策略,但也可以说是最优策略。甚至官员的行为之反道德性,也被这种逻辑豁免了:假如他们个个铁面无私,坚不受贿,管制反而会更僵化,反而妨碍了要素集中到具有企业家才能的人手里。因而,在给定的制度约束条件下,败德的行为也是可以理解的。经济学家认为,在制度问题解决之前,指责这些企业家,甚至指责官员缺乏道德,是强求于人。

当经济学家把腐败的责任完全归咎于制度时,预设了一个前提:制度是企业家活动的一个外生变量,对具体从事经营活动的企业家来说,制度是给定的。若经济学家所讨论的是成熟市场经济国家经济学家所关注的技术经济学问题,这自然没有问题。但问题是,中国的经济学家都具有改革的使命感,都致力于推动经济的市场化转轨。那么,转轨的动力在谁身上?

### 搭便车的教诲

当经济学家呼吁变革制度时,他们所指望的变革主体,不是企业家自己,而是企业家群体之外的人。

经济学家似乎希望企业家之外的社会其他群体努力变革制度。确实,假如其他群体推动改变了整套经济活动规则,或者更进一步,建立了法治体系及健全的私人产权保护制度,企业家生存的制度环境即可获得改进,企业家可以以更高效率为社会创造财富。

在这里,经济学家鼓励企业家选择一种搭便车策略。问题是,其他群体比企业家群体更傻吗?经济学家的这种论证陷入了一个自相矛盾中。按照他们的理论,人人都在给定制度条件下选择最有利于自己利益最大化的行为策略，其他群体也会像经济学家所赞赏的企业家群体那样行动。也即，当他们碰到不合理的规则，同样会采取贿买策略。这是在给定制度约束条件下实现个人收益最大化的最有优策略——至少在经济学家看来如此。经济学家让企业家聪明地等待搭别人的便车，社会其他群体社会为什么就不能等待搭企业家的便车？

经济学家转向政府。经济学家在此陷入同样的自相矛盾之中。政府是由人组成的，而且，经济学家一直强调，政府官员跟私人一样是自利的。但当他们对政府官员呼吁时，偏偏忘记了自己的前提假设。普通政府官员本来就从不合理的管制规则与制度中获益多多，他们正是企业家贿买的对象，他们为什么要推动变革？

经济学家一步一步地退后，最后转向开明的最高当政者，呼吁他们利用某种绝对权力，强制推进自上而下的变革。历史上不乏这样的先例。18世纪欧洲大陆启蒙哲学家都是开明专制的热烈拥护者：一个自认为找到了救国救民之最终真理的人，总是渴望自己掌握或者依靠一种绝对的权力。主流经济学家反对管制，却通常都十分热爱权力。由此不难理解张五常关于民主、独裁的奇怪看法，何以能够征服经济学界，也能理解，主流经济学家何以在近几年的公共政策辩论中，恐惧民众的议论。他们把变革的希望唯一地寄托于当政者的审慎——或者更准确地说，寄希望于历史的运气。

也就是说，囿于人人自利地实现个人利益最大化的经济人假设，主流经济学无力思考制度变革的动力机制问题。

## 坏制度的帮手

诺贝尔经济学奖得主詹姆斯·布坎南晚年倡导“立宪经济学”，与哈耶克的市场和法律理论有异曲同工之妙，这些理论超越技术经济学之处就在于，他们把规则的生成及规则体系的变革内化为经济过程的一个内生变量，因为归根到底，在斯密那里，经济学的问题就是政治经济学，市场的问题归根到底就是市场的规则体系。

这些理论尤其有助于思考转轨国家体制变革的动力机制问题。规则就是置身某种秩序中的人们行动、互动的产物，而不是从外部给定的，行为主体自己为自己生成规则。管制规则形成于政府官员、企业家、消费者、舆论的互动过程中。处于转轨过程中的企业家本身就是生成规则或推动规则变革的主体。

确实，政府的权力是令人生畏的，但诚如休谟所说，任何统治说到底都是以被统治者某种程度的同意为基础的。政府官员当然乐于制定可给自己带来最大租金的管制规则，但这种规则的持久维持，却以企业家的默认为前提。对于此类规则，如果企业家持续地进行抗争，政府很可能改变规则。如果所有企业家出于自身利益最大化考虑，不假思索地采取贿买策略，那不合理的管制规则就会永久化。

因此，当企业家抱怨制度不合理，据此为自己的腐败行为开脱时，实际上就推卸了自己对自己的责任，但这个责任终究是推卸不了的。坏制度本身无疑就是坏的，企业家的败德行为可能确有不得已之处。但归根到底，每个人都必须对自己的选择承担责任，对自己生存于其中的规则承担责任。私人企业家如果没有任何犹豫、没有进行任何变革制度的努力，就接受了不合理的规则，或者更进一步，利用这种规则获得特权，那企业家就要为自己未来因此而遭受的谴责及可能出现的法律后果，至少承担部分责任。

企业家不能指望别人替自己改变商业、经济领域的规则，这只能是企业家自己的责任。如果说市场制度确实需要一套布坎南所说的“宪政性规则”的话，那私人企业家就是立宪者、立法者，至少是其中一个重要主体。企业家如果试图享受法治、宪政的好处，那他们就应当积极地充当法治、宪政建设的推动者。

不幸的是，中国的企业家却过于聪明了，他们确实如主流经济学家所说，在给定制度约束条件下，除了某些罕见的例外，他们普遍选择了最能实现个人收益最大化的策略，即贿买，向管制官员收买坏制度的例外特权。但这种看似聪明的做法，等于放弃了自己参与立宪、立法的权利。当所有企业家都聪明地放弃这种权利，企业家就自愿把自己放逐到公共领域之外，降格为只知利润及消费的经济动物。

这样的企业家当然不再是古典意义上的公民，甚至也不是近代意义上的“市民”，因为，至少英国的经验表明了，现代市场制度就是“市民”们自己一点一滴地创造出来的。

## 企业家与好制度

过去十几年中，腐败的一个重灾区是国有企业产权改革。由于政府对这些企业享有控制权，而政府在这方面的决策基本不受监督，所以，改革过程多有腐败发生。对此种腐败，主流经济学家似乎持一种肯定态度，因为，按照他们的逻辑，不管用什么方法，只要产权转移到私人手里就好，因为，私人产权的扩展会推动市场制度的发育。

然而，这样的推论很可能是轻率的。历史上已经有过非市场条件下经济快速增长——当然不是长期的——的事情。即便是私人企业的存在本身，也并不必然意味着存在着市场制度。这种说法乍看起来有点奇怪，但其实是历史的常态。现代市场制度在英国确立之前，甚至在此之后的绝大部分国家，都以私人经济为主体，但却并不存在现代意义上的市场制度。

### 市场是什么?

原因在于，市场并不是一种毫无依傍、自足的资源配置机制。主流经济学把市场理解为一种有效配置资源的机制，显然过于技术化了。相反，市场就其本质而言，是一套可扩展的人类合作与交换秩序，它以一整套道德信念和宪政规则为基础。比起其他组织经济活动的方式来，它的根本特征是自由，市场意味着，任何强制性权力都受到控制，人们可以自由地进行自愿交易。效率不过是市场的这种正义本质的一个附带后果而已。因为，市场制度不是配置资源的机制，而是确保这一机制正常运转的更高层面的整套规则、程序。

也只有基于这一市场概念，我们才能够理解，为什么人们会把市场的现代历史从近代英国算起，而不是从北宋、从西班牙算起。而英国率先实现从前市场的经济制度向市场制度的转型，乃是因为种种偶然因素凑到一起，使英国人的精神与整个社会规则体系实现了某种跃迁。在这些偶然因素中，最为重要的是清教与普通法。

关于清教与资本主义起源之间的关系，众多学者进行了研究，尤其是韦伯的《新教伦理与资本主义精神》和英国学者托尼的《宗教与资本主义的兴起》，从不同角度得出了同样的结论:清教伦理有助于资本主义的形成。但他们的理论主要解释了,清教如何改变了英国人对待财富、对待经济活动的态度,从而使人摆脱中世纪教条的伦理束缚,无所顾忌地投入到发财致富的活动中。

这一点显然不足以解释,清教对于作为制度的市场的整套规则体系之形成,发挥了何种作用?事实上,从中世纪中后期起,尤其是经历文艺复兴之后,欧洲南方拉丁国家的人们已经大体上改变了对财富、对经营活动、对利润、利息的看法。那些国家的经济增长似乎也相当快速。所以,近代初期的意大利各城市、西班牙、法国相当富裕。发财致富,或者追逐利润的精神,跟市场制度并非一回事。

清教以一种方式成了市场制度的催化剂。

现代民族国家形成之初,就催生了第一套系统的经济思想体系及政策方案,即重商主义,新兴的国家突破中世纪国家——社会之间的界限,试图管制经济,增加王室财政收入。为此,国王发放专利,设立垄断,强征高额关税。

英国也不例外,时为16世纪中后期,即著名的伊丽莎白女王在位时期。《大国崛起》电视片似乎把英国崛起归功于这位女王的英明领导。然而,正是这位女王,妨碍着市场制度的发育,因为,她最乐于出售垄断特权。1601年,英国议会下院就垄断问题进行辩论的时候,就给垄断下了一个十分精当的定义:“对某种公共物品(城市的或全国的)限于由某一人私人使用”。

面对这样的垄断,纯粹具有“经济人”理性的商人们的本能反应当然是,通过报出更高价钱,或者走通高层关系,让自己也成为垄断者。当代中国商人们也正是按照这样的逻辑贿买官员的,经济学家将这视为一种历史必然性。打破垄断尽管合乎商人整体的利益,但对任何单独一位商人,其成本都太高了,那样做太傻,用经济学家的话说,太不理性。事实上,当时,意大利、西班牙、法国等经历过文艺复兴深刻影响的国家的人们,正是这样想的,那里成了腐败的乐园——当然,也就与市场制度无缘。

## 英国商人与市场制度

但是,清教伦理却让部分英国人甘愿当傻子。这里不妨引用19世纪杰出历史学家基佐在其《1640年英国革命史》开篇的一段生动描述:

他是一个基督徒,他在他自己家里,在朋友群中,大胆地探查天赋权力的秘密。究竟是什么尘世的权力,是高超到不容许探查的呢?他在他的《圣经》里头读上帝的法律,他因为要服从上帝的法律,就必须违抗其他法律,因此,他必得确定别的法律所应该止步的地方。一个人要晓得一个主人的权利的限度何在，不久就得要追寻君权的起源。现在整个英格兰所探查与谈论的，就是君权的性质及一切权力的性质，这些权力在古代的限度，新近是怎样掠夺他人的权利的，如何才能认它为合法，以及合法性的来源：这种探查开始时是战战兢兢的，并非出于爱好而是出于需要才这样做的。他们的谈论，在长期中，都是秘密进行的，而且不敢谈论得太深透。但是这些谈论给了他们以更大的自由和勇气，这是从前所没有的。

这种对君权范围的探查，当然涉及国王的经济管制，尤其是垄断。诚如韦伯所说，在清教伦理中，劳动是人的天职，其中包括自由地生产和贸易，而国王授予的垄断权却妨碍每个人承担的对上帝的义务。因此，垄断违反了上帝的律法，在道德上是错误的，一个虔诚的信徒是不可购买这种特权的。为了尽自己对上帝的义务，就必须废除这些垄断。信仰使国王授予的垄断丧失了道德上的正当性，信仰的力量也给了某些商人以反对的勇气。

同样，面对国王随意开征的赋税，具有道德勇气的英格兰人的反应，不是私下里逃税，或者贿赂税务官员减免自己的税，而是公开拒绝纳税，宁可被送到法庭上。这其中最著名的是 1606 年的 Bate's Case 和 1627 年的“五骑士案”。

幸运的是，普通法法院和国会则把垄断、非法征税，从道德上的不正当，变成了实实在在的非法。在 1602 年的“垄断案”中，王座法庭裁定，垄断权有悖于保护贸易的自由和臣民的自由权的普通法，也有悖于国会的各项制成法。在 1637 年财税法庭审理“汉普顿拒付船费案”的法庭上，他的代理律师称：“为保障英国人的生命和财产安全，国王的君权在任何时候都应受到法律的限制。”

正是这些基于宗教信念的抗争，逆转了伊丽莎白女王所开启的重商主义，这种重商主义也许确实未必妨碍英国在一定时期内的经济快速发展，但市场制度却不会从这种官商勾结、权钱交易中形成。

## 通往资本自由之路

自亚当·斯密以来,尽管多有反复,但经济学大体上坚持一个基本立场:自由带来效率,自由带来财富。

近些年来,美国若干信奉自由市场的机构编制了经济自由指数,用跨国的经验数据印证这一结论,说服公众相信自由对于一个国家之繁荣的重要性。其中最著名者有美国传统基金会与《华尔街日报》自1995年起联合编制的一年一度的《经济自由度指数》,美国学者James Gwartney和Robert Lawson等自1996年每年发布、世界多个自由市场研究传播机构同时出版的《世界的经济自由》。这些指数的编制当然都涉及资本的自由度,比如,《经济自由度指数》十大类指标中有三类直接涉及资本:资本流动与外商投资,银行业与金融,财产权。

不过,单独编制资本自由指数,中国学者可能是第一份。冯兴元、夏业良、朱恒鹏等学者组成课题组,于2006年底完成了关于资本自由指数的研究。他们发展了一套指标体系,用来测量1999年到2004年间中国各省的资本自由指数。

根据他们的研究,这些年中,资本自由度最高的两个地方一直是广东和浙江。这个研究证实了人们的经验观察印象:经济最自由的地方,必然意味着资本最自由,因而其经济也最为繁荣。广东和浙江的繁荣正源于其相对较高的经济自由度,其中自然也包括较高的资本自由度。

但稍加分析即可看出,这种资本自由乃是一种制度之外的自由。

### 民间金融未入法眼

在广东、浙江等地,最有活力的企业是私人企业,控制性制度松动之后被释放出来的私人的企业家精神,乃是这些地区经济增长的基本动力。但人们都知道,长期以来,非公有企业,尤其是私人企业的产权——此即保有资本的自由——并未得到法律之平等保障,相反,人们对于自己的财产不能形成长远预期;私人企业也很少能够从国有银行那里获得资本——这是资本自由的另一个重要内容。冯兴元等人的报告《中国民营企业资本自由障碍研究报告》详尽地描述了私人企业所面临的资本自由匮乏状态。比如，银行向私人企业发放的贷款在银行的总信贷量中小到可以忽略不计。

这倒并不意味着私人企业就不能获得资本或者稳定地保有其资本。私人企业之迅速发展的历史与现实已足以说明，私人企业自发地找到了获得资本的渠道，此即民间自发形成的金融市场。这个市场的融资方式丰富多样，如民间借贷、合会、集体集资、票据贴现、商业信用、私人钱庄，等等。正是这样的金融市场支持了中国私人企业的迅速发展。

但是，政府的金融法律、法规对于这些民间金融形态基本未予规范。法律所规范的，大都是相对"现代的"金融形态，比如银行、证券公司，等等。但这些显然并不是中国现实所存在的金融活动的全部。中国的整个经济、社会是二元的，存在一个由国家全面控制的现代经济部门，和一个国家纯粹作为现代化之工具的传统的、以非国有为其主要产权形态的经济部门。也就是说，在国有的、现代化的金融形态之外，也存在着大量源远流长的民间自发的金融形态。而政府所制定之金融法规体系，其实只是调整那些相对现代(起码被认为、被希望是现代的)的金融机构的特别法规。民法规则也只是调整那些立法者认为比较"现代"的关系和事务。因此，它们冠以"民法"、冠以金融法规之名，但其实并非普遍的法律，而是一种特殊的立法。国家制定的成文法，在很大程度上只是在原有的民间习惯之外，又增添了一种特别法。尽管由于依靠国家机器而获得了绝对的优势地位，但它们却依然不是"普通的"。

话说回来，即使没有国家立法进行规范，民间自发的金融市场也始终在比较顺畅地进行。原因在于，民间自发的金融形态，通过无数人连续交易，自发地形成了足够完善的交易规则体系。这些规则详尽规定了当事人的权利、责任，对此，所有交易参与者都心知肚明。尽管其并未成文法，但却被人们认知，并遵守。此种地方性知识存在于相对封闭的社区中，依赖当地的社会机制，当事人之间自发地形成了比较有效的规则执行体系。

不过，政府的"法制"观念却是：凡是法律没有规定者，即属于不合法。而立法者在制定金融法规时，眼里只看到现代金融形态，以为那是唯一应当存在的金融形态，根本就没有考虑到民间金融。自90年代以来情形更为糟糕，立法者制定金融法规之意图就是维持国有的现代金融部门的垄断地位，因而明确地对民间金融予以刑事打击。这授予了金融监管部门、地方政府以极大的权力。其结果是，民间金融参与者的预期被打乱，机会主义盛行。当事人对于传统规则的信仰之心被摧毁，运行了几百年的金融制度日趋粗鄙化。反过来，这又成了监管部门再度打击的绝好理由。

## 不管不等于享有自由

不过，通常情况下，地方政府对于这类民间金融活动采取一种“善意的疏忽”态度，也即，尽管按照法律、政策之规则，它们是不合法的，但地方政府并不急于整顿、取缔，而是听之任之。

原因不难理解。或许中央政府及其金融监管部门更关注控制金融风险，因而，更为积极地维护国有的、现代金融机构的垄断地位，而经常把民间金融视为“扰乱金融秩序”的活动——其实就是扰乱那个垄断性金融秩序。而且，他们看到垄断性金融机构大体上能够满足垄断性国有企业的金融需求，对于北京的决策者来说，这也就足够了。因此，对他们来说，整顿、取缔、打击民间金融不会有什么实际的损失。

但地方政府的立场却与此不同。地方政府官员考虑更多的是本地经济增长，而在地方层面上，增长的主体主要是中小私人企业，而这些企业是很难获得垄断性金融机构的资源的。在计划经济时代，这些金融机构是汲取本地金融资源的吸血管，在垄断性金融机构商业化之后，干脆就撤走了。因而，在地方层面上，经济增长所需要的金融服务，只能是由民间金融来供应。地方官员清楚地看到，活跃的民间金融有利于本地经济增长，而地方经济增长显然可以成为地方官员的政绩。

因此，通常情况下，处于监管最前方的地方政府不会严格地执行上边的法规、政策，过于严格地监管民间金融。而在目前的政治架构中，全国性政府没有自己的法律、政策执行体系，其执行完全依赖于各级地方政府，只要地方政府不执行，全国性政府的法律和政策就归于无效。

于是，民间金融就在过去一二十年的大多数时间享有一定、有时甚至是十分宽松的环境。其宽松度是健全法制下的金融机构所不能想象的，因为，全国性法律失效，地方则放任不管，民间金融几乎不受政府的任何监管。这一点可以解释，何以官方金融机构垄断的资源基本上在低效率、无效率的国有部门内部循环，但中国经济依然可以高速增长。

有学者正是据此断言，目前的官员政绩考核体系所引发的地方竞争增进了经济的“自由”。但在笔者看来，这恐怕不能算是自由。自由不仅意味着强制，尤其是来自政府的强制被控制在最低限度，也意味着在当事人需要的时候，政府能够用其强制力量对正当的权利人提供保护，比如，在发生纠纷时，当事人可以诉诸司法机构寻求公正的裁判。而这，显然是民间金融体系所无缘享受的。

地方当局的政策充其量是机会主义的，地方官员们明知这些活动按照全国性法律及最高监管当局的政策规定并不合法，但却最充分地运用了自己执行法律、政策的自由裁量权，对民间金融睁只眼闭只眼。这当然值得庆幸，但既然是名义上不合法的，则只要政府愿意，随时都可以对其予以整顿、取缔、打击。而在现有的政治架构中，官员的政绩考核是自上而下进行的，这一点决定了地方政府的放任不管是有限度的。在地方官员的算计中，若容忍民间金融的政治代价过高，比如，假如他预料到上级政府会指责本地社会不稳定，秩序混乱，那他就会毫不犹豫地选择打击。到了这个时候，民间金融没有任何庇护之所，因为，它在法律上就没有名分，甚至大众媒体也通常把它们塑造成违法乱纪、危害社会稳定的因素。

## 真自由要靠自己争取

在广东、浙江这些地方，民间自发的融资活动及民间金融组织所享有的，正是这种十分脆弱的自由。令人羡慕的随心所欲，其实恰恰表明了普遍的不自由。民间金融至多享有事实上的自由，但并不享有确获法律保障之自由，而后者才是真正的自由。

这其实是中国渐进转轨过程中的一种普遍现象：相比于任何国家，中国企业家的可选行为之范围要大得多，其中不少人甚至享有了特权。但是，他们的大多数可选行为其实都在法律之外。因而，每个人都有把柄捏在各级政府手中，只要政府需要或下定了决心，就随时可以找到充分的理由整治企业家，当下之房地产企业就处于这样的时期。此时，他们是不可能得到法律的保护的。

企业的资本保有自由，即产权保护，同样如此。通常情况下，地方企业为了追求本地经济增长，明智地选择不去骚扰私人企业的产权。那些在官员眼里有助于实现政绩最大化的企业，甚至可以在产权上获得特权，比如，政府可以出面帮助他们剥夺农民的土地或市民的房屋，让他们获得暴利，地方政府也可以随意对其免税。但是，只要上面的政治压力足够大，地方政府立刻就会变脸，而那些曾经获得照顾的企业的产权就立刻丧失任何保障，被政府随意处置。

因此，不管是对于转轨经济学还是企业家群体来说，现在要思考的最重要的问题是：这种半吊子的自由，有没有可能演进为法治下的自由、真正的资本自由？

既然自由与法治有关，那当然需要政府形成“法治之下的监管”理念，其中尤为重要的观念就是，法无明令禁止者民众即可自由进入，法律法规本身也需要接受理性的检验，立法者为了维持垄断而制定歧视性法规应被宣告为无效。具体说来，政府需要检讨现有金融管制法规，基于二元经济的现实，制定出能够包容民间金融的法规，赋予民间金融以合法地位。为此，立法者及金融监管当局应当放弃理性的自负和现代化崇拜，承认市场先于监管的基本事实。

不过，金融监管当局能否自觉地完成这种理念转变，实在令人怀疑。事实上，漫长的渐进改革已经让很多人不知道为了什么而改革了，在金融领域，过去若干年的体制改革已经没有多少体制改革的味道，市场化的价值取向越来越模糊。中石油、中石化上市之后石油行业的寡头垄断反而强化的前车之鉴也足以提醒人们，国有商业银行改为股份制上市，反而可能导致金融市场化改革的停顿甚至逆转。传统的国有金融巨头与国际寡头金融资本的力量联合，极有可能封杀任何可能促进金融市场放开的改革措施，金融监管当局很可能被挟持，采取种种措施维护这些表面看来已经商业化的国有控股银行的垄断地位。

在这种情况下，金融自由、资本自由就只能由那些希望享有自由的人和企业自己来争取。或许可以从两方面努力：一方面是民间金融自身强化内部监管，甚至可以尝试某种地域性的同业行会监管。控制了金融风险，就可以让地方政府放心地支持民间金融做大，从而有效抑制来自政治方面的风险。另一方面，民间金融及私人企业应当组织起来，游说各级立法机构和金融监管当局，促使其修改法律法规、调整政策，拓展民间金融的合法活动空间。垄断金融集团尽管享有接近政府之便，但民间金融却能够得到经济学家和舆论的支持。

这也正是这份资本自由指数研究的公共政策价值所在。它把资本自由的话题引入公共领域，并用客观的数据证明了，经济自由、资本自由对于经济增长、对于社会繁荣如此重要，从而让经济学家、让舆论在呼吁政府为民间金融开绿灯的时候有了更为有力的论据。而历史已经证明，理性终究会压倒利益，对于政府来说，究竟是相信经济学的理性，还是受制于垄断集团的利益，乃是对其公共性及明智的一个考验。

# 地权革命与房屋奴役

秋　　风 QIUFENG

## 土地制度不改，农民市民双输

让我们从北京曾经非常著名的“浙江村”说起。

20世纪90年代初开始，以浙江人为主的来京务工人员看中了北京丰台区大红门乡的地理位置和商机，陆续在此落脚，摆地摊做起了服装生意。他们租住农民的房屋，农民获得了不菲的收入。通过复杂的网络，更大数量的浙江人流入此地，对房屋的需求较大。本地农民纷纷在菜地里盖起了房屋，用于商业性出租，浙江人或者居住，或者经商。

农民的原有住房和菜地由此改变了用途：从仅供自己居住的宅基地和农业用地，变成了工商业用途，而本来从事农业生产的农民，也由此融入了现代城市经济，而成为经济意义上的市民。这些农村所属于的这片区域，已经完成了城市化，尽管其基础设施供应较差，所以，那里是出了名的“乱”。

至于农民们，继续大量翻建、新建房屋，此时，已不再是为了自己居住，而是为了自己或他人用于现代商业性经营。可以说，这些农民从事的正是现代意义的房地产业务，尽管他们建的房屋比较简陋，也缺乏某些必要的配套基础设施。这些农民成了现代城市经济体系中的小房地产经营者。

通过这一过程，这些农民改变了自己的身份，成了经济学意义上的市民，尽管法律上他们仍然是农民。当然，通过这种经营活动，土地的产出效率大幅度提高，同样面积的土地，他们现在从其上获得的收入当然要比种菜高多了。

这样，对于浙江村里的本地农民来说，令各界头疼的“三农”问题已经不再存在了。不用依靠政府的财政转移，他们自己借助于天上飞来的城市化机遇，而摆脱了贫困。而他们摆脱贫困的主要资源就是土地。他们将土地转换了用途，而这种转换的收益，主要由他们自己获得——或者是家庭直接得到，或者是村集体获得再向家庭分配。

我们可以推想，假如这个过程可以不受限制地自然进行下去，城市不断地向外扩张——在地理上，可能是连续的，也可能是跳跃性的，则越来越多的农民就会不再成为需要外部力量解决的问题。

关于这种模式，还可以举另一个例子，就是通县宋庄“画家村”。城里的艺术家、文人聚居于此，使该村自发地走上了城市化之路，农民则成为房地产经营者，其收入大幅度提高。

## 农民被排斥在现代化之外

但是，根据官方媒体的报道，政府从一开始就认定，这种城市化是违法的，农民的经营获得属于“违法建设出租”。村民违反的是不得私自将农业用地转为其他用途的法律。

根据目前的《土地管理法》，土地的用途由国家管制。土地被区分为农用地、建设用地和未利用地三大类。严格限制农用地转为建设用地，控制建设用地总量，对耕地实行特殊保护。任何单位和个人进行建设，需要使用土地的，必须依法申请使用国有土地，政府则通过某种方式出让限定一定年限的建设用地使用权。至于国有土地的来源，其一是 1982 年宪法规定的，城市所有土地属于国有；其二就是随时征用农民土地。

这样，国内就存在两类权利绝对不对等的土地：一类是城市的国有土地，它可以生成建设用地使用权，政府可以出让这种建设用地使用权，供工业开发、商业使用及居住使用。另一类则是农村集体土地，根据严格保护耕地的法律，农民的所有权受到了最严格的限制：不得将这些部分私自转为建设用地。

当然，城市化、工业化的快速发展，意味着原有的国有土地远不够用，于是，城市的范围迅速扩大，但这个扩大的过程，却是一个排斥农民的过程。因为，农民不能自发地满足城市化、工业化的需要，将其所拥有的土地从农业用地转化为城市工商业用地。相反，只有政府有权力垄断性地供应工商业与城市住宅建设用地。因此，城市的扩张是通过政府征用农民土地的方式进行的。

在现有政治与司法框架下，征用土地从根本上就把当事双方置于绝对不平等地位：被征用的农民不可能与征用的政府进行平等的谈判。政府总是用暴力把自己的条件强加于农民，用极端低廉的价格征用到土地。补偿的标准本身就是荒唐的：政府征用显然是用于工商业，但补偿的标准却是根据农业产值来计算的。依据这样的计算公式，政府即使再慷慨，其实都是在欺诈农民。

从根本上说，这种征用制度剥夺了农民自我实现现代化的自由与权利。政府这样做，也许是为了保护耕地，但很显然，保护耕地跟保护农民权益，完全是两个不同、有的时候甚至互相冲突的概念。限制农民转换土地用途，迫使农民只能等待政府在其所拥有的土地上进行现代化，但当现代工商业体系在这里扩张的时候，农民却被已经排斥在外了。

## 政府的本分

这确实是一种其他国家都没有出现过的怪异现象：当农民所拥有的土地进行现代化的时候，农民却完全与其无缘。农民在法律上、制度上就被固定在现代化过程之外。“三农”问题在中国成为一个令人生畏的社会、经济、政治乃至文化问题、麻烦，根源正在这里。“三农”问题本身就是过去半个多世纪的城乡二元隔离制度造成的，目前的二元土地制度则继续把农民排斥在城市和现代化之外。

### 市民成为“房奴”

从市民的角度看，这种土地制度，让他们不得不为了住上房子而付出了高得不成比例的成本，因为，政府垄断了住宅建设用地供应，而房地产商则垄断了商品住宅供应。

根据现有法律，任何单位和个人进行建设，需要使用土地的，必须依法申请使用国有土地，也即向政府购买国有土地的建设用地使用权。政府拥有的国有土地部分有两大来源：拆迁与征用。

拆迁其实具有重要的法律功能。尽管宪法以一纸条文宣布城市所有土地属于国有，但在事实上，这些土地却掌握在企业、居民个人手中。但是，通过拆迁，则可以把城市政府对于这些土地的政治上的所有权，落实为法律上的所有权，由此真正由政府支配用于出让。

政府征用农民土地，则是以低廉的价格，把原来属于农民集体所有的土地转化为政府国有。而尽管法律规定，政府征地只能用于公共利益，但由于法律已经规定，城市工商业与住宅建设用地必须向政府申请，所以，政府征地事实上必然大多数都是用于商业目的。而这一点也会促使政府严格禁止农民自行出让土地，因为只有这样，才能维护自己供应城市土地的垄断地位。

这种垄断地位，让城市政府大获其利。在拆迁与征用环节，政府几乎完全利用行政手段，压低补偿标准，但出让土地时却热衷于市场化。因为，政府独家垄断供应，可以非常方便地操纵供应规模与时机，在这种情况下，出让土地的程序越是市场化，价格越有可能被哄抬到非常高的地位。这些巨额地价款当然最终由购买房屋的城市居民承担。

政府作为垄断性土地供应商，几乎不可能向个别家庭及家庭组建的住宅合作社出让土地，唯一能从政府那里获得土地的将是房地产开发商。事实上，出让土地的程序越是市场化，有能力从政府那里获得土地的开发商的数量就越少，一个市场化的房地产市场内在地倾向于寡头化，消费者的可选择范围日趋缩小。

政府对城市土地的供应垄断，必然导致商品房供应的开发商垄断。这种双重垄断模式,被日本、台湾、新加坡多少采用,在香港最为成熟,再通过香港传入内地。这是对古今中外通行的城市房屋解决模式的一种完全颠覆。在人类历史大多数情况下,即使在城市化、工业化之后,城市人口解决住房,通常也是家庭拥有土地——不管其所有权是否完整——并自行建设房屋。所谓的香港模式则剥夺了家庭的这种自然权利,让所有城市居民仰赖开发商供应住房。

## 中国需要一场"新土改"

在内地,土地—房屋双重垄断模式已经成为一种双重剥夺机制:一方面,农民没有得到土地增值的收益,这些收益全部被地方政府及开发商占取了,最重要的是,农民丧失了对土地的所有权,也丧失了自我现代化的权利;另一方面,城市居民则为住房付出巨大成本,这些成本当然也就是地方政府和开发商的收益,城市居民同样不享有土地的所有权,城市化变成了土地国有化运动。

这种模式导致了一种畸形的财富分布格局:财富向政府集中,向房地产商集中。随着城市化扩展,城市政府的财富大幅度增加,因为,它所拥有的土地规模越来越大。这些土地它可以随便变现。同样,房地产开发商几乎是收益最稳定,也最大的一个群体。因此,在典型的土地—房屋双重垄断的典型——香港、内地,富豪中至少有一半都是房地产商。居民财富的大部分也沉淀到物业上,其他方面的消费则被迫压缩,越来越多的城市居民都成为"房奴",为政府、开发商和银行打工。

让我们设想,假如城市居民可以直接到城中村,或到毗邻国有土地的农村购买农村土地自行建设住房,其价格肯定会比从开发商处购买商品房低廉得多,即使城市居民支付给农民的土地价款高于政府的征地价格。因为,这里节省了政府征地再出让土地、开发商建设房屋再出售房屋两个逐利环节,而这两个寄生性环节没有为土地附加任何价值,这两个环节无助于资源的有效配置,反倒扭曲土地和房屋价格。

解决"三农"问题、解决房价严重偏离城市居民收入问题的治本之道,就是进行一场土地改革,最根本的一点,就是把农民对土地的权利归还给农民,让农民可以像城市政府支配国有土地那样,支配其集体所有土地,实现国内两类土地的权利平等。简单地说,就是允许农村集体土地直接入市,像城镇国有土地一样出让其建设用地使用权。

这样,城市化就不会变成土地国有化。当城市扩展到某个农民家门口的时候,他并不会失去土地,成为悲惨的"失地农民",相反,他可以继续保有对土地的所有权,土地将成为他融入现代经济体系的渠道和资本。城市居民也可以通过与农民的谈判，获得了远大于从政府那里所获得的对土地的权利，面对政府，市民的建设用地使用权其实是非常脆弱的，而如果面对的是农民，就是平等的权利主体。在双方的博弈中，市场自然地会生成复杂的土地权利关系，就像明清时代的江南农村。

有些地方已经开始初步进行土地制度改革。从 2005 年 10 月开始，广东实施《集体建设用地使用权流转管理办法》，据此，集体建设用地使用权作价入股（出资），以与他人合作、联营等形式共同兴办企业，视同集体建设用地使用权出让。不过，该办法却仍然禁止将集体建设用地用于商品房地产开发建设和住宅建设。这个改革很不彻底。

中国需要一场触及根本的土地改革，那就是实现地权平等。

## 小产权房违法吗

笔者曾在一家电视台录制节目，讨论近来的热点话题——小产权房。有几位朋友坚决要求政府查禁小产权房，包括任志强先生、一位律师、一位大学教授，及一位房地产经纪公司副总经理。他们反对小产权房的主要理由却十分简单：这些小产权是“违法的”。政府绝不能承认这些小产权，否则，等于纵容人们“违法”。

用“违法”一词来形容农民建造的房屋的小产权，或许过于轻率了。美国夏威夷大学周晓教授在讨论中国农民土地权利变迁时，使用了一个英文词“extralegal”，用这个词来形容小产权，也许更合适一些。它的含义是“在法律之外”：它当然不是法律所规定的，但是，也未必就违法了。

### 法律首先需要正当

即使小产权房确实违反了现有法律的条文规定，但是，当任志强先生宣布说，小产权房违法所以政府应该将其炸掉的时候，就是在要求政府行使一种极端强硬的国家暴力，而行使这样的暴力，若其所依据的法律没有足够的正当性，就是十分危险的。

今天，大约没有几个人否认法治乃是制度建设的一个理想。但法治的真实含义是什么？法治并不是法制，法治也不是以法治国，不是用法律来治民，也并不是随便制定一部什么法律就可以达到法治。相反，法治意味着若干原则，立法机构在制定法律的时候必须遵守这些原则。法治其实是对立法、司法机构施加了一些限制，它们不能随意地制定法律条文。这些原则包括，法律必须平等地适用于政府与民众，法律必须尊重个人自由，保障个人权利，限制政府权力。

以此标准来衡量，目前禁止农民充分地行使对乡村集体土地所有权的一整套法律、法规、政策体系，就不合乎法治原则。

最为瞩目的问题就是，这些土地法规体系是自相矛盾的。当下全国土地分属于两种所有权名下：由政府所掌握的国家土地所有权和由村民集体所掌握的集体土地所有权。既然同为所有权，则双方的权利应当是平等的。既然政府可以为了国有土地商业利益之最大化，将其用于任何用途，则同样是所有者的农民，也可这样做。但法律及政策却又规定，农民不能随意转换土地用途，甚至农民的宅基地，也不得用于工业生产和商品化的住宅开发。难怪有官方法学者针对农民的土地所有权说出一种十分古怪的观点：农民对土地有所有权，但没有支配权，土地的支配权属于国家——这是哪门子的所有权！

这样的法律体系是自相矛盾的，缺乏最基本的逻辑自洽。法治演进史上最重要的人物、英格兰法律家爱德华·库克曾经在最早阐述司法审查制度的一段话中提出：有悖于普遍的正当与理性及自相矛盾的法律是无效的。中国没有司法审查制度，立法机关也缺乏对法律正当性的深思熟虑。因此，舆论有责任充当审查者，对法律的正当性进行公共辩论。这样的辩论会促使立法机构对于不合理的法规进行修订。否则，不合乎法治原则的法律，越是严格执行，越会损害个人、企业及公共利益。

最可悲的是中国的学院法学界，完全被实证主义精神所控制。如果说，在法治较为健全的国家，由于法典本身是在宪政框架中制定出来的，因而，信奉实证主义也还不至于对正义、法治本身构成严重损害。但在中国，法治还在建设过程当中，法学家盲目信奉实证主义，就只能永远扮演可怜的落伍者的角色：他们忙不迭地跟在各种法规后面为其进行注解，并且搬弄着法条气势汹汹地指责民众的创新。不料没过几年，法规就根本变了个样，他们的解释完全失效。翻翻法学家们十年以前的著作，还有哪本值得一看？

## 财产权先于法律

这样的实证主义精神，也渗透在整个法律制度中。现有的土地法律体系完全是实证主义的，一件东西、一块土地，立法者想让它属于谁，就可以将其划归谁，没有什么道理可讲。一纸条文，就可以将某类土地属于政府所有。这种实证主义的前提是：财产权制度是一个意志的问题、权力的问题，而根本不用管“事物的性质”，不用管什么正义和理性。依据这样的观念所制定的财产法体系，其实是任意的。

因此我们才看到，中国的土地权利关系在不断地调整。只要立法者觉得必要，就可以随意调整。应当说，过去二十几年的调整是向着确认私人财产权的方向调整。但由立法者依照自己的意志进行调整这一事实本身，其实就意味着，这种调整的方向随时可以逆转。目前的土地法律就导致一个人们经常忽视的结果：土地正在大规模国有化，因为政府征用了大量原来属于农民集体所有的农地。假如突然有一天，政府宣告，70 年建设使用权改为 50 年，也不会有任何立法上的难题，因为，依据现有的法律政治理念，财产关系就是由政府随心所欲地确定的。

这样的理念当然是与法治无缘。在法治的观念体系中，财产权是先于法律的。不是法律创设了财产权，相反，正当的法律只是承认既有的财产权关系。一个东西属于某人，不是因为法律作了这样的规定，而仅仅因为该人依据某种被人们公认为公正、合理的方式确实拥有该东西，法律的功能不过是承认这一事实，并且对于该人稳定地保有这种东西提供一种有效的保障。所有的宪政理论，尤其是近代以来种种论证法治、民主制度的理论都说，人民是为了保护自己的财产权而成立政府。如果说财产权只能由政府决定，并按照自己喜欢的规则随意分配，这样的政府就凌驾于人民之上了，这样的国家就不是人民主权，而是政府主权。

依照法治的财产权理念，农民支配自己土地的权利是不需要看政府脸色的。农民可以依据自己的所有权设立诸多衍生权利，可以创造新的交易形态，不管法律事先有没有界定这些衍生权利和交易形态。归根到底，财产权是由作为所有者的个人、企业设立的，而不是由政府设定的——政府也根本没有这样的聪明才智。也因此可以说，先有了民众、企业、市场、社会的制度创新，然后才有法律的界定。法律对于民众的产权制度创新予以承认和保障，乃是政府的正当职责；法律不承认，那只能说明政府不明智，或者过于自私。

## 法律的政治维度

应当说，中国过往二十多年改革，误打误撞地在事实上奉行上述原则。因此，如果你坚持说小产权房违法，那也必须说，中国过去二三十年间的几乎所有改革措施都是违法的，如果小产权房要炸掉，那今天的几乎所有东西都得炸掉。

最著名的例子同样涉及土地。20 世纪 70 年代末，小岗村农民秘密打破土地的集体经营模式，把土地承包到家庭。这当然是违犯当时的法律，乃至宪法的，所以，农民认为有掉脑袋的风险。同样，国有企业实行承包经营，或者进行股份制改造，也是违反当时的法律的。可以说，过去二十多年建立市场制度、确立私人财产权的几乎每一项进展，都是由民众首先在当时有效的法律之外偷偷地做起来。

这也正是中国式“改革”的必然特征。从 80 年代起，官、学、民一致承认，我们生活在改革的时代。既然如此，那就可以说，现行法律的种种规定多有不合理，也不合乎人性之处，它们抑制着资源配置的效率，也妨碍人们利用自己的资源改善自身境遇的努力，因而必须予以改变。

由谁、又如何改变？

历史上各式各样的变革，大概可以归入两类：变法型与实用主义型。假如人们十分尊重法律，那变革就会采取变法进路。也就是说，人们会通过某种公共辩论程序，对现有法律的条文及其基本原则进行反思，达成共识，制定出新的法律，然后再按部就班地实施变革措施。

中国改革采取的是摸着石头过河的实用主义思路。之所以选择这一策略，一个重要原因是，政府面临无数意识形态教条，这些教条十分僵硬，它们本来是原则，但内容又十分具体，比如，政府如何管理经济，谁有资格经营企业，等等，都有严格的要求。因而，这些教条缺乏必要的灵活性。事先深思熟虑的变法根本就不可能。以土地为例，当初根本不可能通过公共辩论改变土地集体经营的法律，因为，无数意识形态专家会教条地予以反对。今天，立法部门也绝无可能打破土地的城乡分割制度，同样是因为无理反对的声音十分强大。

在这种情况下，改革的基本模式就是，民众及基层政府自发地突破旧体制，试验一些新的替代性制度。上层对这些突破与试验予以默认，并在合适的时机予以总结、推广。这是一种实用智慧，在不利的环境下拓展出了变革的空间。小产权房，与过去的诸多制度创新一样，也是农民、村集体与乡镇政府共同进行探索而形成的一种制度安排。

这种摸着石头过河式渐进改革模式意味着，当民众及基层政府在自发突破、自发尝试的时候，他们所突破的法律仍然具有法律效力。民众的所有创新、政府出台的几乎所有改革政策，其实都是在超越现有法律，突破现有法律。回顾过去二十多年的政治经济社会变革史，就会发现，几乎每一项改革，都是先有变革的既成事实，然后才有法律、宪法的修订。改革的绝大多数措施当然获得了民众的认可，具有实质正义的性质，但宪法、法律的修订通常十分滞后。

把小产权房这一制度放到中国改革模式的大框架中去思考，恐怕就会在法律的判断标准之外，多一个政治的维度，也就不会过于轻率地断言小产权房是违法的。因为，这一改革模式本身就已经隐含地赋予了民众、企业、基层政府以某种程度上的“立宪”的权利。政府受种种制度、意识形态乃至人事约束，而无法自上而下地通过变法进行改革，因而，民众就成为摸着石头过河式改革的启动者。高层默许民众具有私自改变不合理规则的权利，这是政府与民众之间的一份隐含的游戏规则，据此，民众享有在法律之外，依据法律之上的原则，进行规则、制度创新的自由和权利。邓公当年提出“不争论”原则，实则就是要保护民众进行规则创新的自由和权利。

正是因为在民众与高层之间有这么一种默契，因此，人们会看到一种十分奇怪的现象：民众尝试某种制度突破，意识形态专家或某些垄断部门会大声嚷嚷，要求打压,但高层通常却保持沉默。此种沉默,乃是英国贤哲爱德蒙·柏克所说的“善意的疏忽”。因为,高层明智地意识到,民众这种尝试,乃是中国式改革需要迈出的第一步。如果没有这一步,根本就没有后来的改革,也就没有制度创新。以法律的名义禁止民众迈出这第一步,在政治上是愚蠢的,等于改革者的政治自杀。

在小产权房事件中,再次出现了这样的情形:执守法条主义的某些律师、享有垄断地位的某些开发商及不明事理的教授依据不合理的法条大声嚷嚷,要求政府查禁小产权房,责怪政府部门执法不力。某些具有重大利益的地方政府也匆匆行动起来,为的是捍卫自己的垄断利益。但是,中央政府相关部门却只是向消费者提示风险,国土部门更表示,确实正在考虑如何进一步推动土地流转。这些迹象表明了高层对小产权房制度采取的正是一种“善意的疏忽”态度。

从这个角度看,土地法律必然要调整,向着扩大民众,当然也包括农民支配权的方向调整。这个时候,以违反法律的名义查禁小产权房,政治上是反动的,学理上是愚蠢的。如果法律本身就不合理,而人民的创新合乎人性,合乎效率标准,也合乎理性,那唯一值得讨论的学理与立法问题就是:如何变法才能比较体面地、最大限度地承认人民所创造的规则。

# 打破政府对城市化的垄断

关于房地产制度的讨论告一段落了。笔者从现有的二元土地制度入手得出结论,政府垄断城市土地供应、房地产商垄断城市房屋供应的双重垄断模式,必然推动土地与房屋价格维持在泡沫水平上,民众将为房屋付出大得不成比例的代价,导致城市经济向房地产业集中。因此,需要从根本上反思目前效仿香港的房屋发展模式,让城市居民自由地向农民购买土地,建造自己的房屋。

遗憾的是,这些文章被有些评论家简单地概括为呼吁取消房地产开发商。这不是我的意思。在我看来,允许农民在工业化、城市化的过程中自由地向市民和企业出租、转让土地,最重要的结果将是打破城乡隔离制度,打破城市政府对于城市化过程的垄断,推动城乡融合。这是解决所谓"三农"问题的根本出路。

## 城乡隔离

应当说,这些讨论所关切的,主要是"城乡边缘区"。随着城市的郊区化,国外学者从20世纪50年代开始从事这方面的研究。所谓城市边缘区,就是城市在自身的近域推进和广域扩展过程中,城乡要素逐渐过渡、彼此渗透、功能互补而形成的特殊区域。自20世纪90年代以来,内地也有学者开始研究城乡边缘区问题。因为,城市,尤其是大城市的城市空间地域在迅速扩张,建成区面积不断扩大。

但是,中外的城乡边缘区的法律性质,却是完全不同的。

一个具有活力的城市有一种自然地向郊区扩展的倾向:城市人口可能愿意到乡村居住,城市的企业也可能愿意到城市周围的乡村从事生产与经营活动。内地的城市也不例外,从80年代民众获得一定自由以来,内地各个城市就出现了所谓的"城乡接合部",比如北京的大红门地区。

这就是自发形成的城乡边缘区,这个过程也就是自发城市化的过程。在这个过程中,农民所拥有的土地融入到现代经济体系,农民也成为服务于现代经济体系的不动产经营者。在这些自发形成的城乡边缘区,农民自我实现了城市化。

但是,城市政府始终不接受这种自发形成的城乡接合部。最直观的理由是,这些地区脏乱差，这些地区是外来人口聚居区，治安比较混乱。于是，政府频繁地发动治理整顿行动，其主要依据则是，农村擅自改变土地用途，在农业用地上建设违章建筑用于出租经营，而这是违法的。在北京，有些花费几亿元建设的此类所谓违章建筑，被政府强行拆除。

自发的城市化过程被人为阻止了。当然，这些地区迟早也会出现官方的城市化。但在这个过程中，首先政府征用农民的土地，然后或者低价转让给企业，或者高价转让给房地产开发商。漂亮的厂房或房屋被建造出来，但是农民却不见了。他们获得了低廉土地征用补偿费之后，丧失了从事经济活动的资源，也得不到多少就业机会。他们被迫徘徊在现代经济体系之外，有大量被征地农户甚至沦为贫困人口。

可以说，在中国，不可能存在合法的城乡边缘区。城乡边缘区意味着城市的人口和活动自然地延伸到乡村的土地上，而这在中国是被禁止的。即使事实上存在城乡边缘区，也都是不合法的，因为其所在的土地属于违法利用。

可以说，目前城乡二元土地制度导致了一个离奇的后果：城市在迅速扩大，但城市跟乡村之间仍然有一个清晰的法律边界。这个法律边界也自然地成为政府公共品的供应边界。政府供应的城市生活公共品只覆盖国有土地，政府不为生活在非国有土地——法律意义上的城区——上的民众提供城市生活所需要的基础设施，即使居住在这些土地上的人都是城市居民。

这一方面导致城市居民只能拥挤在严格意义上的城区，因为只有在这里才能享受到公共品；另一方面，自发形成的城乡边缘区和所谓的城中村城市基础设施严重匮乏，必然给人以脏乱差的印象，这恰恰又成了政府打击整顿城中村、城乡接合部的绝好借口。

## 城市化不应由政府垄断

城市化是否只能在国有土地上进行？答案显然是否定的。古今中外，除了香港之类的城邦殖民地之外，几乎所有城市的建立与扩展，都是在土地不为政府所有的前提下进行的。那么，在内地，为什么城市化的前提必须是改变土地的权属，即城市政府取代农民，成为将要纳入城市范围之内的土地的所有者？或者说，城市化何以成了城市政府的垄断性权利？恐怕无人能从经济学上为政府这样做提供令人信服的理由。

城市更多地意味着一种组织经济活动的方式，城市密集的知识与劳动分工网络可以让各种资源的利用效率有所提高。在斯密所说的“自然的自由”制度下，作为一种经济形态的“城市”完全可以自然地覆盖乡村地区，尽管程度不等。可以说，城市化就仅仅是一个程度的问题，城市与乡村之间理应不存在截然的法律上的分界线。

这个自然的自由制度，首先是指人员、物品、资本等一切要素不受限制地在城乡之间自由流动。舆论现在十分关心农民自由流入城市的问题，应当说，城市从法律上接受入城农民，乃是农民理当享有的权利。但是，在现有制度下，农民自由入城只是意味着，被隔离的两侧的城市与乡村人口的规模有所调整，隔离制度本身却依然如故。

从政治正义与经济效率的角度看，最为重要的是打破这种城乡隔离制度本身。基于此，城市居民能否自由地到乡村生活居住反而是一个更重要的问题。也就是说，有助于打破城乡隔离的城市化的特征是，不需要经过政府征地、开放商集中开发的过程，市民就可以到乡村居住，城市在不进行土地国有化的前提下扩展。

城市居民自由到农村居住，其实也是城市资源向乡村自然流动的过程。现行二元土地制度的主要意图是保护农地，防止城市过多占用乡村土地。这个目的非但不可能实现——现实是圈占土地下的土地浪费十分严重，还导致了一个非意图后果：阻止了城市资源自发地向乡村自由流动。而这种流动本来可以成为一种催化剂，让那些在乡村经济体系中以较低效率循环的要素，自然地进入城市经济形态中，从而大幅度提高其效率。这也可以把城市公共品带入乡村。其中最重要的是，农民以自己所拥有的土地为资本，自然地融入城市经济体系中，并与城市人口形成一种共生关系，事实上，在自己的土地上成为经济与社会意义的城市人口。

自然地合理地城市化，需要政府走开，让城市自然扩展，让农民和市民自由地双向流动。只有这样，城市与乡村之间才不会有绝对的反差，城市化才能够吸纳农民，农民也能够成为城市化的主体，而不像现在这样是一个纯粹的对象，甚至根本就不相干。

## 土地国有化浪潮

河南省社会科学院经济研究所研究员巫继学 2006 年 10 月份曾发表过一篇文章，号召人们奋起“阻击土地私有化”。但搞笑的是，这位研究员所要阻止的，不过是一些学者的议论而已，现实中真正发生的，恰恰是一波又一波强大的土地国有化浪潮。而且，这场国有化似乎并没有像主张国有化的学者所承诺的那样惠及公众和农民，反而由此造成了一个“失地农民”群体。在舆论的词汇表中，它已经是一个弱势群体。

### 土地国有化的动力机制

现代经济部门与城市的扩张，要求将原来用于农业生产的土地改变用途，变成工商业用地和城镇居民住宅用地。这是经济增长和经济结构变迁的一个自然过程，这个过程会使土地的产出率大幅度提高。这个过程如在合理的规则之下进行，则工农可实现双赢：城镇和工商业获得更大发展空间，农民则享受到土地增值的收益，并进入更广泛的社会分工合作网络中。但目前的土地制度及农村治理制度，却使这一逻辑失效。

不妨简短地考察一下目前农村集体所有土地被征用过程的整体制度架构。

第一，在目前的农村集体土地制度框架下，农村土地不能直接转让成为工业和城市建设用地，农村土地自身不能孳生出可进入现代经济部门进行交易的“土地建设使用权”，这是城市国有土地的特权，而农村集体所有的土地必须先由政府征用，才可进入现代经济部门。

第二，这必然导致政府大量征地系出于商业目的。很多人抱怨，政府滥用“公共利益”条款，所征用的大量土地不是为了真正的“公共利益”，而是用于普通的工商业。其实，在现有土地制度下，政府必须这样做，只有滥用，才能满足工业化和城市化需求。更何况，“以经济建设为中心”也意味着，工业化、城市化本身就是最大的公共利益，自然可以在公共利益名义下征用土地。

第三，但这样一来，政府就陷入一个无法克服的利益冲突陷阱中。本来，政府的一项重要职能是保障交易双方之平等，并在必要的时候强制某一方执行合同。但政府征地用于一般工商业和城市化，却使政府成为土地交易中的一方当事人。它同时又拥有强制执行合同的权力。于是，政府很便利地将自己的交易条款强加于农民，成为逐利者，农民在征地过程中处于劣势，乃是制度使然。

第四，拥有土地所有权的集体，没有独立的法律与政治地位。按照法律，农村集体所有的土地由村集体组织或者村民委员会经营管理。而在现有的政治体系中，各级政府，尤其是基层政府，对于村集体组织或者村民委员会拥有几乎不受任何限制的权力。这个集体本来也是对上负责的，其治理农民的权力不是来自农民的授予，而来自上级政府的出让。因此，当上级政府提出征地要求时，它不可能拒绝。任何一级政府，均可以利用其政治和行政权力，将自己的交易要求强加于农村集体。

第五，与此相关的是，经营管理土地的农村集体的治理结构存在重大缺陷。征地者给予的补偿款，由农村集体组织支配，其实就是由所谓的村官支配。由于村官权力不受约束，其中存在严重贪污现象，钱款不能真正落到农民手中。当然，在此之前，征地补偿款在县、乡镇两级政府也会被层层截留。

正是上述环环相扣的制度陷阱，导致农民无从分享土地转换用途的增值收益。农民不满不合理的交易条款，而因为政府就是该交易条款的出价方，于是，农民的不满必然直接指向政府，形成所谓"群体性事件"。有权威数据称，目前，因征地引发的农村群体性事件已占全国农村群体性事件的65%以上。

## 农民的发展权被剥夺

大规模的土地国有化就是在这种机制下展开的。过去七年间，全国有近亿亩耕地被征用，这些土地本来属于农民集体所有，通过征用实现了所有权的转移，成为国有土地。可以预料，随着工业化、城镇化不断扩展，全国权属明确的土地中，集体所有的土地所占的比例将逐渐下降，国有的比例将持续提高。目前，城镇所有土地属于国家所有，城镇居民只拥有期限很短的建设使用权。在农村，个人与土地的权利倒还直接一点。但随着农村土地国有化，个人的土地权利将会大幅度萎缩。这对于未来中国的政治、社会、经济有何影响，恐怕需要学者关注。

而在现有土地制度下，此种趋势将不可逆转，且呈现加速趋势。因为，这种权利完全不平等的二元土地制度，在国有土地与农地之间人为地设定了一个很陡峭的收益差。农村集体土地所有者不能在保有土地所有权的前提下，将其土地转用于收益率更高的现代工商业。谁有权征用土地，谁就可以获得这笔收益。正是这种不合理的权利安排，给政府和现代经济部门带来了巨大的土地寻租激励。开发区热、房地产热、大学城热，90 年代以来的历次经济繁荣，无一不与政府与现代经济部门合谋设计出新的土地寻租技巧有关。

因此，中国的现代经济部门和城市看起来风景很亮丽，但背后始终插着一根通往农村的吸血管，几乎从来没有拔掉过。计划经济时代，政府依靠农村的剩余维持由国有企业组织的低效率的现代经济部门；今天，政府和现代经济部门则在一定程度上依靠土地寻租维持其城市的繁荣和工业竞争力。农民似乎从来没有摆脱过奉献者的身份，土地制度则是维持不平等格局的基础。

政府为了回应农民的不满，已经提高了官方的土地补偿标准。但现有的补偿计算公式本身对农民就是不公平的。政府对农民的补偿是一次性的，政府却永久性地拥有了土地的所有权。而且，政府征用的土地肯定将用于工商业，但补偿标准却是按照农业产出计算。这是非常奇怪的，因为合理的土地交易价格应是其未来预期收益的合理贴现值，而不是看它过去的收益值。

应当说，这个计算补偿标准的公式预设了一种“身份制经济”的逻辑：农民永远只能是农民，他们只配享有土地的农业收益，而不能成为工商业土地的经营者。享有土地增值收益是现代经济部门和城市的特权。这就意味着，农民不能就地自行融入现代经济体系，他们被剥夺了自我发展的自由和权利。因此，可以预计，只要这种二元土地制度存在，政府给农村的投入再多，二元经济与二元社会的格局也不可能被打破。

这种政策的初衷是为了保护耕地，让稳定的农业维持现代经济部门的生存与发展，但它却堵塞了农民改善自身福利的最重要的机会。而且，两类土地之间陡峭的收益差必然诱发土地国有化浪潮，也即引发耕地大规模流失。在保护耕地的口号最响亮的时期，耕地流失却最严重，这绝不是偶然的。

因此，如欲解决“三农”问题，保障农民的权利和利益，首先必须对现有的土地制度进行改革，让土地的任何增值收益主要为农民所得。2007 年 3 月 23 日出版的英国《经济学人》杂志也发出了这样的呼吁。

很多人反对进行土地改革，他们带着一种道德上的优越感相信，只有自己真正关心农民。因为，据说，农村集体土地制度可以为农民提供一份可靠的保障。不幸的是，就在这些学者贩卖这种观点的时候，已经出现了 4000 多万“失地农民”群体。学者以为可以给农民提供保障的土地制度本身，正在让农民成为一无所有者。

## 盖房成了一种特权

房价飞涨，消费者痛斥房地产开发商，潜在的消费者愤而发起“不买房运动”，看到民众痛恨开发商，政府暗地里高兴，并信誓旦旦要整顿开发商。

但真正的问题是：城里的普通民众为什么一定得从房地产开发商那里买房子？这个问题被人们普遍忽视，而在笔者看来，城市居、大不易的症结正在这里：开发商事实上享有的在城市开发房屋的垄断特权，这种特权又是政府授予并系统予以保护的。

### 城里人不如农民幸福

城里人为房子吵得热火朝天，好像房子问题成了中国人最重要的社会问题。但这里的中国，其实最多只占人口的四分之一或者最多三分之一。相反，大多数中国人却既没有参加这场讨论，似乎也没有被纳入到讨论的考虑范围内。

他们就是农民。是的，居者有其屋，在农民那里从来都不是问题。因此，在讨论房子问题时，看看农民怎么解决其住房问题，应当是有启发性的。这个问题是值得追问的：为什么在农民那里，房子从来没有成为一个大问题，尽管农民的收入水平其实远远低于城市居民？

他们的幸运或许来自土地制度。根据相关土地法，农民自祖先继承下来的房屋，连同其宅基地，在事实上是可以继承的。至于年轻人到成家立业之时，则可以向其所在的农村集体申请宅基地，接近于无偿获得。因此，农民建造自己的房子，只需承担建筑成本。也许几万，最多十几万块钱，就可以拥有自己的一套院子。而且，他事实上对这块宅基地拥有几近完整的所有权。在这块宅基地上，他可以随意建造、翻新房屋。正因为这种产权的明晰，因此，在农村，从来没有城市那种大规模危旧房改造的问题，因为房屋在一直被零星地翻新，就像波普所说的“零星的社会工程”。而且，他的后代可以继承这块宅基地。

拿这种住房解决模式与城市相比，将会发现，农民在住房问题上要比城里人幸福得多。最关键的是，农民可以获得较为完整的土地权利——尽管只是事实上的一种惯例,而非法律的明晰规范。相对而言,城市人的权利要有限得多——只有70年的建设用地使用权,而且,为获得这种权利,需要经过好几道土地交易程序,其居住成本因而大幅度上升了。

根据现行的土地法律法规,国内存在两种权利绝对不对等的土地:一边是城市土地,它们被1982宪法确定为完全属于国有。这些土地可以生成建设用地使用权,政府可以出让这种权利,用于工商业发展和城市人口居住。另一边则是农村土地,这部分土地的所有权名义上属于农民集体组织,但权利并不完整,不能衍生出建设用地使用权。

在这种情况下,农民从土地上不能获得应得的利益,因为,在工业化、城市化秩序扩展到农民所在土地、土地价值大幅度腾涨之时,农民作为所有者却被政府替代:政府以农业用地的贴现值征地,然后以工商业用地的价格出让。农民跟他世代居住于其上的土地上的现代化,一点关系都没有。这系统地堵塞了农民自我实现现代化的基本渠道,这正是乡村问题成为一个严峻社会政治问题的根源所在。

## 政府给了开发商特权

花开一枝,各表两头。在目前的土地制度下,先是农民在土地上的应得权益被剥夺,然后就是城市居民在追求居者有其屋的梦想之时,被迫付出高得不成样子的成本,却仍然得不到对土地,连带地得不到对房屋的完整权利。

基于目前的土地制度,城市人口在解决自己住房问题的时候,完全无权直接向农民购买土地——或者说农民所有之土地的建设用地使用权——正在起草的《物权法草案》也不承认这一点。农民的土地首先、且只能由政府征用再出让,才可建造供应城市居民的商品房。而城市政府则选择了只向开发商出让它所占有之国有土地,而拒绝向个人及个人组成之合作社出让土地,由此城市居民要有房子住,就必须到房地产市场上,向开发商购买。

与此类似的另一个市场是出租车行业。大多数城市政府在出租车行业中顽固地坚持出租车公司模式,拒绝实行个体经营模式,尽管专家学者已经充分地论证,从出租车行业的特点来考虑,单辆出租车完全可以构成一个恰当的经营单位。事实证明,那些在若干年前幸运地获得个体经营牌照的出租车司机,为获得相同收入的付出确实要比公司制下的司机少得多。

同样,土地买卖和房屋建造也完全适合于以家庭为单位进行,就像内地的农民,就像大多数国家,包括土地比中国狭小得多的欧洲国家的城市,以及在20世纪中期以前的所有中国城市。由家庭购买土地,建造属于自己的房屋,是历史上唯一的、在资本主义时代也属于主流的家庭住房解决模式。

政府为什么要逆“历史潮流”，无视古今中外通行的模式？专家们解释说，这跟“路径依赖”有关。据说，中国最初的商业化房地产开发模式是上个世纪90年代初期从南方学来的，而南方模仿的是香港，似乎还有新加坡。政府以高价将土地出卖给开发商，房地产开发商以高房价在市场交易。于是，香港人的一生主要就是为房地产商打工供房。

问题是，香港这种模式形成的最初制度基础是殖民统治。通过殖民占领，香港的全部土地自然归属英王，因而，人民要使用土地，就必须向殖民当局租赁，一如当年诺曼底公爵征服英格兰，于是，英格兰全部土地的最高所有权自然归属威廉一世及其合法继承人。因此，英国普通法上的土地制度自然就完全有别于罗马法以所有权（ownership）为核心的土地制度了，而以占有、保有（possession）为其制度设计的枢纽。

当然，内地各级政府之所以选择并且现在坚持香港模式，恐怕未必注意到这种背景。政府主要是出于逐利动机，看重的是香港模式对政府的好处：它可以给政府带来大笔售地收入。香港政府的财政收入主要依靠出让土地，现在内地各大城市的财政结构也已经接近香港了。

而在城市工商业与住房用地完全由政府垄断的所有地方，能获得土地的，只有房地产开发商，家庭及若干家庭组成之住房合作社完全被排斥在外。这样，城市居民就只能找房地产开发公司去购买房屋。仔细想想，我们确实生活在一个奇特的时代：在城市，建造房屋成了一种特权，几乎所有人都被剥夺了建造属于自己的、个性化的房屋的天然权利。经营模式的排他性安排，同样是垄断。而经济学的基本推论是：垄断必然给垄断者带来垄断利润。

相应地，经历了政府出让土地、房地产开发商出售房屋这两个环节，居民拥有住房的成本被急剧放大。而这种居住模式也极大影响了城市生长的模式、城市人文生态，及市民的心灵。关于这一点，容我下次继续讨论。

## 房地产市场的双重垄断

目前土地制度的基本框架是：国有土地与农村集体土地权利绝对不平等，只有国有土地可供建设城市居民所需之商品房。因此，建设房屋的土地只能由政府垄断性供应，而政府事实上只向房地产开发商出让土地。于是，房地产开发商成了城市住房的垄断性供应者，普通家庭则从制度上被剥夺了建设自己住房的自然权利。

政府垄断土地供应，开发商垄断城市房屋供应，这一古今中外罕见的双垄断模式导致的第一个后果是，农民丧失了获得土地转换用途所带来的绝大部分增值收益，这些收益被政府和地产商瓜分。尤其有趣的是，政府从农民那里获得的是完整的土地所有权，但转过脸来出让给开发商并由开发商移交给市民的，却只是70年的使用权。政府用一只普通鸡蛋的价钱买了一只会下金蛋的母鸡。

也因此，各城市政府才会不遗余力地拆除“城中村”，比如北京的“浙江村”、“河南村”。政府固然是为了城市形象，但最主要的目的恐怕是维护自己作为土地垄断供应者的法律地位。本来，这些城中村农民已经在从事房地产开发业务了，他们就是一个个小型房地产经营商，他们已经把自己的土地融入到现代经济体系中了。但农民这样直接从事房地产经营活动，等于打破了城市政府的土地垄断，必然倾向于压低城市房屋租赁价格，从而影响城市房屋价格，从而压低城市地价，而这个结果，是城市政府所不愿看到的。

这样的逻辑也恰好提醒人们，假如城市居民可以直接到城中村，或者到毗邻国有土地的农村购买农村土地自行建设住房，其价格肯定会比从开发商处购买商品房低廉得多，即使城市居民支付给农民的土地价款高于政府的征地价格。因为，这里节省了政府征地再出让土地，开发商建设房屋再出售房屋两个逐利环节，而这两个寄生性环节并没有为土地附加任何价值，这两个环节无助于资源的有效配置，反倒扭曲土地和房屋价格。

在有些城市近郊，确实有一些乡村自行开发商品房，其销售价格远低于由开发商向政府买地再盖房屋出售的价格，只是在目前土地制度下，此种房屋的产权不能得到有效保障——当然，普通的70年产权又有多大保障呢？

因此，解决城市房屋价格腾涨的釜底抽薪之计，就是实行农村集体土地与国有土地权利平等，农民可以跟城市政府一样直接向城市居民出让其土地的建设使用权，城市居民可以通过这种方式获得土地，以家庭或多个家庭联合的方式，建设住房。开发商模式即使仍然存在，也只是作为自建住房的补充。

这样的结果必然是，农民不会丧失土地，成为无地农民，反倒可以获得一笔比政府征用高得多的土地收入，城市居民则可以以低成本拥有住房。目前的征地模式既损害了农民利益，剥夺了农民自我实现现代化、自我融入现代经济体系的权利，又给城市民众解决住房问题带来了沉重的负担。

只有地方政府从中获得了巨大的好处，而房地产开发行业也畸形地膨胀成为城市经济的主要增长动力，房地产业富豪迭出。以后笔者将分析城市这种经济结构变化带来的严重经济与政治后果。此处则想指出，这种城市土地—房屋双重垄断模式，也正在让城市的居住生态和人文环境恶化。

## 非人性的城市

再也没有比内地更恶劣的城市居住生态了。一个一个城市正在告别具有地域色彩的和人文内涵的，因而也是多样化的居住生态，而退化到千城一面、千篇一律的水泥森林时代。这片森林沿着城市中心，按照同样的模样，向四周疯狂扩展。

这是土地—房屋双重垄断模式的必然结果。因为，这两个主体的行为都是由利润动机支配的，城市政府永远倾向于刻意抑制供地规模，借以抬高土地现价，并维持土地价格持续上涨的长期市场预期；至于开发商，则永远倾向于实现最大的容积率。结果是显而易见的：凡是已开发的地方全部是高度拥挤，几乎每个小区都被开发商尽可能地塞进最大数量的人口，尽管每个城市其实都有广阔的郊区。

在这种双重垄断模式下，绝大多数人丧失了按照自己的审美趣味设计自己住房风格的自由，而不得不接受开发商的审美暴政。居住风格的单调，必然使城市的美丽迅速流失。

城市的人文生态也完全被目前的城市开发模式毁坏。以北京为例，十余年来，无数专家呼吁保护古都风貌，但除了一些孤零零的古代建筑，还有多少古都风貌可言？而破坏古都风貌的罪魁，就是目前的土地—房屋双重垄断制度。在这种制度下，城市丧失了自我更新的生命力，居民没有权利像农民一样对自己居住的房屋进行零星的、持续的翻建，只能任由其积累到彻底衰败的地步，由政府拆迁，再出售给开发商成片成片地开发。而这种开发模式当然切断了城市的文脉，也彻底打散了城市居民之间形成的关系网络。

居住形态的变化必然影响城市的文化生态，各地具有特色的胡同文化、弄堂文化等纷纷消失。所有人都被塞进相互隔离的公寓，过起了一种被文化批判家们猛烈抨击的“现代”生活。而这又必然影响到民众的心灵。邻里相望、互帮互助等伦理道德风尚趋向稀薄。

有人说，中国土地资源短缺，所以，国人只配享受这种水泥森林式的生活。这是不着边际的说法。针对某些人所焦虑的粮食供应问题，茅于轼先生早就指出，这个世界从来不缺粮食，只要你有钱。在1960年前后粮食供应最为紧张的时期，收入较高的城市人口也比产粮的农民吃得饱、吃得好，今天更是如此。

事实上，城市化是提高个人创造财富效率的主要途径，因而也是解决粮食问题的根本出路。而大规模城市化必然要求土地大量转化为城市用地。目前城市政府垄断城市用地，与其说是为了保护土地、耕地资源，不如说是为了保护政府的供地垄断地位，而这种垄断已经让城市居住空间日趋逼仄，可能确实让市民在居住上节约了一丁点土地，但所有居民的生活品质都受此拖累；另一方面，政府利用其供地垄断地位制造的一波一波集贸市场热、开发区热、大学城热，又浪费了多少土地！

面对这些严峻的社会与文化问题，笔者提出一个根本命题：颠覆目前的土地—房屋双重垄断模式，让人民自己盖自己的房子。如果政府真心保护农民权益，真心希望城市民众“居者有其屋”，那就该进行土地制度改革，实现国有土地与农村集体土地的权利平等。这或许可以扭转城市建筑、社会、人文生态不断恶化的局面。

# 经济城邦化

房地产业正在迅速成长为一些城市的支柱产业，在这些大城市，经济活动总量的一半围绕着房地产业进行。而房地产业的产业特征及其与地方政府之间极端紧密的关系，导致这些城市的经济城邦化。

## 房地产依赖症

房地产商冯仑和学者易宪容早就抨击过大陆模仿香港地产模式。原因在于，两者的资源禀赋完全不同。香港是典型的城邦经济体(city-state economy)，一个城市就是一个独立的经济体。自然资源，尤其是土地资源相当有限，或者更准确地说，由于政制因素，使其土地资源看起来比较有限。土地成为绝对财富，土地价值被夸大到神话的程度。土地价格和房屋价格被推升到始终处于泡沫状态的地步，企业与个人的经济活动也主要围绕土地与房屋进行。房地产业成为城邦经济的隐形老大。

而内地属于“大经济体”(great economy)。不知道有没有人使用过这个概念，应当说，绝大多数经济体，尤其是世界各大主要经济体，都属于大经济体。在这种经济体内，城市只是全国市场网络中的一个个节点。城市拥有广阔的乡村腹地，从理论上说，每个城市的膨胀都不会遇到土地约束。因而，土地的价值是比较适中的，财富更多地集中于土地、房屋之外，主要依靠知识和信用支持的财产形态。围绕着土地和房屋的活动只是整体经济活动中的一个并不起眼的部分。

笔者查阅了一下 OECD 国家的产业结构资料，建筑业的增加值占当年 GDP 的比例一般均在 4%～10%之间，大多数国家的大多数年份是在 6%左右。引人注目的是，从 1990 年到 2004 年，美国的比例一直在 4%～5%之间。在 OECD 划分的六大类行业中，建筑业对 GDP 的贡献仅比农业略高一些。

在中国内地，情形则完全不同。20 世纪 90 年代后期，政府提出发展房地产业，主要是为了增加内需、刺激经济。政府恐怕也正是出于这一目的才进行房改的——改革仅仅是为了增长。当时，很多经济专家找来数据，来论证房地产业拉动经济增长的效率。比如，房地产业的产值每增加1个百分点，就能使相关产业的产值增加1.5到2个百分点，等等。急于提高GDP政绩的地方政府很快就明白了这个道理。房地产业不光带动地方GDP高速增长，更重要的是，给政府创造了一个巨大的新财源。

因此，90年代后期以来，在地方政府主政者眼里，房地产业岂止是一个简单的支柱产业！简直就是产业的全部。有统计说，全国房地产投资占全部投资的比重高达18%，一些地方房地产投资占其总投资的比重高达50%以上。房地产业占据GDP的比例日趋升高。谢国忠估计，中国房地产业对GDP直接、间接的贡献率达三分之一，地方政府收入中的25%～35%来自土地销售、房地产税费以及其他渠道的房地产业利润。

为推动房地产业的发展，政府人为地制造需求。比如，大规模对城市进行拆迁，积极推进房改。这样，不论贫富，将各色人等全部赶入商品房购买者大军——也许只有收入最稳定的政府官员除外。

香港地产模式在内地各个城市发展的经济后果，就是这些城市经济也迅速地"香港化"，也即成为房地产依赖型经济体。

## 宏观调控失败源于城邦化

房地产行业是一种相当特殊的行业，它有自己明显的产业特征，这至少包括一点：地方性。专家们在反对中央政府进行宏观调控的时候，通常也强调这一点特征。而恰恰是在这里，显示了城市经济依赖房地产业所带来的"经济城邦化"危险趋势：各个城市都趋向于成为一个个相对独立的、高度地方化的经济体。

应当说，在经济上，从50年代以来就存在着明显的经济分隔倾向。在计划体制下，每个政府为了减少自身计划执行过程的不确定性，都倾向于在本辖区内建立完整的产业体系。因而，那个时代反复强调"全国一盘棋"，恰恰是因为，计划经济内在地具有分隔分工合作网络，每个政府辖区内的经济活动相互隔绝的倾向。

80年代以来，市场化的扩展抑制了这种分隔倾向。但随着城市经济向房地产倚赖型演变，分隔倾向再度趋于明显。这主要是由房地产业的地方性所决定的。房地产业完全是本地经济，几乎不需要大范围的分工合作网络的支持，因为房地产发展最重要的要素——土地和信贷，都是本地化的：土地由本地政府供应，房地产信贷由本地银行发放。因而，很可能，城市经济集中于房地产业，正在抑制要素在全国范围内的有效配置。

更重要的是，房地产业的收益也完全是本地化的，对全国经济不可能有任何溢出效应。因而，房地产业在城市经济中异军突起，有助于各个城市形成一个关系非常密切的、由政府与产业界的熟人组成的、围绕着房地产的利益共同体。

这个共同体的自觉意识会越来越强烈，原因正在于出让土地的程序的市场化改革。在政府垄断土地供应的情况下，出让程序越是市场化，有能力获得土地的企业就越少，因为，只有企业实力达到相当程度，才能够拿得出买地的钱来。房地产市场整体的演变趋势是寡头化，外围的小型开发商被淘汰。这意味着围绕房地产增长的官—商利益共同体更有凝聚力。这个利益共同体可以操纵政府的几乎所有经济决策过程，使之服务于房地产业的发展。房地产商在城市经济活动中已经拥有大得不成比例的影响力。

从另一个角度看，政府对经济活动的控制权随之强化。相对而言，政府对其他行业的要素的控制不像房地产业这么明显和绝对。房地产业的发展，是90年代以来政府扩张其控制经济之权力的一个推动力量。

这样，90年代中期以来，中国经济在一定程度上回归计划经济，因为，房地产业的发展给了政府大幅度扩张权力的难得机遇。因而，计划经济的典型特征——经济活动的地区分隔，也再度表现出来。那些迅速向房地产业集中的城市经济，形成了一种脱离全国市场所保障之广阔的分工合作网络的倾向，行政区划再次成为经济活动的天然边界，房地产业畸形繁荣的中心城市与全国经济之间的离心力越来越大。因为，城市经济的诉求与全国经济已不大相干，甚至完全对立，毕竟，地价、房价上涨只有本地政府和开发商得利，而对其他地方的人只有坏处。也因此，面对宏观调控，所有这些城市都会高喊“本地特殊论”，并抵制全国性的宏观调控政策。

一个以房地产业为主体的城市经济体，会让地方政府的视野转向内向，转向一种绝对的群体利己主义。从某种程度上可以说，现在中国所存在的，似乎不是一个全国统一市场下的大经济体，而是若干个具有分离倾向的城邦经济体的总和。权力控制经济，就内在具有这种倾向，城市经济结构的巨大变化，则为此提供了新动力。

# 压抑心灵的房产

由于房价迅速上涨，且政府通过住房体制改革、通过极端宽松的货币政策、通过强制拆迁等措施，将几乎所有家庭赶到房地产开发商垄断供应的商品房市场，导致家庭财富迅速聚集到房屋上。这种财富配置格局对于中产阶级社会的发育及公民精神的成长，将产生长远损害。

## 房屋资产比重畸高

考虑到房屋的性质，在大多数国家，房产通常都是家庭比较重要的资产。不光是因为人人都要住房，更重要的是因为，民众具有追求家庭资产确定性的偏好。谁挣点钱都不容易，每个理性的人都得为自己的未来预做防备。因而，家庭通常倾向于将其流动性资产转化为实物资产。尤其是，在现代经济体系中，政府内在地具有制造通货膨胀的倾向，为防范由此带来的资产缩水风险，房屋等资产始终是家庭资产之锚。在通货膨胀预期强烈的时候，黄金甚至初级商品也都会被人偏爱，比如目前。

不过，人类同时又有一种利用手头的财产创造财富的冲动。人们都知道，通过将资产投入到某种创新活动，也即投资创办企业进行冒险，可以增加未来的收入流。这种倾向是对那种让财富沉淀的倾向的一种平衡。一个社会要保持稳定但又始终保持活力，就需要在这两者之间保持一种动态平衡。

在现实中，哪种倾向占据上风，很大程度上取决于这个社会的基础性制度框架：是否保障私人财产权，是否保障个人自由，是否有一个经济宪法，限制政府制造通货膨胀的做法。制度在很大程度上决定人们的资产偏好。亚当·斯密在《国富论》中曾说，“在一切生活比较安定的国家里，有常识的人，无不愿用可供他使用的资财来求目前享乐，或求未来利润。……在生命财产相当安全的场合，一个人如果不把他所能支配的一切资财（不管是自有的或借入的）用于这些用途之一，说他不是疯狂，我是不能相信的。如果不幸，……人民财产随时有受侵害的危险，那么，人民往往把资财的大部分藏匿起来。这样，当他们所时时刻刻提防的灾难一旦临头

的时候，他们就可随时把它带往安全的地方。"（商务，1997，上册，第260页）

拿美国与中国家庭资产结构作一比较是有趣的。

自有房屋确实是美国家庭最大宗的财产，美国劳工部统计，2000年占到家庭资产总额的32.3%。但是，美国家庭的金融性资产也相当可观，比如，股票与共同基金股份占到15.6%，在金融机构的获息资产占到8.9%。尤其值得注意的是，保障性资产在美国家庭总资产中所占比例颇高，提供退休保险的IRA或Keogh账户占到8.6%，401K和互助储蓄计划占到9.7%。后四项加起来是42.8%。

房屋资产在中国家庭所占比例则远高于美国。国家统计局城调总队于2002年5—7月在河北等8个省市抽样调查，结果显示，在城市家庭财产的构成中，房产为10.94万元，占家庭财产的47.9%；金融性资产为7.98万元，占家庭财产的34.9%。考虑到近两年房屋价格上涨和股市委靡的现状，房屋资产比例可能更高。调查也显示，户主收入越高，其家庭所拥有的房产价值则越大。在美国则存在相反的关系，越是高收入家庭，金融性资产比例越高。

笔者要说，房屋在当代中国家庭资产中所占比例或许过高了。形成这种偏好的一个原因是通货膨胀预期。尽管官方统计的通货膨胀率依然很低，以至于中央银行再三拒绝提高利率，但用房屋价格——再加上中产阶级较敏感的油价——来衡量，人们已生活在通货膨胀下。在此状态下，人们当然急于将现金和金融性资产转化为房屋。

在资产组合中对房屋的偏好，还有一个制度根源，即财产权保障不够健全。近些年来，私人投资环境趋向恶劣，人们的投资与创业热情衰减，资产自然流入人们以为相对保险的房屋上。

讽刺的是，购买了房屋之后，人们马上又陷入"七十年大限焦虑症"。人们从房屋上没有得到多少安全感，法律让他/她跟"大地"并没有稳固的联系，这种联系随时会被国家割断。

## 破碎的中产阶级社会

跟大地的这种联系，本来可以让一个中产阶级社会在方方面面成熟起来，但中国却没有。

在美国，拥有自有房屋是中产阶级的基本指标。现在内地正在出现一个以白领专业人士为主体的中产阶级，他们中的大多数已经拥有自有房屋，但他们却似乎没有成熟的中产阶级心态与精神，全然缺乏中产阶级的安全感和对未来的稳定预期，而让他们心神不安的，正是房屋。

内地目前土地与房屋供应模式完全模仿香港，香港中产阶级的尴尬正是内地中产阶级的前车之鉴。1997 年之前，无数家庭加入炒房大军，将资产转化为房产。随后的市场崩溃，让 20 万曾经的中产阶级一夜之间成为“负资产”一族。内地中产阶级还没有经历这种市场大冲击，但“房屋资产综合征”已病入膏肓，“负翁”、“房奴”的称呼正是其生存状态的写照。

高房价导致的局促的居住状态，也严重地妨碍着新兴中产阶级之公共精神的健全发育。

在美国，自有房屋通常是指独栋房屋，但在香港和内地，自有房屋不过就是公寓楼里的一个单元而已。政府目前又强制要求 70% 的房屋面积只能在 90 平方米以下——这让人们再次联想到香港模式。在香港，高房价让 90 平方米以下的住房占 90%。

长期生活于局促的空间，会使人们的心灵趋向于狭隘、封闭，这种心灵当然不可能生长出公共精神。在这种公寓楼内，居民之间是互相隔绝的。每个人在社区中只是“业主”，一份财产之主。而且，这份财产对每个人来说都太重要了，所以，每个人都谨慎地看住自己的财产，不愿接近他人，也不愿他人接近自己。不少搞得比较好的小区业主委员会，正是因为业主们的猜疑而难以为继。

这些中产阶级社区也都是封闭式小区，每个小区有一个物业公司，它实行的是一种“保姆式专制”管理。你还没有成为社区居民，物业公司就已经现身小区了。这种时间顺序是意味深长的，这注定了你在小区的生活是由它安排的。而业主们也乐于把自己的一切都交给这个物业公司，那种管理很温馨而体贴啊。

因此，在小区里，他治先于自治。政府也把物业公司看成一个有效管控居民的准行政机构——因而，业主要求更换物业公司也被有关部门认为有损社会稳定而经常予以阻挠。业主们先接受物业公司的管理，只有当自己权利遭受显著侵害的时候，业主们才想到自治。但临时抱佛脚式的自治，当然是孱弱而幼稚的。

同时，社区之间也是互相封闭的。每个小区高耸的铁栏杆和严格的保安措施，就是这种封闭的象征。中产阶级社会就这样被互相隔绝的小区、单元切割为一个个碎片。目前的房地产开发模式让中国只有小区，只有业主，而没有公民和中产阶级。

## 经济结构的退化

通行内地各城市的政府垄断土地供应、开发商垄断城市房屋供应模式，导致各城市经济结构迅速地转型为房地产依赖型。房地产依赖型经济，在很大程度是城市经济结构的一种退化，它意味着，城市经济体的创造力在衰减。

### 寻租的房地产业

20世纪90年代以来，经济增长方式急剧地转向政府主导、投资驱动，内地经济，尤其是中心城市经济呈现出越来越明显的“寻租经济”特征。经济增长的动力主要不是依靠企业家精神、知识增长、分工的细化和深化，而是依靠地方政府滥用其控制要素价格的权力而慷慨设置的租，且其租值由于某些人士津津乐道的地区竞争——但却没有内在约束——而趋向于膨胀。房地产业则是寻租经济中的一个重要组成部分。

在城市政府垄断土地供应，地价倾向于非理性上涨的架构下，获得土地乃是城市经济中最为有利可图的活动，而获得土地的唯一渠道就是攀附权力。在工业化、城市化过程中，由于政府人为控制土地总是处于短缺状态，其价格呈现出单边上涨的趋势。地产商之所以神气，皆因为他们可以接近权力，可以通过权力的曲径获得土地，获得一笔坐在那儿也升值的资产。

房地产商的财富当然不止于此。在开发的整个过程中，房地产行业从每个环节上都可以获得政府设置的租：在土地环节，农民的土地是被政府廉价征用的，地产商、房产商当然可以与政府分享农民那部分应得收益。信贷的价格被中央银行长期压抑在自然利率水平之下，储户们源源不断地补贴着开发商们；在建筑环节，政府只消在保障建筑工人权利方面略微消极一些，建筑商就可以将工资抑制在很低水平，其中被克扣的那些工人福利，自然成为开发商的利润，至于拖欠工程款，在傲慢的开发商看来也是天经地义的事情。

这些租金正是房地产行业盛产富翁的主要原因。在香港，大富豪们的第一桶金未必是房地产业，但让他们的生意发生转机、成为大富豪的，似乎都是他们突然通过某种门道获得了一大块土地。而在香港模式下，在经济繁荣时代，土地就是印钞机。内地模仿香港的土地与房屋双重垄断制度，富豪的生产模式也呈现出相似特征。观察近些年来内地各个富豪排行榜，其所收录的富豪均高度集中于房地产行业，大体上国内富豪有一半以上都是地产商、房产商。

这与其他“大经济体”形成了鲜明对比。日本也曾经出过若干房地产富豪，尤其是在80年代房地产泡沫期间，不过，从长时段看，日本的绝大多数富豪仍主要出自产业、金融界。至于美国，房地产业界似乎从来就没有出产过什么著名的富豪。相反，人们记得的是石油家族、零售业巨头或者软件、网络奇才。

## 企业家精神在衰减

房地产业的财富生产效率如此高，资本自然趋之若鹜。各个行业似乎都在积极进入房地产行业，很多集团性企业也创建房地产部门。这其中，最为引人注目的是，高科技企业也热炒房地产。比如联想控股早就涉足房地产业，其房地产部门不仅已经实现了物业、住宅、写字楼的多业并举、滚动发展，还通过关联公司逐步完成了在全国的土地储备布局，据称总量已经达到了200万平方米。此外，清华紫光、华为等都已先后涉足房地产领域。国内家用电器零售巨头——国美电器也于前两年大规模进入房地产行业。最搞笑的是北京一家企业，名为“中关村科技”，实际上却是一家建筑业和房地产开发公司。

事实上，这种名实不符，恐怕正是当今中国所谓高科技园区经济结构的真实写照：这些所谓的高科技园区对城市经济最大的贡献，并不是高科技，而是房地产业，它们为房地产业的发展拓展了巨大空间。

资金流向房地产业，房地产业成为经济的磁力场，是香港模式的必然结果。香港模式下的经济繁荣，通常就是由房地产业非理性繁荣、经济对房地产业的依赖增强为特征。对土地、房屋价值的神化让资本向这个行业聚集，而这自然抬高房地产价格，其他生产和服务行业的运营成本提高，利润收缩，资金进一步向利润相对高的房地产业聚集。

如此众多企业纷纷进入房地产业，正说明了一个问题：房地产企业的进入门槛非常低，专业化程度非常低，是一种最为原始的产业。香港模式下的房地产开发业是一个最不需要创造性的产业。它依靠的是获取土地的技能，而这种技能却完全是非经济的。获取土地之后，在房地产投机盛行的时期，同样不需要什么企业家精神，就可以将土地价值变现。因此，香港模式下房地产企业的利润来自“关系”，而不是知识。因此，房地产业在城市经济中的比重扩大，其他领域的企业也转向房地产业，很可能意味着整个城市企业家群体的企业家精神在衰减。

这种趋势也导致企业家群体的精神状态粗鄙化。市场会驯化市场参与者的心灵，使之趋向于文明，因为，在竞争性市场中，你只能通过最好地服务于他人才可得到财富。但如果部分市场参与者可借助权力获得财富，则这种不受限制的权力就会腐蚀他们的心灵，令其在市场交易中无视规则，为了利润而冷酷地对待一切交易对象。房地产商正是这样的一个群体，因为其运作几乎完全依赖权力，因而，他们就不受市场机制的约束，而倾向于放纵本能的贪婪和傲慢。正是他们，对交易伙伴缺乏最起码的尊重。他们中有人说：成为房奴是你活该。在一个竞争性市场中，一个赚了你钱的商人是绝不可能对你说这种话的。

城市经济患上房地产依赖症，也很可能意味着生产率的增长受到抑制。不同产业对整体经济效率的影响是不同的。网络、通信技术等高科技产业的发展，对整个经济体会产生正的外部性。这些产业有强大的溢出效应，这些领域的投资不仅自身对 GDP 增长有贡献，更可提高其他部门的效率，推动整体生产率提高。相反，房地产行业的繁荣，自身固然对 GDP 增长有贡献，但对其他行业通常会产生抑制作用。房地产业繁荣，房价上涨，除了房地产商、房地产投机者——和政府——之外，没有任何人高兴。

像中国这样的大经济体，房地产业的畸形膨胀，恐怕不是健康发展的征兆。社会财富集中到房地产商手里，可能是一种最差的财富配置格局。民众财富大量凝固在房屋上，同样是比较糟糕且风险较大的配置方式。大量城市人口因为房屋抵押贷款而成为银行的债务人也意味着，如果房地产泡沫破灭，则金融风险立刻就会产生社会与政治上的负面效果。

# 房企高利润的秘密

这些年来，大家一直说房地产是暴利行业。有房地产开发商为自己辩解，说房地产行业的利润没有那么邪乎。但房地产行业富豪辈出，单这个事实就足可以让人们相信，房地产行业确实通过某种方式获得了很高的利润。从地权角度观察，当可在相当大程度上对房地产企业的畸形利润作出解释。

## 开发商僭取地权

仍然是从笔者在前面几篇文章反复谈及的基本判断开始：城市政府垄断城市建设用地供应，房地产商垄断城市房屋供应。在这样的模式下，开发商在城市生长过程中扮演着极端重要的角色。比如，他们就让城市的地名在短短几年时间内严重地“西洋化”，或者更确切地说，是“小资化”。

这且不管它，由于房地产开发商是房屋的垄断性供应者，所以，他确实做了很多事情。他首先向政府购买土地的使用权；进行房屋设计；组织建筑企业施工；销售房屋给市民，同时安排好一个物业公司。最后，带着鼓鼓囊囊的钱包离开。

应当说，他在这个过程中提供了某种服务。但假如是在别的行业，仅靠出售这类服务，不应当获得太高利润。真正的高利润来自他进行这所谓的开发的时间。从他拿到土地，到销售给市民，至少也得两三年时间。正是这两三年时间，让他赚了钱。此话怎讲？举个例子，甲开发商以一定价格拿到一块地A。此时，周边房价是B。不过，他得三年后才会销售自己开发的房屋。此时，假如市场的繁荣状况没有多大变化，周边房屋价格已经上涨20%达到B+。该开发商当然是以接近于B+的价格水平出售房屋，而不可能按照B出售。那20%的房价上涨带动的开发项目增值收益，就归开发商了，成为他的利润。

看起来很合理。开发商持有该块土地，该块土地上所建筑的房屋的升值收益，当然归开发商占有。应当说，开发商获得这笔收益的法律依据，是他对该块土地建设使用权的持有。其持有时间是从他向政府缴纳土地出让金的那一刻起，到将房屋销售（包括预售）出去的那一刻为止，或者更长，到业主办理分立的房屋产权时为止。

地权是关键。其实，在一个政府人为制造土地供应紧张的市场上，开发商即使不盖房子，把地囤上两年，也能赚一大笔钱。只不过，付给他这笔钱的是某一家房屋开发商。业内普遍承认，真正赚大钱的是地产商。地产商赚钱依靠的时间，及在此时期内它对土地权利的占有，它的利润来自垄断性市场上土地自动升值的收益。同样，一个房屋开发商可以随便转化成地产商。假如他确实建设了房屋，那房屋购买人所付价款中有一部分就是用以购买增值了的土地使用权。

然而，按照相关土地法律，这两三年开发时间也包括在政府给予该土地建设使用权的70年内。反过来可以说，在房地产项目开发的那两三年，土地的建设使用权也应当归业主。据此，该地块上的房屋价格上涨的收益，自然也归该地块之权利持有人，即业主。对于那块土地，开发商仅仅类似于托管人。作为土地的临时托管人，不应以那块土地之持有人的身份，享有其应得的收益，最多，他只应当获得佣金而已。

但现实的收益配置格局却完全颠倒过来了。这个托管人在销售房屋的时候却成了委托人的主子。这实在是一种非常乖谬的关系。开发商僭取了业主的地权，并据此占有了那笔本来应当归业主享有的收益，业主反而得购买这个升值了的地权。让我们设想，假如民众直接从政府那里获得土地，则房屋和土地在开发期间增值的收益归自己，就是顺理成章的事情。这样，在开发期间土地和房屋价格上涨就不会变成购买成本。

## 开发商创造业主

不过，话说回来，在目前的土地—房屋双重垄断模式下，当政府出售土地的时候，还根本没有业主的影子，业主自然无从持有那块土地的权利，也就谈不上享有其收益。相反，业主要由开发商创造出来。

目前的城市房屋供应模式，业主与开发商的关系是完全颠倒的。我们不妨对比一下另一种情形。单位自建房屋、农民自建房屋是先有业主，后有建筑商。在开发期间，土地权利的持有人始终未变，因而，土地和房屋假如增值，其收益全部归业主所有。相反，在目前的城市房屋供应模式下，先有开发商，后有业主。开发商设计建筑房屋，并通过销售房屋，而创造出业主。开发商比业主先持有那块土地，很自然地，开发商占有了土地增值的收益。

请注意我的用词。在土地持有人自建房屋的时候，只有分散的、在不同阶段各自介入的设计商、建筑商、园林服务供应商，等等。因此，在欧美各国的统计中，通常只单列一个建筑业，在服务业中也有不动产服务业，但整个统计项目却根本没有“房地产开发业”。

可以说，“房地产开发商”是一个中国特色的概念。在内地，城市建设的主体不是市民而是房地产开发商。它之所以享有如此特权，皆因为，开发商在从城市政府手中购买土地再销售房屋给业主这段时间，暂时持有这块土地的权利。因此，他们可以按照自己的审美偏好设计建筑风格，在利润导向下毫无节制地实施城市审美暴政。

那两三年僭取的地权，也让房地产开发商成为房屋市场的主宰者，上下通吃。他利用这一权利作为抵押从银行借贷开发资金。他用这些资金雇佣设计商、建筑商，并随意控制他们。市民之所以要向开发商购买房子，也仅仅因为，只有开发商能够获得建设房屋的土地。在这种情况下，人们本来就不应当指望中国的开发商成为服务者，因为人家是地主，业主也是他们创造出来。开发商对买房人骄横，那是完全正常的。

中国社会科学院工业经济研究所的曹建海先生撰文提醒人们注意欧美房地产商与中国的区别。在我看来，两者最大的区别在于，准备建设房屋的土地的权利在开发期间究竟归谁所有。在目前的土地与房屋双重垄断制度下，房地产开发商僭取了业主在开发期间的地权，从而让整个市场安排完全向自己倾斜。这样的安排是否有效率并不重要，重要的是，这种安排是不正当的。它侵害了业主的地权的完整性，而这是房地产市场利益分配格局扭曲的根源。

重建房屋市场，保障业主权利，就需要回归自然的城市房屋供应模式，即让市民直接购买建设其住房的用地，或者是向城市政府，或者是向城郊农民。让他们从一开始就成为自己房屋所占土地权利的持有人。这样，土地与房屋在开发期间的增值收益就会归业主所有，市民也可以摆脱开发商的审美暴政，建造真正属于自己的房屋，以及城市。

# 通往“房奴”之路

每一轮资产泡沫的形成，是各种复杂因素互动的结果。如果要寻找一场非理性繁荣的罪魁，那可以说，几乎所有市场参与者都不怎么干净。

以房地产市场为例，舆论现在对开发商发起一波又一波道德讨伐，仿佛开发商的贪婪、无耻就是房屋价格疯狂上涨的始作俑者。政府当然乐得看这样的热闹，也频繁出台约束开发商的政策。不过，已有部分专家告诉公众，问题其实恰恰出在政府那里，政府没有尽到自己的监管责任，没有承担向低收入者提供福利的责任等。而货币当局长期奉行的过于宽松的货币政策，则为房市的非理性繁荣提供了燃料。

总之，“我们”，也即消费者，是完全无辜的，是受害者——其实，房地产商和政府也都这样为自己辩护。问题是，假如这两者的自我辩护不可信，凭什么消费者的说法就可信？might 不等于 right（might is right，强权即公理），多数的意见未必是正确的。

事情的真相是，资产泡沫最直接的制造者，正是消费者，所有其他因素基本上都是通过消费者发挥作用的。经济学的基本原理是，价格由供需决定，或者更准确地说，由消费者的出价意愿与供应商对于这种意愿的预期之互动所决定。开发商并没有拿枪顶着你的脑袋，是否买房、是否接受那个报价，消费者完全可以自由选择。因此，房价之所以高，那是因为，开发商预期到消费者愿意承受那么高的价，并且，消费者确实接受了开发商的这个报价。房价的非理性上涨就是这么来的。

当然，我们需要立刻追问：消费者为什么会作出这种选择？原因当然是，他所获得的信息让他相信，房价将会继续上涨。比如，政府说，中国人多地少，所以，地价必将永远上涨下去——这个地价不跌神话曾经盛行于日本、香港。又比如，政府进行宏观调控的时候说“稳定房价”，甚至都不敢断言市场过热，人们从中看出了调控者的为难之处。人们也看到，调控措施在地方被消解于无形之中，人们可以确信，在现有政—经结构下，地方政府必将推动房价继续上涨。招拍挂地价的上涨，当然也向消费者传递了清晰的信号。

可以说，正是基于上述信息，消费者理性地作出了选择。但每个消费者的理性选择，最终未必能够得出一个理性的整体结果。在复杂的市场互动网络中，个人通常是无力的。所有人被一种无形但巨大的力量推动着往前冲，即使大家都隐约知道，前头不远处就是一个悬崖。

房屋的购买者可分成四类：第一类是确实以纯粹家庭居住为目的的消费者。第二类是纯粹的投机者，他们快进快出，利用金融杠杆赚钱。第三类是长期投资者。他们并不准备居住，而是把现金变成实物资产，试图通过出租获利。第四类则是羊群型消费者，他们现在本来可买可不买，但看到房价上升并预期到房价将会继续上升，于是就提前入市购买。

稍加分析即可看出，第一类消费者每年的增长是比较稳定的，人口结构会导致需求有所波动，比如，某些年份人口出生率较高，则在对应的年份对房屋的需求会有所增加。但总体上的变化应当是平稳的。至于投资者、投机者，在正常情况下，应当也是稳定的。

从市场博弈的角度看，自住型消费者与投资、投机型消费者的诉求完全相反，自住型消费者在购买房屋的时候希望房屋降价，入住之后也未必十分关心房价走势，因为他的房屋并不能变现。但投资者、投机者则强烈希望房价上涨。可以假设，这三方对开发商发出的互相矛盾的信号将互相抵消，开发商对消费者的价格承受能力形成中性预期。

这样，羊群型消费者的需求对房屋价格走势是一个决定性变量。本来，他们是潜在的消费者，其中一部分以后要买房屋，另一部分未必非得买。但现在，他们都决定入市，把未来的购买欲望提前释放，或者本来可以不买，也买上一套存在那里。即使这些需求只占到总需求的20%，也严重地改变了供需平衡，改变了开发商的预期，也影响了投资者、投机者的预期，因而，足以推动房价上涨40%甚至更多了。

大多数“房奴”就是提前入市而给自己套上了银行的枷锁。他们刚刚工作几年，根本没有多少家庭资产积累，就决定购买自有房屋。这显然超出了他们的能力。不过，好在中国人口结构的变化，让他们心里有了底。我们的社会中出现了一种奇观：两代人、三个家庭、六个人（作为独生子女的夫妻本人及夫妻双方的父母）共同供养一套房屋。

不得不冷酷地说，做“房奴”是他们自愿选择的结果。每个成年人应当承担自己决策的全部后果，他们本来应当预料到那些后果的。事实上，他们在抱怨的时候，其实内心也有一种兴奋。因为，看到目前居高不下的房价，他们确信自己当初作出了正确的决定。自己购买的房屋已经升值了，这种喜悦的感觉恐怕足以弥补当房奴之苦了。他们现在最担心的就是房价停止上涨，假如下跌，对他们的生活简直就是雪上加霜了。可以说，现在的“房奴”们正是推动房地产市场非理性繁荣的主要力量，他们也已成为这个市场上的既得利益者。

笔者无意从道德上指责他们。他们其实并没有错,他们是根据自己所能获得的信息,按照正常的利己心,跟风作出了入市决策的。或许,应当受到指责的是另一些人和机构,包括所谓的专家和地方政府。他们有意识地散布了种种关于房价必将永远上涨的信息,诱导这些羊群型消费者作出了决策。而每个人自以为理性的决策,形成了一股他们所无法控制的力量,也让他们付出代价。

有些消费者在清醒地意识到自己的正确利益之后,决定不再相信别人的信息,并希望形成一个集体决策,拒绝购买房屋。但不幸的是,这种努力几乎不会奏效。消费者是高度分散的,即使在网络时代,人们联络、讨论及形成决策的成本已大幅度降低,但集体决策的约束力却依然是个大问题。这种集体决策除了依赖订约者的道德自觉之外,没有别的强制手段。背约几乎不用付出任何代价,而订约者又始终面临着致命的利益诱惑,两相权衡,集体约定必将失效。

但这种努力至少可以给市场,也给政府发出一个强烈的信息,这将会,并且似乎已经影响到消费者和政府的决策。而一个非理性繁荣的市场的根本性转向,往往就是由一个微不足道的事件引发的——但是,假定市场转向、假定房价下跌,又将怎样呢?那些已经购买了房屋的普通人又将叫苦不迭。所谓涨也百姓苦,跌也百姓苦。

这里的教训就是:哪怕心怀一丝一毫侥幸,决策者制定误导性的政策,发出误导性信息,而启动了非理性繁荣的周期,则在周期的每个环节都会有人——尤其是普通民众——蒙受损害。

# 单位自建房:政府推卸责任的策略

广州市叫停6年的单位福利建房重新启动,多家拥有自有土地的大型国有企业已经或正在上马单位自建房。毫无疑问,这一措施当有助于这些“单位”部分员工以较为低廉的补贴性价格获得住房。

有论者已指出,这种做法可能会造成或强化社会不公,因为,这些具有建设自建房资格的企业,均是拥有土地且效益较好的大型国有企业。还有论者指出,这种做法把国有土地本应得到的收益直接给了购买房屋者,同样不公平。不过,政府之所以这样做,自有其道理:这样将会调动各方建设经济适用房的积极性,从而解决中低收入群体的住房问题。企业这样做是为政府分忧解难。假如人们认为,政府确实需要通过提供住房福利的方式解决中低收入群体住房问题,那自然会赞成政府的这一政策。

问题是,这种个别措施无助于解决普遍的问题。它更多地是政府病急乱投医,甚至是政府回避责任的一种聪明策略。政府在两个层次上推卸了责任,首先推卸了向相关国有企业员工提供住房福利的责任;其次,推卸了建设真正合理的住房供应体系的责任。

广州这一做法,首先让人联想到计划经济时代的福利分房制度。自20世纪50年代以来,政府为实现经济超越性增长,而人为长期压低各种要素价格,包括工资水平。工资过低使就业者无法维持简单生存,因而,政府又补充以实物福利,其中最大宗的就是住房。彼时,“单位”是社会组织网络中的基本单元。一个“单位”既是一个政治与生产组织,也是一个福利分配与消费组织。种种实物福利主要是由单位供应、分配的,能否享有,及享有多少此类福利,完全取决于单位的好坏肥瘦。

毫无疑问,单位福利制让员工丧失了自由,而经济市场化却要求劳动力最低程度的自由流动。另一方面,计划体制的效率十分低下,且必然导致福利供应短缺严重,大多数国有企业被这种福利制度拖垮。因而,90年代,政府主导对国有部门的福利制度进行大规模改革,包括取消福利分房,让所有人到市场上去解决住房问题。

应当说,这一变革方向是基本正确的,不仅在经济上,更重要的是在政治与社会意义上。古往今来,在几乎所有文明时代的所有社会,凡是自由人都通过自己的努力,建造、拥有自己的住房。直接依赖单位、间接依赖国家向城镇大多数人口供应住房,根本就是错误的,同时也是不可行的。一个健全的社会住房解决方案,必然以大多数个人自行解决自己住房——不管是自有,还是租赁——为基础,社会和政府仅为部分实在不具备此种能力的极少数人,提供住房救济,有时体现为货币化住房补贴。

市场化住房改革所应追求的基本架构,就是这样一个自由的房屋市场与一个规模不大的住房救助体系。对前一个目标而言,住房市场上要素的自由流动与企业的自由竞争是至关重要的,因为,只有在此种“自然的自由”制度下,人们对房屋的需求、人们的一般支付能力、房屋的供应、房屋的价格之间,才能处于一种合理的均衡状态。大多数人能够在这个市场上以自己认为还算合理的价格,解决住房问题。在此基础上,救助性的住房福利体系将被控制在纳税人愿意承担、政府能够承担的程度上。构建及维持一个自由的市场,乃是政府在住房问题上对民众的最大责任,提供救助性的住房福利的重要性反而退居其次。

然而,中国的整体住房体系恰恰存在着严重的结构性扭曲。在过去十几年中,人们被推向房地产市场后,发现自己陷入了困境:一直到现在,都不存在健全的住房市场。以新建房屋为例,政府垄断城市房屋建设用地,政府又人为地以开发商开发房屋作为唯一合法的模式。双重垄断把新房供应变成了一个垄断性市场,消费者面对的是一个垄断价格,大多数民众普遍觉得,这个价格超出了自己的承受能力,而拆迁、房改等政府行为,又迫使人们不得不去买房。于是,买不起房,就成为被推进市场的国有部门员工,及数量更为庞大的私人部门员工的一大烦恼,更不要说那些新近进入城镇经商、打工的大量农业人口了。

面对这种情形,民众的矛头指向政府,本能地要求政府承担起解决自己住房问题的责任——这一要求似乎也是正当的,因为,土地与房屋供应渠道的垄断就是政府自己制造与维持的。面对压力,政府不得不做一些事情,经济适用房、廉租房、限价房,住房福利项目一个接一个。至于开禁单位自建房,也是政府面对民众压力,不假思索作出的一个本能反应——同时也是一个聪明的反应。

之所以说这是聪明,是因为,政府借此轻巧地推卸了责任:假定政府认定这些员工有资格享受住房福利,那么,延续原来企业和住房同步市场化的基本思路,此一福利的供应主体不应再是企业,而应当是政府。政府如果向这些企业员工提供住房福利,那就不再是因为他们是国有企业的员工,而是因为,他们符合政府面向整个城镇规定的享受住房福利的资格。但现在,政府却走了回头路,把自己对市民的普遍责任,变成了国有企业对自己员工的特殊责任。此一政策让这些国有企业的市场化程度倒退，退回到计划经济时代的“单位”。

假设政府足够聪明，可能扩展这种做法，比如，允许私人企业、跨国公司也为其员工建设自建房，也逐渐将它们变成“单位”。这当然会让政府所面临的压力减轻，政府不必忙着去改变现有的土地与房屋的双重垄断格局，反倒继续可以独占土地收益，利用土地政策操纵经济增长。通过种种看似能给部分民众带来好处的修修补补政策，政府可以推卸自己进行制度改革的责任，不合理的土地垄断制度、房屋垄断性供应模式反而可能更加稳固。

政府官员作为自利且短视的经济人，当然会选择这种策略。此时，享受到这种福利的人恐怕需要考虑，自己选择职业的自由，相对于企业管理层的权利，是否会因此而减少？享受不到这种福利的人们恐怕需要考虑一个问题：民众的长远利益究竟是什么？是政府的住房福利项目，还是一个健全的住房市场？而为了这样一个市场，谁、通过何种途径，可以推进土地制度、房屋供应模式的根本变革？事实上，人们可以问一个问题：既然允许国有单位自建房，那为什么不能开放个人自建房、合作自建房？为什么国有企业可以享有特权？

## 别逗了，八成人都住经适房？

城市民众普遍感觉买房负担沉重，国务院参事任玉岭提出了一个解决办法：政府为占居民人口70%～80%的工薪阶层提供经济适用房，少数高收入家庭可以购买商品房。于是舆论一片欢呼。确实，房价已经超出了城市大多数家庭觉得合理的承受限度，人们似乎也有权利要求政府做点什么。问题是，要政府做什么？

### 政府咎由自取

当然，从表面上看，民众、舆论要求政府提供住房保障是合乎情理的。因为，房价严重超出普通民众承受能力的态势，完全是政府所维持的土地与房屋供应制度所造成的。

尽管市场化进程已推进二十多年，但城市的发展却完全由政府权力所控制。根据目前的制度，城市与农村土地是截然分隔的，政府以保护农地为名，禁止城市自然向农村扩展，市民不能到农村购地建房。即使在城市，全部土地也属于政府所有，市民不得自行受让土地建造房屋。政府通过行使其对土地的处置权，包括拆迁、征用农地、改造城中村等，全盘控制着城市的发展。

这一城市发展的制度，导致整个社会形成城市用地供应短缺，并将越来越短缺的长期预期。政府在土地上有巨大利益，作为城市建设用地之垄断性供应商的政府有足够的激励哄抬房价，因为房价越高，政府提高地价的空间就越大。

这两项因素会使企业家和普通市民普遍相信，房价必将永远快速上涨，房屋收益度肯定高于利率，房地产是最佳的保值及投资工具。因而，企业和市民，都有一种强烈的占有房屋的冲动。企业没有开张，往往先买一栋大楼。市民也一样热衷购买房子，人们相信，这样就可以享有丰厚的资产收益，即使只是账面上的。这样普遍的买房冲动创造出旺盛而持久的需求，进行房地产投机是弥漫于整个社会的一种结构性倾向。房地产市场的投机性已经决定，这个市场必然在疯狂的投机与痛苦的萧条之间徘徊，而绝无正常运转的可能。

事实上，香港、台湾、日本都程度不等地存在这种现象。这些经济体的政府都基于土地迷信，利用其权力剥夺农民对土地的自由支配权，人为哄抬城市地价。香港因其殖民地历史尤其严重，其土地批租制度驱动房价、地价脱离整个经济体基本面而疯狂上涨。内地所模仿的正是香港的土地制度，政府独家垄断土地供应，财政严重依赖转让土地收入，因而为获得土地收益，政府与房地产商结成紧密关系，法律也有利于房地产商而不是拆迁户或消费者。

其结果也类似：社会财富高度集中于房地产，而没有变成与人的创造性互补的生产性资本。所有企业和市民都是现实的与潜在的房地产投机者，但大多数人会发现，购买房屋的压力太沉重了。不要说低收入群体，即便是中等收入群体——通常所说的中产阶级，也必须用二十年或更长时间来供应一套住房。这正是今天城市人口的一大烦恼。

## 香港、新加坡不是好榜样

似乎路径依赖正在起作用：面对这种情形，专家、舆论本能地呼吁政府学习新加坡或香港政府。据说，在新加坡，占住户总数3%的富人由开发商提供住宅，政府收取很高的土地出让金，80%的中低收入家庭的房屋则是政府控制户型和房价。同时，占住户总数8.5%的困难户住的是政府补贴的60～70平方米的房屋，8.5%的特困户则租赁政府拥有的42平方米左右的房屋。香港的制度类似。专家们羡慕地说，这种住房体系很好地解决了国民的住房问题，中国也应当模仿。

其实，中国在1998年设计房改方案时也曾经提出，城市80%以上的家庭由政府安排购买经济适用房。可惜，各级政府似乎没有新加坡、香港政府那么自觉，发土地财的时候十分积极，等到要给居民住房提供补贴、优惠的时候，却百般推托。由于欠缺基本的民主架构，民众对此也无可奈何。

但是，换一个角度，即使各级政府大发善心，它有能力向80%的民众供应补贴性住房吗？这个世界上，大约只有香港、新加坡这类城邦经济体能做到这一点，即便是北欧那些福利国家，也无法做到，或者不愿意这样做。没有一个常规经济体是依赖政府解决大多数人住房问题的。无法想象像中国这样的大国，80%以上城市人口都傍到政府身上。

进一步说，即使政府真有能力向八成以上人口供应经济适用房或廉租房，那也将是一个十分奇怪的制度安排：一方面政府通过垄断土地大赚其钱，政府为了赚更多钱，拼命哄抬地价，这时候民众要求政府拿出钱来帮助自己解决住房问题。然则，为什么从一开始就不让政府赚那笔钱，不让政府哄抬地价？

人人都在谈论，中国应当成为一个橄榄型社会，中产阶级应当成为社会的支柱。但假如八成人口依赖政府，那中产阶级就将居住在政府提供补贴、并规定了居住面积的房子里。他们是政府的佃户，连自己最起码的财政独立都做不到，是贫乏的中产阶级。他们不会成为私人产权、平等、法治的支持者，而将成为等级制度、国家保护、财政补贴的支持者。

人们恐怕也忘记了，八成以上城市人口的住房由政府补贴供应，那意味着这个社会将更加不公平：相对富裕的城市人口享受着政府慷慨的住房福利，相对贫困的农民却得自行解决住房问题。城市政府有更大的激励禁止农民成为本市市民，因为，增加一个人，就意味着增加一笔巨额的住房补贴支出。

## 寻找“自然的自由”制度

不管从哪个角度看，要求政府来补贴大多数人的住房，都不是一种正确的解决办法。古往今来，所有文明社会的自由人都通过自己的努力，建造、拥有自己的住房。只有这个意义的房屋，才是个人自由的堡垒。当然，本着人道原则，社会和政府确实需要帮助极少数缺乏能力的人。但如果大多数人得靠政府补贴才有房屋，那这个社会一定出了大问题，并且会继续酿成更大的问题。有些人奢谈法国人发明的“可抗辩的居住权”，但假如 80% 的法国人行使这种权利，这个社会就不是法国了。

假如人们期望一种大体上还算健全的社会秩序，那就应当以大多数人不依赖政府或他人的施舍自行解决住房问题，作为思考的出发点。如果现实中人们做不到这一点，那就需要追根溯源，看看究竟哪儿出了问题。呼吁政府补贴大多数人，是对一项从根本上来说怪异、荒唐的制度进行修补。它不能解决问题，只会让问题越来越复杂。

面对大多数人觉得买房负担沉重的社会经济问题，正确的办法是推进房地产行业的市场化。在亚当・斯密所说的“自然的自由”制度下，人们可以买到价廉物美的电视机、馒头，同样，当房地产行业处于“自然的自由”制度下时，房屋价格将会处于“合理”状态，与大多数人的收入相匹配，大多数人经过一定奋斗将能自行解决住房问题。

推进房地产业市场化的关键，就是打破政府对城市建设用地的垄断，拆除农业用地与城市用地之间的隔离带，实现国有土地与农村集体土地的权利平等，允许农民转让土地的使用权，允许城市人口向农民购买土地的建设使用权。同时，打破开发商对房屋供应的垄断，让人们可以自由地选择，是个人或者多个人合作建造自己的房屋，还是向开发商购买房屋。这样的竞争将会挤压开发商的垄断利润。

这样一个相对健全的市场，能够改进所有人的福利，甚至政府也更省事。假如政府仍然要坚持目前对土地的垄断，并维持房地产开发商对城市房屋供应的垄断，那政府就没有任何借口推卸其对民众住房的责任。用土地发财当然欣快感十足，但民众日益强烈的住房福利的诉求也足以压垮政府的财政。

这个世界上从来没有免费的午餐，对政府、对民众来说，都是如此。许多人迷信政府，以为只有依靠政府才能过上幸福生活。比如，许多人谈论政府应当建设廉租房。然而，城中村农民所建的出租房屋不正是廉租房吗？所以，民众如果真的要主张所谓的“居住权”，那对政府提出的首要责任，也是要求其节制权力，让市场更正常地运转。相对于政府，市场总是民众更好的朋友。

## 国家与私产的碰撞

大概没有哪个明理的人会公开地、完全地否认私人财产权制度对于社会正常运转及维持文明的重要价值。不过，一旦私人财产权碰上所谓的“公共利益”，人们的态度就会立刻分化。比如，在重庆“史上最牛”钉子户事件中，著名法学家江平先生郑重其事地对媒体说：重庆的这个案例，是不是社会公共利益需要，肯定不是一个人自己决定的，它要符合法律的程序。假如已经经过了合法的程序，这个“钉子户”仍然坚持说这不是社会公共利益需要，继续拒绝搬迁，就不妥了。

这样的说法引发了广泛争议。令笔者困惑的是，江平先生过去二十多年，一直为确立私人财产权制度奔走呼吁，现在，在《物权法》颁布、人们对其保障私人财产权的前景还有一点期待的时候则说，钉子户拒绝搬迁是让世界看了中国的笑话。“公共利益”一词的魔力竟如此神秘而巨大。

### 国家征用权的出现

不用扯得太远，就从封建制说起吧。从 11 世纪开始，欧洲进入“封建”时代——请注意，这个“封建”接近中国古人所说的“封建”，而完全不同于今人所说的“封建”。这个封建时代的国家与现在的国家完全不同，一项重要特征是，每个人都依赖其封建的土地权利获取收入，国王也不例外。国王不是作为全体臣民的统治者，而是作为一个领主占有大片土地、林地，其收入来自于此。

因此，那个时代，国王权力不是“公共”权力，而是一种私人权力。国王与臣民的财产之间不存在“公共性关系”，基本上不存在“税”的概念。封臣从国王分封到土地，在某些条件下，比如，土地领封人断嗣，国王可将其收回。但是，当时的习惯法却不承认国王享有利用权力“征用”、剥夺其封臣的地产的权利。

有点例外的是英格兰。诺曼征服之后，英格兰形成了一种双重权力结构：每个人既要效忠其领主，也要效忠国王，国王对其臣民的财产的权力要大于欧洲大陆各国的国王。大约正是这一点，诱惑一些自大或愚蠢的国王，做出一些侵犯其臣民之封建性财产权利的事情。1215 年的男爵叛乱就是因此而起，当时的约翰国王随意征税，超越了其封建性权利的界限，贵族们无法容忍，起而以武力迫使国王接受《大宪章》，《大宪章》不过是重申贵族的封建权利及封建习惯给国王权力设定的界限，其中最重要的是第三十九章：非经他的同侪之合法裁决或按照本王国之法律，任何自由人不得被捉拿、拘囚、剥夺产业、流放或以任何方式遭受损害。这部《大宪章》被后世的国王、国会确认了二十多次，捆住了国王的权力。

不过，到16世纪，近代民族国家逐渐形成，所谓"主权"概念浮现出来。这种"主权"突破封建习惯，对臣民来说是至高无上的。按照霍布斯的说法，主权者不受任何法律与习惯的限制，因为，法律就是主权者自己制定的，习惯也只有经过其认可才具有法律效力。

再者，现代民族国家干起国王以前不会去干的很多事情，比如，为了"民族利益"发动全民战争，建立国家的学校、邮局、公路，兴建国家的工厂、电站等。政府权力扩大的结果，当然立刻就会与私人的财产权相碰撞。

正是在现代民族国家制度框架内，才产生了"国家征用权"(eminent domain)问题。雨果·格老秀斯的《战争与和平法》奠定了近代法律与国家理论的基础，正是他第一个使用了这个概念，他说，"臣民的财产权低于国家的征用权，因而，国家或者为国家做事的人可以使用，甚至剥夺、摧毁这样的财产，不仅在极端的情形下可以这样——在这种情形下，甚至一个人也对他人的财产有权利——而且为公共用途也可以这样，只要建立文明社会的人愿意，私人的目的就必须为这样的目的让路。不过，应当补充说，国家在这样做的时候，需要补偿那些损失了其财产的人的损失。"

### 用法律限制征用权

各国的君主也正是这样做的。欧洲由此进入君主专制政体(absolutism)时代。在英国，英明的伊丽莎白女王就频繁地以公共利益的名义侵扰其臣民的财产权，包括加征税收，设立垄断。英格兰似乎要走上欧洲君主专制之路。尤其是继位的詹姆斯一世国王，深受新生的君主专制主义理论影响，在强化国家权力方面走得更远。

大约在17世纪头几年，这位国王需要制造军火的硝石，从一个私人手中征用了一座硝石矿。该人起诉国王，史称 The Case of the King's Prerogative in Saltpetre。1606年，法庭裁决，"为公共用途(public use)征用私人财产"是一项君权。法庭说，私人土地所有者有义务在自己的土地上建造军事堡垒和堑壕，且自己承担费用。"国王的君权"或"警察权"要求，其付出不能获得补偿，因为它们是为了"公共利益"

(public interest)及为了“普遍福利”(general welfare)。

但是,这样的“公共利益”概念却没能唬住英国人。浸淫于封建的宪政主义传统的普通法法律家诉诸“古老的英格兰宪政”,引导英格兰民众抗拒王权肆意侵害私人财产权这一新兴事物。英国革命在很大程度上就是对1215年男爵叛乱的重复:保障自己的财产权不受国王侵害。

不过,国王(国会)有权征用财产的概念,仍传入美洲殖民地。殖民地各州政府普遍以“公共利益”的名义,对私人财产的使用进行广泛管制,这种管制甚至可能达到这样的地步:假如涉及“公共利益”,可以完全禁止财产所有者进行生产性使用,“因为这是为了公众,而每个人都可因此而受益”。甚至到了18世纪,各州政府仍然觉得,为修筑公路或其他公共工程,可以随意征用私人财产,而不用支付补偿。

于是,美国宪法有了第五修正案:“若无公正补偿,不得征用私人财产充作公共用途”。该修正案的意图,不是授予政府征用的权力,而是对各州已经大量行使的“国家征用权”给予限制。这一条款主要是詹姆斯·麦迪逊起草的,1782年他曾经写道:“政府之建立,乃是为了保障所有的财产;除了该词所特指的财产外,也指个人的各种权利所立基之财产。这是政府的宗旨所在,只有无所偏私地确保每人享其所有的政府,才是公正的政府。”

当然,光靠这一句宪法条文是无法限制国家征用权、保障私人财产权的。什么是“公共用途”、公共用途与“公共利益”有何区别,怎样才算“公正的”补偿,这些都需要通过某个公正的程序,让当事人——包括行使征用权的政府——有机会平等地进行辩论,法律人更需要基于法治原则仔细地对其进行辨析。分析将会表明,我们的《物权法》中的征用条款,实在过于粗糙了。

## 公共利益还是公共用途

由国家使用其强制性权力，即动用国家征用权，获得私人的财产——通常是土地，在某种程度上是违反自然的。因为，社会正常的交易秩序是平等的私人之间的自愿交换，而国家征用权使个人丧失了拒绝交易的权利，带有强买强卖的性质。

因此，一个社会如果把确获保障的私人财产权当成其正常运转的基础，那么就必须对国家征用权设置尽可能高的门槛。为此，首先是限制动用国家征用权的范围，其次是提高政府需要支付的成本，即必须给予私人财产所有者以某种补偿。

各国关于征用权的立法正是循此规定的。最近通过的《物权法》延续了宪法相关规定，首先要求，征收集体或私人财产，必须是“为了公共利益的需要”。其次，对补偿也提出了要求。从逻辑上说，对行使国家征用权的目的的限制，是更为重要的，因为，这样的限制是紧是松，将会决定国家征用权的范围之大小。人们也因此对公共利益条款寄予厚望。

但是，什么是“公共利益”？法律却没有解释。在立法过程中，舆论普遍呼吁，或者通过列举法，或者通过排除法，明确“公共利益”的定义。因为，人们看到，即使是最不能接受的征用，政府也可以说是“为了公共利益的需要”。但这个期望落空了。

有专家解释，法律之所以要在这么重要的问题上留下这么大一个窟窿，原因是，现实生活的具体情况纷繁复杂，难以用简短的词汇概括。这倒是大实话。就事物的性质而言，“公共利益”确实无从清晰界定，法律人试图使用这个概念来限制国家征用权，大约有点过于乐观了。引用美国放松国家征用权的案例，更是不得要领。

### 凯洛诉新伦敦市案

美国宪法第五修正案规定：“若无公正补偿，不得征用私人财产充作公共用途”。这里没有使用“公共利益”的概念。不过，究竟什么是“公共用途”（public use），从法官到法律学者，有两种解释，而究竟依据何种解释，对于政府能否行使征用权，大有干系。

在重庆钉子户引起的辩论中,江平教授提到了美国最高法院2005年裁决的凯洛诉新伦敦市一案,随后笑蜀、薛涌则指责江平先生误解了该案。而该案辩论的一个要点就是,地方政府为了经济发展而征用私人土地,是否属于“公共用途”。美国最高法院是按照民主的方式运转的,九位大法官投票裁决案件。投票的结果,五比四,法庭支持新伦敦市的征用权。在这种投票程序中,大法官也只有一票,而首席大法官这一次就成了少数派。而不论是多数派还是少数派,都必须以理性来作为自己的裁决的依据,即便是出于党派倾向作出裁决。

在本案中,少数派大法官撰写了两份异议(dissent)意见书,第一份由奥康娜大法官领衔,第二份则由托马斯大法官自己单独撰写。两者反驳本院裁决的核心依据都是,应当从严解释“公共用途”。而这些大法官们的论证,确实显示了,法治在很大程度上就是理性之治。

在他们看来,“公共用途”首先排除一种可能性,即国家征用财产后交给某个私人使用。奥康娜大法官引用了美国最高法院大法官Chase在1798年的一个案件中说过的一句话:“一部法律,如果征用A的财产,将其给B,它就有悖于一切理性与正义……”她说:政府可以强迫一个私人交出其财产用于公共用途,但不能是为了另一个私人的利益。

奥康娜大法官接着对公共用途进行了细致分析,将其分为三类:前两类是相对明确,没有争议的,首先,政府可能将私人财产变成公共所有,比如,为了修建公共道路、公立医院或军事基地。在西方,“public”通常就指“政府”,因而,“public use”的字面意思,就可以是“政府使用”。其次,在英文中,“public”又有“公众”的意思,所以,“public use”的另一个字面含义就是“公众使用”。这也就是说奥康娜大法官所说的第二类公共用途。据此,政府可以将私人财产转让给其他的私人,但他们会让该财产被公共无差别地使用,比如铁路、公用事业或体育馆,等等。其他学者也解释说,尽管这些设施不可能由全体公众同时使用,甚至,大多数公众也许永远都无缘使用它们,但只要该项目不排斥任何一个使用它的公众,就可以被推定为公众使用。

不过,关于公共用途,托马斯大法官的阐释更为有力。他说,如果政府征用财产,将其给予某个私人,而公众却没有权利使用该财产,那就不能说,公众在“使用”该财产,不论私人使用给公众可以带来多少附带利益。因而,“公共用途”的意思就是指,政府或者其公民整体必须实际地“使用”被征用的财产。

接下来,托马斯大法官反驳了对公共用途的宽松解释。在美国,地方政府倾向于把公共用途解释成更含糊的词,比如,public advantage, public purpose, public benefit,public welfare(公共利益、公共目的、公众的好处、公共福利),等等。这就跟中国法律的“公共利益”条款的范围相当。托马斯大法官通过解读美国宪法文本，及当时相关文献得出结论：不能这样理解“公共用途”。

## 错置时代的谬误

当然，现代美国立法与司法活动的主流确实是放宽对公共用途的解释，公共利益、公共目的、公众福利等说法大行其道，美国最高法院也倾向于不去审查地方政府关于征用的法律，因而，可以说，地方政府的征用权越来越大了。包括奥康娜大法官以前就支持过类似的判决，托马斯大法官的意见反而始终是少数。在这一点上，江平教授说美国法律倾向于放松对私人财产权的绝对保护的看法，大体上是正确的。

但是，在中国语境下讨论这个问题，恐怕不能忽视一个重要事实：美国、中国在私人财产征用问题上，其实是沿着两条完全相反的轨道运动的。在美国，继承英国古老的法治、宪政传统，法律对私人财产权的保护源远流长，根深蒂固，公众也具有坚定的私人产权观念。在这种情况下，放松“公共用途”条款的解释，承认政府的征用权，尽管影响了私人财产权制度，但却未能伤其筋骨。

在中国，情形恰恰相反。中国是从一个不承认、不保障私人财产权的起点出发，试图强化对私人财产权的保护。在中国，过去几十年来，政府没有保障私人财产权的概念，政府干涉、剥夺、征用私人财产的行为几乎不受任何制约。因而，民众具有一种强烈的愿望，希望通过立法，通过司法改革，让自己的私人财产获得更稳定的保障，尤其是不受政府侵害。在这个时候，谈论美国放松国家征用权限制的案件，似乎是用减肥药来治疗饥荒引起的浮肿。

## 公共利益由谁来决定

无论使用怎样的修辞，国家征用权的实质都是政府以其所垄断的暴力为后盾，强行获得私人财产。政府能够缓解强制交易对象之不满的唯一办法是宣称，所征用的财产将用于公共用途，这也是令公平的旁观者能够接受的唯一理由。中国法律用"公共利益"一词，显然犯了十分严重的错误，因为它让官员可以随意扩大征用的范围。即使接受这个过于宽泛的用语，也立刻会引起另一个问题：怎样才算公共利益？这显然不是一个一目了然的问题。江平教授在针对重庆钉子户事件的评论中说，是不是公共利益，不能由钉子户自己说了算。但人们同样也可以说，不能由进行征用的行政部门说了算。那么，究竟由谁说了算？

### 民主侵蚀财产权

在宪政制度较为健全的国家，政府行使征用权，通常以立法的形式进行，可能是全国立法，更多地是地方立法。地方政府要建设房屋，或者要发展经济，通常由行政部门倡议，但该部门却无法自行决定，因为，钱袋子掌握在地方立法机构手里。因此，征用土地首先需要经过地方立法的程序，授予行政部门征用土地的权力。

按照有些人所理解的简单的民主理论，政府的征用活动因此就获得了合法性。英国曾经产生过一种理论，叫做"议会主权"。其推论是这样的：现代政体的基本原则是人民主权，而议会代表都是人民选举产生的，所以，议会就享有至高无上的权力。有人形容说，英国议会除了不能把男人变成女人、把女人变成男人之外，可以做任何事情。

征用权在现代的泛滥，与这种民主理念有很大关系。既然多数代表同意了，那当然就是公众的利益，就是公共利益。为了多数的利益，当然可以牺牲少数的利益。在中国，大多数征用活动，也可以说是经过某种程序的，比如，城市建设规划就是经过层层审批的，其中包括经过本地人大的批准。民主程序让政府在涉及少数个人与企业的私人财产权时无所顾忌。

民主确实是优良的公共生活的基础性制度，但民主未必能够保障私人财产权。

民主的多数原则似乎会给予多数以及他们所支持的政府以过大权力。这也正是哈耶克晚年所忧心的事情。在哈耶克看来，法律只应当是“正当行为规则”，它必须是普遍而抽象的规则，平等地适用于一切人。用这个定义来衡量，征用私人财产权的立法，根本就不是严格意义上的“法律”。地方立法机构制定这样的立法，实际上把自己变成了行政机构。它所颁布的不再是法律，而是具体的经济或社会政策。因为它们不再是限制政府权力的工具，而成了扩张政府权力的工具。

从十九世纪后期以来，随着民主观念深入人心，政府侵犯私人财产权的趋势就日益明显，而且，富人、穷人都不能幸免。因为，议会中的多数都不过是临时凑合而成的。在一个简单民主政治中，必然出现民众相互掠夺的趋势。临时凑合而成的一个贫穷的多数可能对富人征收高累进的所得税，另一个临时凑合而成的富人的多数则会大规模征用穷人的土地。

当然，无论如何，这里的征用还是有多数的民意支持的。假如政府缺乏基本的民主架构，但却变成现代性政府，也即承担了增长、发展的责任，那情况就会更加糟糕。因为，政府官员的权力不受任何民主程序约束，为了增长、发展，可以随意地对所有人行使严重膨胀的征用权，让每个人的财产服务于官员的政绩目标。

## 征用的司法保障

权力——不论是民主的还是不民主的——内在地具有侵蚀私人财产权的趋势，能够遏制这一趋势的，只能是宪政制度的另一个支柱：法治。

面对国家征用权，在宪政制度较为完善的国家，都赋予被征用的个人和企业以在法院寻求救济的权利。征用是不是为了公共利益或公共用途，补偿是否公平，都是可诉的。根据德国基本法，补偿是否公平，可以诉讼到普通法院。征用是否属于“公共目的”，宪法法院可以就相关法律之合宪性进行审查。在美国，普通法院本来就享有审查法律、法规是否合宪的权利，所以，从理论上来说，行政当局的征用是否属于“公共用途”，补偿是否“公平”，最终的裁决者自然地是法官。

不过，在美国，自十九世纪后期开始，法院面对征用权似乎有所节制，征用究竟是否属于公共用途，法官倾向于由立法机构自己来决定，法官不去审查。在 1896 年的一起案件中，最高法院大法官 Peckham 就说，“如果立法机构已经宣布其用途或目的是公共的，那法庭就应当尊重这样的判断，除非该用途明显地缺乏合理依据。”

在这种心态支配下，最高法院事实上赋予了各级政府以巨大的征用权，以至于到最后，在大家近来经常引用的凯洛诉新伦敦市一案中，新伦敦市政府竟然把商业化城市拆迁项目说成是“公共用途”。对本案多数意见表示反对的托马斯大法官对此大为光火，他暗示，那些放纵征用权的最高法院前辈大法官们背叛了美国宪法。他坚定地断言："什么是公共用途的问题，是一个司法问题"，由一个独立的法院最终决定的问题。

这其中的道理也许十分简单：一个人不能充当自己案件的法官。既然行政当局及立法部门作出了征用的决定，那么，这一征用是否属于公共用途，是否用于公共目的，私人财产所有者获得的补偿是否公平，当然就不能由征用者自己说了算。否则，就没有基本的公平可言。

这也正是中国征用（征收）制度的根本症结所在。在重庆钉子户事件中，开发商从政府那里拿到土地建设使用权，但与杨家始终未能达成拆迁补偿协议。开发商便找相关行政部门——九龙坡区房管局。拆迁本来就是该局安排的，它当然会作出要求杨家拆房的行政裁决书。遭杨家拒绝后，房管局向该区法院提起《先予强制执行申请书》。法院认定后，决定强制执行房管局的拆迁行政裁决书。

这是一种完全颠倒的政法关系。在传统的分权理论中，行政部门就是执行部门，包括执行立法机关制定的法律及法院作出的裁决。现在，法院却倒过来，成了行政部门的执行机关。

问题的关键是，法官只是对房管局的行政裁定书进行了程序合法性的审查，而未对本征用是否属于公共利益、公共目的进行实体性审查。江平教授说，究竟是不是属于公共利益，应当由法院来裁决。但中国目前的法院体系根本无法承担这一责任，因为法院无权对征用是否合乎公共利益进行实体性审查。在德国，普通法院同样没有权力审查征用所依据的法律、法规是否追求公共利益，但专门设立的宪法法院却弥补了这一缺口。宪法法院也审理过这类案件。中国法院体系则没有弥补这个缺口，被征用者从一开始就处于绝对不利地位。结果，行政官员说什么是公共利益，什么就是公共利益。这样的公共利益，当然难以获得认同。

# 拆迁与科斯定理

通行的看法是，科斯定理及以其为核心发展起来的新制度学派的产权理论，为私人产权保护提供了新的论证。但是，如果对照引起广泛争议的凯洛等人诉新伦敦市案的判决，事情也许不是如此简单。

## 科斯定理消解了产权

科斯在其被人广泛引用的文章《社会成本问题》开头说，面对某工厂的烟尘给临近的财产所有者带来有害影响的问题，受庇古的福利经济学影响的经济学家，或者要求工厂主对烟尘所引起的损害负责赔偿，或者根据工厂排出烟尘的不同容量及其所致损害的相应金额标准对工厂主征税，或者最终责令该厂迁出居民区。

科斯指出，这些解决办法并不合适。他说，其实，这里的工厂与住户是在相互伤害。因为，工厂的烟尘固然损害了住户，但反过来也可以说，这些住户妨碍了工厂排放烟尘。因而，科斯说，要解决的问题就不是如何制止工厂排放烟尘，而是一个选择的问题：究竟是允许工厂损害住户，还是允许住户损害工厂。科斯的整个理论就是要论证：不管最终选择哪一个，其结果没有什么不同。

这确实有点不合常识，甚至连他的同道们当初也有些糊涂。因而，曾经发生过一次十分著名的大辩论，最终科斯说服了所有人。科斯是怎样说服人的，外人不得而知，但科斯的文章似乎说得很清楚："必须从总体的和边际的角度来看待这一问题"，尤其是从总体角度。也就是说，从"社会"福利的角度来考虑这个问题。那篇文章的标题就暗示了科斯的理论取向，它要讨论的是"社会"的成本问题，他在文章中也反复提到社会总产出等概念。理查德·波斯纳在其影响广泛的《法律的经济分析》中说得更清楚，"福利最大化"——当然，这里的主体不是产权所有者，而是作为一个整体的"社会"。

这实在让人有点惊讶：科斯、波斯纳转了一圈之后，又回到了庇古那里。庇古在《福利经济学》中已经提出，经济学就是要研究增进"社会"福利的办法。他之所以鼓吹政府干预，就是因为他相信，通过政府的干预可以解决外部性问题，把成本内部化，从而使个人增进自己福利的过程不至于损害“社会”福利。

这似乎同样是科斯的思路。听起来也许有点奇怪，科斯的理论绝不反对政府对产权的初始配置的干预。他所举的例子几乎都是法院按照“科斯定理”——当然这是一种事后的解释——重新配置产权的判例。当然，区别是存在的：庇古请出场的是立法机构或行政机构，而科斯依赖的是法院。但在任何政治理论中，法院都会被归入“政府”中。科斯也许以为，法院是市场的一种内在调整机制——对于生活在普通法传统中的学者来说，这倒也并不奇怪。

但是，普通法是不是仅仅以效率作为其解决产权纠纷的标准？科斯似乎不承认产权对于其持有人来说，是一种不应当被随意剥夺、缩减的“自然”权利。科斯的理论似乎是说，假如市场交易成本为零，则法律或法院只要把人们的产权界定清楚即可。如果交易成本为正数，比如，碰到钉子户不愿进行交易，此时就需要法院出场，确定一种有效率的产权配置，让交易得以进行。在科斯那里，似乎根本就没有产权的初始配置这回事。产权不过是一种权宜的制度安排，而不具有绝对的意义。科斯的一位同道德姆塞茨确实说过这样一句话：“产权是一种社会工具”，且仅仅是一种工具而已。

## 社会福利不可计算

这种对私人财产权的“工具主义”理解，在法律经济学的逻辑中十分触目。波斯纳的《法律的经济分析》专门有一节讨论国家征用权问题。奇怪的是，该节通篇没有提及对征用权最重要的宪法限制——“公共用途”。这并不奇怪，因为，波斯纳已经断言，唯一重要的事情是，财产在哪种用途上能够实现社会福利最大化，比如，产值最高。社会总产值成为终极价值，财产权反而只是实现这一终极价值的工具。

记得哈耶克曾经暗示，科斯、乔治·斯蒂格勒等芝加哥学派经济学家身上有一种虚无主义倾向，他们深受实证主义影响，不承认任何不能实证的终极价值的存在。结果，最为虚幻的“社会福利”，变成了他们心目中的终极价值。

新制度经济学的产权理论实际上消解了财产权。根据这样的理论，开发企业当然可以驱逐拆迁户，因为，开发商可以很轻松地证明，这块土地重建之后，其货币价值将会大幅度提高，甚至连拆迁户本人的居住条件也可以得到改善，在新房中过上幸福生活。科斯及新制度学派尽管是在反对庇古的福利经济学，但其财产权观念与庇古相比，不过是五十步笑百步而已。

在重庆钉子户事件中，针对江平教授的话，有人曾说过一个笑话：高衙内对林冲之妻产生好感，到法院请求法官把林妻判给自己，他也能够证明，自己对林妻的爱欲超过林对其妻的爱欲，如此判决就可以增加社会总福利。

这不是笑话，波斯纳讨论国家征用权的那一节就举了个类似的例子：你的邻居将他的车停到你家车库，并且说，他能更有效地使用你的车库。波斯纳就让法官考察一个问题：两人中间，谁真正愿意支付更多，从而使该车库的社会效用最大化？

对此，人们可以反问：法官凭什么考虑这个问题？你的邻居未经你的同意把他的车停到你家院中，已经构成了非法侵入。你完全可以把他驱逐出去，或者要求警察协助你。问题的关键在于，产权通常在纠纷之前就已经作为一个事实存在了，或者可以推定其存在。法官的任何推理，必须以此为起点。

当然，新制度学派让法官来计算社会福利，也过高估计了法官的能力。效用、价值是主观的，除了主体之外，外人无从测度。新制度经济学为了计算"社会"福利，把个人的效用、福利化约为客观的货币价值。问题在于，一块土地、一座房屋对于其所有者的效用，并不仅仅是交易的货币价值，还有很多其他情感因素，这些是外人无从计算的。

美国最高法院托马斯大法官在反对凯洛等人诉新伦敦市一案的异议中就引用了主观价值理论：所谓的"城市拆迁"项目为其所征用的财产支付了一些补偿，但对于被赶走的个人在这些土地上的主观价值，及他们的家园被连根拔起而蒙受的尊严落地，是无从补偿的。新制度经济学让法官来计算社会福利，会将其置于计划体制下计划当局所面临的类似困境：他们无法获得据以进行经济计算的数据，因而最终所得到的不过是"有计划的混乱"而已。让法官来根据社会福利最大化目标来配置产权，也必然会得到同样的后果。

## 产权先于法律

据说，科斯本人并未首肯“科斯定理”——这是明智的。因为科斯定理的实质是，在交易成本为零的情况下，产权规则就足够了。但一旦交易成本为正数，则产权规则就让位于效率规则或福利规则。关键的价值是效率，或者说社会福利最大化，社会总产出最大化。比如，波斯纳就可能推理说，高衙内爱上林冲之妻，而林冲拒不进行交易，此时，交易成本就非常高。法官就该出场了，他将计算，林妻保持现状还是归高衙内，更能改善“社会”的整体福利。

追求社会福利最大化，当然很高尚。但事实或许会证明，这其实是一种短视的理论。

### 产权规则还是福利规则

奥地利学派的法律理论采用了另一种理路：对于高衙内案件，法官没有必要去计算林妻继续与林冲生活还是改嫁高衙内的福利变化。事实上，这种计算是不可能的。法官唯一正当的职能是，借助陪审团查明，林与其妻是否已有合法婚姻关系。假如已有，即可下令禁止高衙内骚扰林家，不论高衙内因为自己的渴望未能得到满足而蒙受了多大福利损失。

这就是产权规则。从高衙内的立场看，产权规则未免过于僵化了。但是，正是这样僵化的规则，才有资格充当自由市场的基础。哈耶克曾经说：“当我们仅根据每个问题表面上的是非曲直来判断它的时候，我们就会始终高估中央指导所具有的益处。我们的选择往往是在某个已知且明确的收益与阻止不确定的任何人（unknown perons）做出某种不知有益与否的行动的纯粹或然性之间展开的。如果自由与强制之间的选择因此而被看做是一个权宜问题，那么自由就注定会在几乎所有的场合都被牺牲掉。”可以补充一句：这个自由就包括财产权。

聪明人总能想出种种灵活的办法，但历史总是证明了，他们灵机一动想出的每种办法都是短视的，笑到最后的往往是坚守原则的人。中国人经常笑话外国人比较“傻”，比如，即使路上没有人，遇到红灯也会停下来。但恰恰是这种法律精神，造就出一种健全的生活秩序。现在的政府官员就是一些聪明人，他们通过经济学的计算得出结论：拆迁可以创造出庞大的GDP，可以给政府带来庞大收入。甚至于市民也热烈地拥护那些积极拆迁、建设城市的主政官员。至于因此使城市很多人的产权遭到侵害，人们认为，这也是可以接受的代价。但是，人们恐怕没有能力计算出一种大规模侵权活动的长期后果。就好像当年的计划当局没有能力计算出一项计划的长期后果一样。

坚持一种看似僵化的产权规则，也许正是英格兰之所以形成市场制度的根本原因。学者的研究表明，英美普通法的主流始终是遵循产权规则，致力于保障私人产权。正是因为坚持了产权规则，社会每个人对自己的未来形成稳定预期，每个人都为未来投资，资源被最大限度地投入生产性活动中，从而实现了社会福利真正的最大化。

不过，这马上会引起另一个问题：产权从何而来？

## 产权是一种主观认知

有很多人相信，产权是政府的命令。政府可以随心所欲地确定土地或者财物归谁所有，尤其是将其划归自己所有。政府利用强制力当然可以这样做，但其正当性却是不充分的。

奥地利学派法律理论相信，财产权利不是由法官来确定，当然更不是由政府通过法律或命令任意规定的。相反，财产权是人们自发地确定的，法律——当然是指正义的法律——不过是对人们心中关于财产权的界定之成文表述而已，而知道自己正当职能的法官，也不过是对人们心中的产权予以确认而已。

财产权是自然法理论的一个重要组成部分。近代以来的政治哲学及法律理论，很多都是从自然法的角度来论证财产权的正当性。这其中最重要的论证出自洛克，在他看来，财产权是人的根本权利。在此前的基督教理论中，财产被视为人格的一种延伸和扩展，因而，尊重人的自由，就必然尊重人对其财产的权利。财产权也是神法的一个重要内容，几乎所有宗教都要求信徒不得盗窃，不得抢劫，不得觊觎他人的财物，等等。

即使不谈论自然法，也仍然可以说，产权是先于交易而存在的，也是先于法律、法官而存在的。权利在很大程度上就是当事人及公正的旁观者对当事人与财产的关系的主观认知。假如当事人及其邻居、及公正的旁观者认为，一宗财产属于某人，则某人对它就享有产权，不论国家是否承认，交易与合作即可以此为依据展开。

因而，普通法中一直有一项习惯：一旦发生土地产权纠纷，法官会召集当事人的邻人组成一个咨审团（assize），查验该块土地的产权归属，后来的陪审团即由此发展而来。所以，产权就是邻人所承认的你对该块土地所享有的权利。如果发生纠纷、争议，法官所要做的不过是查明该权利，更为清晰地界定它。同样，在古代中国，一旦发生土地产权纠纷，德高望重者也会向邻人查证。

因此，土地权利不是政府规定或法律授予的，而是人们自己创造出来的。法官，或者说政府首先需要尊重这种权利；其次，在发生争议的时候界定这种权利，从而让每个人都得到其应得者，按照优士丁尼《法学总论》的经典论述，这就是正义。

当今城市拆迁、农地征用之所以引发诸多纠纷，其中一个重要原因就是当事人、公正的旁观者的产权认知，被法律、政府、法官忽视了。政府组织大规模拆迁的依据是，法律规定政府是城市土地的所有者，县市政府也依据一种纯粹政治的逻辑推论认为，自己是农村集体土地事实上的所有者。政府所确定的补偿只是依据房屋及农业产出的价值，而不包括土地的价值。但民众却相信，自己对土地是享有权利的，他们认为这种土地的产权同样应当获得补偿。

现有的法律与司法体系的最大问题就是，政府不承认民众关于产权的这种主观认知，不承认民间社会关于土地权利的习俗，政府不愿意把民众心中的产权变成法律上的权利。短期来看，这当然能够给政府带来不小好处，但是，长期来看，这个社会的产权体系将无法稳定下来，每个人都不知道自己脚下的土地究竟会有怎样的命运，这将为市场秩序及正常社会秩序之展开，造成极大困扰。

## “公共利益”条款保护不了私人产权

据说，在城市房屋拆迁、征用农民土地等场合，《物权法》可以保障私人的财产权利。人们得出这一结论的依据是，《物权法》对于拆迁和征地作出了一个限定："为了公共利益的需要，依照法律规定的权限和程序可以征收集体所有的土地和单位、个人的房屋及其他不动产。"其实，“公共利益”条款早就出现在2004年的宪法修正案中。但从那之后，私人财产遭受政府侵害的事情似乎一点也没有减少。原因当然很多，但其中一个十分重要的因素是，“公共利益”本身没有能力限定政府权力，事实上，它恰恰为政府延续以前的做法提供了更为精致的理论与法律依据。

### 说不清道不明的“公共利益”

人们都把“公共利益”条款当做一剂万应灵丹。问题是，什么是“公共利益”？宪法修正案没有解释，《物权法》也没有说出所以然来。立法者当然知道，民众对公共利益条款寄予了厚望。在立法过程中，舆论普遍呼吁，或者通过列举法，或者通过排除法，明确“公共利益”的定义。但这个期望落空了。有专家解释，法律之所以要在这么重要的问题上留下这么大一个窟窿，原因是，现实生活的具体情况纷繁复杂，难以用简短的词汇概括。

蛮有道理。但也因此令人疑惑：从立法技术上来说，法律必须使用尽可能清晰的语言，尤其是在法律授予政府一种可能毁灭民众财产权的权力的时候。公共利益条款恰恰是向政府授权的那一条款中最为关键的部分，是对这种权力唯一可能的限定。然则，在这一限定条款的含义不明之时，即大方地授出如此巨大的权力，是否合情合理？

### 三种公共利益观

当然，专家们的辩解倒也歪打正着。就事物的性质而言，“公共利益”确实无从清晰界定。跟“人民”、“政府”、“全民所有”、“阶级”等概念一样，“公共利益”是一个政治术语。将其原封不动地搬入法律领域，除了导致混乱之外不会有任何结果。稍微观察一下目前人们对于“公共利益”的看法，就会明白这一点。不同的人从不同角度来解释公共利益，或者为维持目前征地、拆迁的现状，或者为改变这种现状。

通过解释“公共利益”条款，论证现在种种做法合法合理的，当然是政府。重庆最牛钉子户女方主人杨苹抗争的一个重要理由就是，此处所拆迁乃是为了商业开发，而商业开发并不属于“公共利益”。但政府官员却不这么看。我们不去谈论官员通过买卖土地、商业开发而贪污腐败的事情，也不去谈官员追求政绩的动机。即便是从最为冠冕堂皇的角度看，商业开发也正是最大的公共利益。

此话怎讲？20多年来，政府一直相信，经济增长对国民福利最为重要，好像无数专家、民众也想当然地这样认为。各级官员则发现，房地产业正是城市GDP增长的发动机。而要推动房地产业持续高速增长，就必须两手抓：一手推动房价、地价快速增长，另一手拆迁旧城，把整个城市翻建一遍。此举可一箭三雕：第一，制造大量被动需求，拆了你的房，你当然得去买房；第二，为开发商创造投资机会，而投资可以推动经济增长；第三，政府转手买卖土地也可以获得财政收入。当政府官员说，商业开发就是公共利益的时候，人们恐怕需要严肃对待。除非人们形成新的共识：对国民福利来说，经济增长并不是最重要的。

当然，现在人们大约已经逐渐厌倦了经济增长至上的国家战略，所以，舆论、学界似乎已经在寻找自己心目中真正的公共利益，其落脚点不是抽象的经济增长，而是具体的个人权利、利益。大家认为，保障个人权利不受侵害，就是最大的公共利益。这当然是对政府提出的一个要求，抽象地谈论也很轻松。不过，在拆迁问题上，私人之间的权利可能冲突：大多数人同意拆迁，但若干“钉子户”拒绝搬迁，则以权利为本的公共利益，仍然面临着一个与权衡取舍不同个人权利的难题。人们必须确认，究竟谁的主张更接近公共利益，政府可以据此行为。现在大约有两种思路。

第一种思路强调确定公共利益的程序。这些人士说，政府并不天然地就能识别公共利益，相反，民众才是公众利益最恰当的判断者，因此，什么是公共利益，拆迁或征地是否属于公共利益，不能让官员和开发商说了算，而应当让“公众”说了算。应当让利害各方充分表达自己的意见、诉求，通过民主的辩论，最后形成一个共识。

问题是，利害各方通过什么渠道进行辩论、形成共识？可以想象的方式是听证会。随之而来的问题是，多大范围的民主？假定政府要拆迁一片区域，组织召开确实十分民主的听证会，在多大范围内召集代表？全市、整个行政区，或者仅仅是那一片居民？结果将会截然不同。一个更严重的问题是：假定民意的多数同意拆迁，但少数居民因为留恋祖居而不愿拆迁，这个多数就可以剥夺少数处置自己财产的权利吗?

让公共利益看起来像真正的公共利益的第二种思路则是按照社会福利、整体收益最大化原则,或者是说按照资源配置效率最大化原则作出决策。其理论的渊源是被误解了的"科斯定理",其现实的版本则是波斯纳法经济学发展出来的分析范式。当然,国内学者,尤其真正有意识运用这一范式者实际上很少,大多数人的谈论不过是基于常识而已。

比如,据说是《物权法》起草者的梁慧星教授说,如果你自己得利很少,但大家的损失很大,尤其是开发商合法取得了土地的使用权,它的权利也受损,就应该拆迁。另一位行政法专家杨建顺教授主张,商业拆迁和公益拆迁是相对应的,都是为了实现公共利益。因为,通过商品房开发,旧城改造,危改,实现公共利益,被拆迁户实现改善生活条件,开发商实现商业价值。商业开发既然带来了如此大的"社会"福利,就绝不能允许几户钉子户阻碍一千户家庭及两家开发商实现其巨大利益。

有趣的是,各地政府、开发商组织拆迁时通常就使用这种逻辑。他们声称,商业开发可以实现多赢,这个事实,即使是最诚心地希望保障私人产权的人,比如物权法专家们,似乎也提不出什么异议。开发商哪怕强加了不合理条款,政府哪怕偏袒开发商,但终究,拆迁可以改善大多数居民的居住条件,顺带地,开发商可以发财,政府可以赚钱,这难道不是社会福利最大化吗?

## 公共用途而不是公共利益

人们兴冲冲地给"公共利益"条款作出的种种解释,反而证明了目前的城市拆迁体制只要稍加修改,就十分完美。这样的结果让人惊讶。可以说,在征地、拆迁等事务中,"公共利益"条款很难发挥限制政府权力、保障少数人权利的作用。即使体制十分民主、即使司法完全独立,也仍然无法做到这一点。原因在于,"公共利益"与个人利益有一个根本区别:你不可能直接识别它,必须经过某种程序才能够推定它。如由官员确定,官家利益就是公共利益;如经过民主程序,多数利益就是公共利益。进行社会福利计算,则面临一个不可克服的困难:效用不能在不同个体之间进行比较,金钱也不是价值的唯一尺度。比如,祖居对主人的精神价值,如何换算成金钱?而政府或多数或开发商有资格把自己的价值观强加于该屋主吗?

可以说,假如从"公共"的视角思考,则必须走向功利主义的逻辑结局:少数被多数牺牲。如欲切实保障私人产权,就必须以个人的权利作为逻辑起点,设计保障私人产权的拆迁、征地程序时,必须以确保"少数"派权利不被随意牺牲为宗旨。毕竟，政府、开发商在制定拆迁方案时，为减少执行成本，通常会考虑多数的心理，制定一个多数觉得尚可接受的补偿标准。因而，理想的拆迁程序的作用就是保障少数的权利；同样，从立法角度看，为政府毁灭个人产权的权力设定限定条件时，必须让这种限制手段能被少数人所用。

为此，最重要的是将政府的强制缩减到最低范围内。一个可行的办法是，国家征用权之行使范围仅限于"公共用途"。用公共用途而不是公共利益作为政府拆迁、征地的限定条件。相比之下，"公共用途"(public use)的范围要小得多。"公用"一词确实也有含糊之处，不过，比起"公共利益"来说更容易界定。对此进行公共辩论，也较容易达成社会共识。凡私人产权保障较为有效的国家，均如是规定，而避免使用"公共利益"这样的词。

当然，在中国，要缩小国家征用权，还必须做到另一点：政府改变自己对土地所有权的态度。中国法律规定，城市土地是国家所有，因而，拆迁背后还有一套隐密的逻辑：政府作为土地所有权人收回土地，重新出售给新买主。而在此过程中，被拆迁的居民对土地没有任何权利，其所获得的只是房屋拆建补偿而已。当然，也就谈不上与开发商的平等交易。只有当政府仅从政治意义上理解自己的土地所有权，民众对土地的占用权坐实之时，城市才有平等的土地交易可言，民众对自己的家的产权，才能够得到切实保障。

# 福利之外还有权利

秋　风 QIUFENG

## 寄生性经济

几乎所有后发国家都形成了程度不等的二元经济格局:一元是集中在城市和沿海地带的工业部门及与其配套的财政、金融体系,另一元则是传统的农业、手工业、大多数服务业及与其配套的非正规金融体系。按说,现代经济部门理应具有更高的效率,并能对传统经济部门产生正的溢出效应。让人奇怪的是,中国的现代经济部门似乎一直带有强烈的寄生性。说他们具有寄生性,意思是说,现代经济部门缺乏自我维持的能力,而需要依赖传统部门的剩余来支持其生存。计划经济时代如此,20 世纪 90 年代以来似乎同样如此,尽管程度有所减弱。

### 反现代化的工业化

自从现代性在西方出现并呈现出其物质形态之后,几乎所有后发国家,都会拼命地实现现代化。但就像杨小凯所说,这些国家通常遵循着逆向的制度发展工程学。在英国,现代化的次序是,意识形态和道德准则决定宪政秩序,宪政秩序决定政治体制和法律体制,然后政治体制和法律体制产生一定的经济绩效。而在后发国家,通常首先试图模仿工业化模式,接下来是经济制度,再下来是法律体制,等等。因而,在现代化的初期,现代化就变成了一种粗鄙的拜物教的崇拜对象。现代化被简单地等同于工业化,大陆在 50 年代更将其理解为重工业化。

当然,工业化最初所需要的资源只能来自传统部门。经济增长不可能无中生有。但从理论上说,在现代工业达到一定规模后,应当就具有自我维持生存、并持续扩张的能力。

然而,一直到 70 年代,大陆的现代经济部门似乎仍缺乏自我维持生存的能力。原因可能在于,由于采用计划经济,由于以国有企业为工业化主体,因而,整个现代经济部门是没有效率的。旅美华人经济学家邹至庄在其《中国经济转型》一书中说,1952 年到 1978 年间,大陆的全要素生产率几乎没有任何增长。但现代经济部门却仍然在高速扩张,其动力只能是劳动和资本的投入推动的,尤其是资本的贡献占了 80% 以上。从 1949 年到 1979 年,中国的平均积累率(国民收入中用于投资的比重)高达33%,最高的1959年竟达到41%。

如此高水平的资本积累,部分来自现代经济部门内部,包括国家通过控制工资水平,实行强制储蓄。根据邹至庄的估计,按照1950年的币值计算,1957年国有企业年均工资是503元,1978年则是445元,跌去一成多。工人的剩余全部变成了国有企业的投入。

资本积累还有一大部分来自传统经济部门,主要是农村。这一点,人们已经谈论很多了。但现代工业部门对此几乎没有给出多少回报。工业部门没有吸收农村剩余劳动力,从1960到1976年间,城镇人口不仅没有增加,反而从13073万降至11342万,那两千多万人口被农村吸收。这确实是现代化历史上的一大奇观:传统经济部门反而要吸收工业部门的"剩余劳动力"。

因此,对于农村来说,现代经济部门是寄生的。它确实多少实现了决策者所追求的政治目标,但它是没有效率的,甚至不能维持自己的生存。它在不断扩张,但这种扩张在很大程度上依赖对传统经济部门的剩余的剥夺,将自身的就业压力转嫁传统经济部门。

为了维持现代经济部门这种无效率的扩张,政府建立了完整的城乡二元分割体制,使农村不可能享受工业化的溢出效应,而城镇却可以方便地汲取乡村的资源——智力、资金、土地,等等。这种工业化真正让农村从制度上成了现代化进程中的一个麻烦。城镇的工业化反而导致了农村的凋敝。可以说,这是一种反现代化的工业化。

## 现代经济部门才是问题所在

现代经济部门之所以成为寄生性的,因为它不是市场内生的,而主要是依靠政治力量推动成长的。它始终得到政府的特别照顾,享有程度不等的特权,因而也始终呈现出程度不等的寄生性。它得依赖传统经济部门的输血,才能维持生存。而且,它的生存又是自私的。在计划经济时代,它没有给农民,因而也可以说没有给大多数民众带来什么好处,它既没有增加高收入的就业岗位,也没有创造足够的税收让国家向民众提供福利保障。到了90年代,现代经济部门又故技重演。

张军等人的研究表明,改革后的1979—1998年间的平均TFP增长率约为2.81%,TFP的增长对产出增长的贡献上升到大约31%,现代经济部门的增长趋向于内生型。但在20世纪90年代初以后,中国的经济开始经历了资本一产出比率的上升趋势,TFP的增长出现了显著的恶化,但经济却仍在高速增长。

大多数经济学家同意,这种增长主要依靠投资拉动。当然,有些经济学家认为,低效率催生了高投资的战略,有的则认为,高投资造成了低效率。当然,很可能,两者是互为因果的:低效率导致高投资、高增长、低就业,这又使得中国要维持自然失业率,就必须使经济增长率至少达到8%左右,而要维持如此之高的增长,又只能依靠高投资。

对于我们的分析而言,问题的关键在于,投资所需的资本和资源从何而来的?低效率本身就意味着,现代经济部门的实际利润始终低下。因此,90年代以来,一直存在着宏观形势大好而微观财务状况恶化的奇异现象。

但企业仍然在大规模投资。原因在于,这些钱其实不完全出自企业的腰包。地方政府为实现政绩最大化,通过控制与干预,抑制要素价格。中央银行通过货币政策人为压低利率,地方政府通过户籍制度及行政与司法不作为压低工资水平。而在资源市场化过程中,各级政府普遍压低资源转让价格。所有这些对投资者产生了极大的激励。FDI大量流入中国,就是看中了这种要素低价诱惑。

在此过程中,现代经济部门再一次显示出了其寄生性。农民的确享有了大规模进入现代经济部门的事实上的自由,但由于这种自由不是法律上的,缺乏相关救济措施,因而,其工资被压低在市场均衡水平之下,其剩余被剥夺。同样,本来属于农民——哪怕是村集体——的土地,其征用补偿标准被政府压低到市场交易价格之下,土地增值收益被政府和工商企业瓜分。金融体系也导致农村金融资源被现代经济部门廉价使用。

因此,现代经济部门所获得的收入中的相当一部分,来自对传统经济部门、对乡村和农民的剥夺。钟伟在其关于新双轨制的讨论中估计了廉价土地、劳动力、资金所带来的福利损失。而劳动力和土地的损失,都是通过权力打造的汲取管道,从传统经济部门输送到了现代经济部门。

今日人们普遍把乡村当成一个需要解决的"问题"。但今日中国面临的最大问题,也许不在于怎样让工业反哺农业,让现代经济部门慷慨地解决传统经济部门的问题。这无异于与虎谋皮,"三农"问题本来就是现代经济部门的特权式生存造成的。要改变的是它自身,尤其是政府对待它的心态。它需要减少寄生性,转而依靠提高效率实现内生性增长。只有它实现了自我转变,乡村问题自然会解决,现代化才算走上正道。

## 权利失衡，资源反而带来贫困

现代工业经济离不开大宗原材料的投入。根据某个国人熟悉的思想流派的历史叙事，西方国家从 19 世纪中期以来发生的重要冲突及战争，在很大程度上就是为了在世界范围上争夺原材料和市场。对此，人们给予了严厉谴责。

奇怪的是，20 世纪中期以来，中国在国内所建立的矿产资源开采与供应制度，其不公平性似乎更为明显。现代工业确实获得了廉价的资源，但是，资源产地民众，尤其是农民，却没有享受到相应的福利，其境遇没有因为资源开采而有任何改善。相反，他们为此付出了巨大代价，资源产地贫困现象在中西部主要的资源开采地区，普遍存在。

### 资源收益与农民无关

这种局面是资源产权制度与开采模式直接造成的。

20 世纪中期，政府奉行赶超战略，为此，政府决意优先发展加工工业，尤其是服务于军事力量的重型工业。为此，建立了自上而下地控制整个生产活动的计划体制，而基本的生产单位则是国有企业。计划经济和国有企业相加，意味着整体经济的运转效率必然是低下的。这个体制最初确实可以具有一定效率，但由于缺乏创新的激励机制，也缺乏价格信号的引导，因而效率会越来越低。

但这套工业体系又需要大量投入资源。因此，要维持此一工业体系的正常运转，就只有一个办法：长期人为压低所有要素的价格，甚至要使其价格保持一种下跌的态势。这首先包括压低农产品价格，以防止粮价与来自农业部门的原材料价格上涨给城市人口的生活带来冲击；其次是压低资金价格，降低资本密集型工业企业投资成本；第三，压低国有部门的工资水平，以进行强制储蓄，维持高投资率；最后一点，压低资源性产品价格，降低生产成本。

压低资源性产品价格的最好办法就是由政府直接创办经营资源开采企业，并且利用政府的权力压缩一切可能的开采成本，包括生态、环境补偿成本。这就是计划体制下资源型企业基本经营模式。政府通过法律规定一切矿山资源属于国家，国家无偿地将这些资源交给自己创办经营的国有资源型企业开采，通常大型矿山的开采权都归中央政府直接管理的大型国有企业；国家又直接为其开采出来的产品确定仅足以弥补开采成本的价格，以满足国有的工业体系的需要。

这套机制的结果是，资源性企业与资源所在地方的民众、与当地的经济，没有任何有机的联系。相对于资源产地，大型国有资源开采企业属于空降部队，它们是国家汲取资源、实现增长目标的巨大的虹吸管。当地民众固然与其没有关系，甚至当地政府也无从插手那些企业。因为，从行政级别上看，这些企业经常比当地政府的级别还高。

这样，不仅农民，就是矿区所在政府，也无从分享资源的收益。首先来看农民，根据矿产权属关系，农民的土地一旦发现矿产资源，就会被政府以极其低廉的价格征用，因而，资源开采所带来的任何收益，都跟农民无关。政府最多会为本地安排一点就业机会，但这些机会通常会被各级干部优先占用。

至于资源所在政府从资源开采中所能得到的收益，也非常微薄。即使到了今天，法律规定由地方享有的资源税税率也非常低。大中型资源型企业利税归中央政府，至少也是省级政府。地方政府、基层政府从资源型企业那里能够得到的好处，通常是通过非正式谈判的途径获得的，而缺乏足够的稳定性。

### 资源依赖型城市与农民无关

这些资源型企业通常会逐渐地演变出一个城市来，但这个城市与当地农民，甚至与当地政府基本没有关系，是一种“飞地式”城市。

这些资源性企业是现代工业体系的一个组成部分，为了使其能够维持对就业者的基本吸引力，企业不得不让矿山职工过上城市化生活。企业通常利用利润和上级政府的财政拨款，建立一整套“小而全，大而全”的自我服务体系。大中型矿山企业不仅自办有各类中学、小学、幼儿园、医院、食堂等，而且整个矿区的交通运输，通讯设施，供水供电，住房建设，公安消防，文化教育等均自成体系。这就是“矿山办社会”的模式，由此形成一个城市，不少地级市的前身就是由资源开采型企业的服务体系演变出来的。

但是，当地农民，甚至当地政府被排斥在这个由企业所维持的城市化生活之外。农民们还是农民，他们的身边出现了一个城市，但城乡隔离制度将他们与这个城市严格地分离开来，他们无从享有城市化带来的现代福利。

这种城市也无法带动当地经济发展。这些资源依赖型城市的经济是一种“飞地式经济”，主要服务于在行政关系上隶属于中央或省政府的大型资源开采企业之生产及职工生活。因此，城市经济与周边地方经济之间没有有机的联系。尤其是在权力控制经济的体制下，条条块块人为地把这种城市变成一个孤岛。这种城市对于周边没有辐射力，经济结构是高度畸形的，比如服务业非常落后，就业岗位创造能力非常低。因而，它甚至不能解决本企业员工自然繁殖所带来的新增劳动力的就业问题，更不要说吸纳周边农民，为他们提供机会了。

当然，也不能说资源型企业对其所在地民众没有带来任何好处。毕竟，矿山企业为了自身经营而修建的基础设施，比如铁路、公路，是可以被民众享用的。但是，为了这一点好处，矿山所在地民众还要蒙受巨大的福利损失，它主要表现为生态破坏与环境污染。

官方提供的资料显示，矿产资源的开发利用过程中所产生的废石，选矿生产中产生的尾矿排放侵占和破坏了大量土地资源。目前仅金属矿山堆存的尾矿就达到了50亿吨，煤矿生产的矸石量约占产量10%，每年新产生矸石约1亿吨，绝大多数小矿山没有排石场和尾矿库，废石和尾矿随意排放，不仅占用土地，还造成水土流失，堵塞河道和形成泥石流。此外，空气污染、水污染、突发污染、水土流失也都非常严重。

这种生态与环境后果乃是制度使然。为了压低资源产品价格，政府在定价的时候有意忽视生态补偿、污染处理方面的成本，价格中根本就没有考虑这种成本。国有大中型矿山企业几乎都不进行生态补偿和污染处理方面的投资。这个成本被政府和企业精明地转嫁给了当地民众。农民身处工业化体系之外，以工业化为唯一重要政治目标的计划当局自然地会把他们视为一个外在因素。农民承担生态与环境成本，是合乎计划体制下的经济理性的。计划体制也必须这样做，才能维持其高增长的虚假繁荣。

可以说，这是城乡二元隔离制度的一个典型表现。资源的全部收益归国家及其经营的企业，而全部生态与环境成本则由农民承担。农民也意识到了自己遭受的损害，并试图主张自己的权利。但是，在现有的行政、司法、政治框架中，他们投告无门。很多矿山企业发展成为城市，反过来管理农民，并且毫不犹豫地维护矿山的利益，而这也是符合政府的现代化路线的。

在这种情况下，原来生活在矿山资源之上但却不能通过正规渠道享受资源收益的农民，就以一种非法的方式强行分享资源的收益。在国内油田，经常发生有组织的大规模盗油活动；在国有大型煤矿周围，也总是活跃着盗煤群体。某些乡镇煤矿或私人煤矿，在不断地侵入大煤矿的矿层。他们是唯一有效地分享了本来属于自己的土地上的资源的收益的群体，不过，当然，他们的活动是非法的，会遭到严厉的打击。事实上，矿山企业都建立了公安部门，其主要任务就是对付这些“盗窃”国家资源者。

不过,这些资源开采型企业的好日子,一般也是不可持续的。由于价格低廉,企业必然倾向于过度开采,通过扩大产量,来保证总收入不至于下降。这样,通常只过一代人,资源性企业就会因为资源枯竭而面临生存危机。国家国土资源部的调查显示,截至2002年年底,中国已有三分之二的国有大中型资源型企业正在或即将面临资源枯竭问题,四百多座矿山因资源枯竭濒临关闭。而那种"飞地式"城市,也因此而失去了生机。因为,这种城市完全依赖资源开采企业,除此之外,没有自我生长与生存能力。80年代之后出现了相当一批资源枯竭型城市,整个城市经济停滞,民众生活困顿,笼罩在压抑的精神气氛中。资源开采型企业生育出一个城市,但很快,这个企业又成为其所衍生出来的城市的沉重负担。

## 改革就是要承认农民的权利

可以说,正是50年代中期以来实行的资源产权制度与开采模式,导致资源所在地农民无从分享资源开采收益,而被迫承担资源开采的生态与环境成本。中国工业化所需要的资源之所以能够维持低廉价格,其秘密就在于,通过国家所有权制度及国有企业开采模式,政府强行将全部负外部性甩给了处于工业化进程之外的资源产地农民。

80年代之后,乡镇开办的资源型企业略微改变了资源收益与当地政府完全无关的格局。但资源的产权属性依旧,城乡二元隔离制度依旧。这样,农民就依然被排除在资源收益分配格局之外。资源开采依然是农村补贴城市,农民补贴资源型企业。

在这种格局下,政府进行的资源价格改革,无助于改变资源产地民众的福利。因为,资源完全属于国有企业所有,价格提高的收益完全被企业享有,效益最低的垄断企业的收入反而大幅度提高。

还有人呼吁提高资源税,这确实可以在一定程度上增加资源产地政府从资源开采中所得到的收益,因为资源税是一种地方税,其初衷就是为了让地方政府分享资源开采的部分收益。只是该税的税率由中央政府确定,收入归地方政府,而大型资源开采企业都属于中央,因而,不难理解,该税税率何以一直非常低。因此,调整资源税首先要调整税法制定程序,即赋予地方以更大的资源税立法权。

另一方面,由于缺乏必要的财政民主框架,即使提高资源税,资源产地政府新增收入也未必会被地方政府用于增进民众的福利。地方政府主政官员很可能把这笔钱拿来投入到能够实现政绩最大化的项目,而这些项目通常不能实现民众福利最大化。事实上，政府官员实现政绩最大化通常是以损害农民权益为代价的。比如，政府手里有了这笔钱，必然大肆投资工业项目。为此需要征用农民土地，而在目前的土地制度下，地方政府必然利用权力，压低土地补偿标准，再制造出一批失地农民。农民因此而遭受双重剥夺。

因此，要让资源所在地民众，尤其是农民分享到资源开采的收益，必须从资源的产权关系入手。弱化矿山的国家所有权，而建立一种当地民众可以分享部分权利的所有权安排。政府应当承认农、牧民对于属于自己的土地下的矿藏享有一定权利，国家不再一次性征用蕴藏着矿产资源的农民土地，而是仍然让农民保留其对这些土地的权利，并借助这一权利而持久地分享资源收益。

目前很多人提出，政府应当改变长期实行的无偿给予国有企业探矿、采矿权的制度，实行矿业权有偿取得制度。这当然应当是资源开采制度改革的方向。不过，由此带来的收入仍然主要归政府。问题在于，政府是否会将这笔钱用于改进资源所在地民众的福利，用于环境和生态恢复。政府是否有能力培育出一个分工合理的经济结构，防范资源产地经济过分依赖开采业。鉴于以往的经验，对此，人们还是应当保持怀疑。

正确的做法是让资源产地民众直接分享资源开采利用的收益。这样，他们基于保护自身长远利益的考虑，在出让资源开采权的时候，就会将生态与环境成本计算在转让价格中；他们也可以更为方便地监督开采企业，将生态环境损害控制在最低限度。他们从资源的部分权利中所得到的收益，也可以成为本地发展矿业之外的经济的资本，推动当地第二、三产业的发展，或者在环境恶劣地区使其有条件迁离。

当然，从这种改革中可以享受到好处的，主要是新矿区。对于旧矿区，民众迫切需要的是司法上的变革，即允许他们就自己所遭受的生态环境损害向资源开采企业及其主管部门索赔。

环境不可能自己主张遭受损害的成本，必须由生活在那个环境中的人来主张。计划经济时代延续下来的资源价格之所以不能计算环境损害成本，就是因为，对于那些成本，切身感受到环境损害的资源所在地民众，与开采企业的权利在事实上不是平等的。民众生活的环境尽管遭到损害，却无权主张这种成本，不能索取赔偿。于是，在开采企业眼里，环境所遭受的损害就等于没有发生。

因此，要控制资源开采活动对民众和当地生态环境的损害，就需要重新构造资源型企业与资源产出地民众之间的法律与经济关系，让当地民众有权主张这些成本，就自己因为资源开采而遭受的损害向相关企业寻求赔偿。为此，需要修订法律，需要对司法制度进行必要的改革。

上述改革，因为涉及矿产资源产权制度、涉及司法制度，难度可想而知。但是，要从根本上理顺加工业与资源产业的关系、资源产地农民与资源开采企业的关系，形成资源节约型经济社会，延续自计划经济时代的产权制度就必须改革，也必须让那些因为资源开采而遭受损害的民众获得救济。

# “新农村”的前生今世

大多数国家的现代化进程都不可能是均衡的，后发展中国家尤其显著失衡。这些社会普遍形成了诺贝尔经济学奖得主阿瑟·刘易斯所说的“二元经济”结构。整体经济的一部分是现代经济部门，另一部分是传统经济部门。前者集中于沿海和城市，后者则主要分布在农村。在这一二元结构中，现代经济部门占尽资源与效率优势，农村则相对、以至绝对的落后。

于是，农村、农民、农业就成为现代化进程中的一个“问题”。农村之外的知识分子和政府都在思考解决这个“问题”。于是，贯穿整个20世纪，在后现代化国家，比如与中国前后脚开始现代化的韩国、日本，都出现了一波又一波乡村建设运动。

在中国，乡村问题也始终是现代化过程中的一个艰难的问题。作为一轮最新努力，政府最近提出了“新农村建设”的纲领，将这一努力放在历史大背景下考察，当可有助于厘清解决乡村问题的某种可能方向。

## 乡村建设的两次半努力

这一百多年来政府及知识分子解决乡村问题的努力，大体上可以划分为三个阶段。

第一个阶段以20世纪20—30年代的乡村建设运动为代表。

20年代，学术界第一次以现代学术语言提出了“农民问题”。彼时乡村社会法定的基本治理模式是“自治”，一些本地知识分子也借助这一程序推进乡村建设。不过，这一努力由于乡村社会资源与人才的空洞化而难以为继，乡村陷于更大的经济、社会与文化危机。

随后出现了声势浩大的“乡村建设运动”，参加这一运动的学术团体和教育机构达六百多个，这些组织机构在全国各地建立各种实验区一千多处。这其中，最著名的当属晏阳初的定县试验和梁漱溟的邹平试验、华洋义赈会在农村开展的合作信用试验等。

晏阳初认为，中国当时的重要问题就是国人的“愚”、“穷”、“弱”、“私”，并对症下药，开展文艺、生计、卫生和公民教育。梁漱溟把中国问题的症结归于文化的衰弱，于是以振兴儒家文化为旨归，达到改良社会的目的。乡村建设的具体组织形式是“政教合一”的乡学村学。至于华洋义赈会则主要利用国外捐款，向农民提供信贷。截至1936年，该会在全国直接指导而组成的合作社共有2865处，当时有评论称，“我国农村经济之复兴工作，以华洋义赈救灾总会致力最早。”

至于政府方面，也并非无所作为，南京国民政府开辟了若干试验县。在更大范围内则建立农村保甲组织，在传统体制渐显瓦解之势时，尝试农村社会的再度整合。这一保甲制度并不局限于乡村自卫，而包含“管、教、养、卫”四方面丰富内容。不过，真正见诸实效的只有管治、保卫、教化，至于如何养民、益民，改善农村教育和卫生，则乏善可陈。

可以看出，这一阶段知识分子的乡村建设运动，带有强烈启蒙色彩和传统士大夫情怀，很多乡村建设者都把“治愚”作为奋斗目标。至于政府的努力，则试图将国民党的意识形态通过城市精英传达到农村，以自上而下的控制取代传统的乡绅治理及宪法所承认的“自治”原则。这两者在后一阶段的乡村建设中都被发挥到极致。

20世纪第二次乡村建设努力，就是50年代的合作化、集体化运动。本来，革命的主要目标是平均地权。但是，在革命成功之后，决策者发现，要实现现代化，首先必须让农民本身现代化，因而，必须对农民进行自上而下的启蒙。其次，要实现现代化的主要目标——建立工业体系，必须获取农民的剩余，动员乡村社会的资源。

正是为了实现这两个目标，乡村建设很快地走向了合作化及其最为极端的形式——集体化，从而在农村建立了完整的集中的自上而下的观念与行政控制体系。这套体系让中国农民第一次被整合进现代政治共同体中。能够直接与城市发生关联，但这是一种不对称的关联，其中的关键因素正是城乡隔绝的户籍制度。一方面，这套体系对农民进行启蒙和教育，农民不得不被动地接受城市的意识形态，成为“新农民”；另一方面，这套体系是资源汲取管道，农村的剩余被转移到城市和工业部门。

可以说，正是这套控制体系，让二元结构制度化、法律化，表现得极为尖锐，并使乡村问题首次被制度化。二元结构甚至表现在政治方面。尽管中国农村人口占全国人口的大多数，但他们在政治决策、财政转移方面，均缺乏自己的政治代表，也缺乏社会声音，更缺乏影响政策的制度渠道。

这一阶段的乡村建设，带有强烈的国家强制色彩。当然，这套控制体系也产生了一些附带效应。基于意识形态目的而开展的国民教育，传播了现代知识和技术。那些接受了现代基础性教育的农民被户籍制度强制封锁在农村，现代知识扩散促使农业生产效率和农民健康水平有所提高。

但这套自上而下的集体化体制有一个致命缺陷,集体所有制导致农业生产效率低下,乡村不仅不能为城市和工业化作贡献,反而成为累赘,成为一个问题。在这种情况下,政府被迫放弃公社制度,赋予农民不完全的土地私有权利,相应地,逐渐开始村民民主自治的尝试。这只能算20世纪乡村建设的第二次半努力,因为这次努力与其说为了解决问题,不如说是为了摆脱问题;与其说政府积极地制定了好政策,不如说,政府明智地取消了以前制定的坏政策。

过去20多年来,政府主要政策就是放松外部依赖户籍制度、内部依靠集体化进行控制的那套体系的保护,听任农民自行冲破它,但同时,也让农民必须自己为自己的命运和幸福负责。因而,相对于僵硬的集体化时代,这一时代的农民获得了部分自由,城乡隔离在事实上被打破,尽管法律上依然存在;农村社区因此也卷入城市分工体系而享受到了现代部门的好处。但由于各种资源严重流失,农村也呈现出凋敝趋势。

正是在这种背景下,从90年代后期开始,一些知识分子接续30年代乡村建设运动传统,开展新一轮民间乡村建设努力。尽管其规模远没有30年代大,成效也极为有限,但可以说是政府提出新农村建设纲领的一股推动力量。

## 启蒙情怀与城市导向

总结上述三次,尤其是头两次乡村建设运动,可以看到若干明显的特征。

第一,历次乡村建设运动,都是由外力发动的。因为乡村是现代化过程中的一个问题,所以,乡村以外的知识分子和政府才来介入。他们本身就具有局外人的意识,带有强烈的启蒙色彩。不管是城市里的学者,还是试图实现现代化的政府,都预设了农民"愚昧落后"这个文化与政治判断,并将农村的衰落主要归咎于此。因而,在整个乡村建设过程中,建设、改造的主体一直都是城市的知识分子或政府,农民则被动地接受教育、接受城市人设计的治理模式。现代启蒙主义隐含着一种致命的自负。农民不知道自己的权利是什么,不知道该怎样摆脱贫困,也不知道如何安排私人生活,所以,需要知识分子或政府来指导他们、教化他们,安排他们的生产与生活。假如他们不愿配合,那就用权力强制他们。

第二,很多乡村建设致力于把农民捆绑在农村,尽管其意图各不相同。在启蒙主义导向、外力推动的乡村建设努力中,学者和政府当然会迷信外来的、现代的知识,而忽视农民的本土知识。启蒙者与被启蒙者的关系,很自然地转换为一种政治上的命令—服从关系。几乎所有的乡村建设活动,最终都让农民服务于知识分子的价值偏好。

20世纪初各国出现的乡村建设运动，都多少带有一定的浪漫色彩和文化保守主义色彩，带有城市知识分子反工业化、城市化的情绪。这些知识分子对农村有一种浪漫的田园牧歌想象，更有不少人有民族主义抱负。他们认为，西方文化和制度已经占据了城市和工业部门，而民族文化之根在比较淳朴的乡村。这种想象让知识分子对农民充满温情，但同时，他们也希望把自己的希望强加于农民：保持文化连续性，维持固有生活方式。他们的很多努力，都是为了让农民继续留在农村，而不管农民自己是怎样想。90年代以来部分知识分子的乡村建设努力，则更为实用主义，他们是基于社会稳定的考虑，而主张通过乡村建设，把农民留在农村，使之不至于扰乱城市的秩序。他们时刻以拉美和印度的贫民窟来警告世人，不要让农民盲目流入城市。尽管研究证明，即使生活在贫民窟，农民的境遇也比局限在农村有所改进。

至于政府自上而下推动集体化运动，建立法律上的城乡分隔，则旨在让农民向工业化城市供应资源，以确保现代部门可以不计成本地推进现代化。农民的角色是政府单方面确定的。

第三，几乎所有乡村建设运动，都带有程度不等的集体主义倾向。不少知识分子对乡村的想象中本来就包含着对城市个人主义的反叛，希望到农村寻找淳朴的集体主义生活形态。他们始终把散漫、一盘散沙，视为农民的固有弱点，而试图以合作性组织整合农村，他们认为，这是农民改善自己境遇的唯一出路。至于第二次乡村建设，则建立了强有力的集体化组织体系，更主要地为了便利国家汲取资源。

## 乡村建设的起点是农民的自由

由上面的历史回顾可以看出，“三农”问题实在是与现代化伴生的老问题，知识分子和政府也进行了广泛的探索和努力。不过，在进行了如此巨大努力之后，这个问题依然是个严重的问题，这也说明，以前解决问题的思路，可能存在盲点。政府官员和知识分子总是有一种自负，总是试图把自己的计划、规划、设想强加于农民，并为此或者漠视农民的自由与权利，或者用法律和政治手段限制农民的选择权利。这正是前两次乡村建设努力的一个盲点。

政府目前提出新农村建设，情势已与上两次乡村建设大不相同。第一，现代性面临质疑，建设新农村也不再是一个启蒙或教育农民的问题，村民自治的实践也已经证明，乡村民主如果说存在障碍的话，那也绝不是因为农民愚昧，而是因为基层政治体制不够健全，司法体系不够有效。第二，现代部门已足够强大，不再需要从农村汲取资源，相反，只要具有政治意志，即可实现城市反哺农村，可以通过增加财政投入，增加农民的福利。因而，今日建设新农村，已不再是一个经济问题，而主要是一个财政问题。第三，过去 20 年半自发形态的乡村建设，已使大量农民进入城市现代部门，这一过程是难以逆转的。

考虑到前两次乡村建设的得失，考虑到新农村建设所处的新情势，笔者以为，本轮新农村建设能否真正增进农民福利，能否较为有效地解决乡村问题，关键在于，政府在制定政策，尤其是基层政府在执行过程中，知识分子在从事乡村建设时，能否真正地尊重农民的尊严、知识、自由与权利。

从心态上说，当政府或城市社会投入新农村建设的时候，不应当带有道德优越感。乡村不是一个“问题”。乡村在现代的落后，有其固有的经济与政治根源，而与所谓的“愚昧”、“无知”没有关系，今日应当摆脱形形色色的文化决定论、教育决定论、知识决定论，而真正地信任农民，承认和尊重农民在新农村建设中的主体地位。政府和知识分子的作用只是辅助性的，政府可以增加对农村的公共投入，知识分子也可以提供知识，但农民——自由的农民、自治的农民，才是乡村的主体。

这其中最重要的自由，就是迁徙自由。关于新农村建设与农民市民化进程之间的关系，正确的逻辑应当是：城市化进程是对农民永远开放的一个选择，而政府假如要让这个进程比较平稳，那就应当强化农村的公共品供应和福利供应。也就是说，新农村建设不应成为阻碍农民市民化的理由。政府增加对农村的公共投入，其目的不是为了把农民捆绑在农村，相反，政府仅仅在履行其作为政府的正当职责，其实即使投入增加之后，也与政府对城市的投入不能相提并论。政府并不因此获得强留农民在农村的道义优势。事实上，在建设新农村的时候，政府必须继续致力于保障农民的迁徙自由，尤其是通过户籍制度改革、土地制度改革，使农民能够比较方便地流入城镇。

另一个自由就是让农民选择生产、生活的经济形态。历次乡村建设都有程度不等的集体主义色彩。今天，在新农村建设的舆论中，似乎也能听到集体主义的一些回响。提出新农村建设纲领之后，各地官员蜂拥到集体经济成功的典型——南街村和华西村参观，舆论似乎认定，集体经济更有利于新农村建设。

问题不在于，究竟是南街村还是小岗村的制度安排更有利于农民的福利，而在于，最终的制度安排，是不是农民自己选择的，或者更要紧的是，农民是否有拒绝参与集体合作组织的权利。当然，保障农民的个人自由与财产权，本来就意味着农民可以自愿性进行联合、合作。事实上，在传统乡村社会，本来也不乏合作组织；在今日不少乡村，农民也组成了社会性、经济性自愿合作性组织。但假如政府自上而下地把集体化强加给农民，那就是法治宪政进程的倒退。

总之，新农村建设的逻辑起点是农民的自由。过去 20 年来半自发的乡村建设，尽管问题多多，但至少承认了农民事实上的自由和权利。今天所需要做的，是将这些自由和权利从政治上予以确认，并借助法律予以保障和深化。此时最大的危险是自上而下迫使农民在自由和自治的正道上走回头路。

这种危险并非不存在。按照政府的惯性，在新农村建设的具体执行过程中，某些地方政府和基层政府很可能借机恢复和扩大控制农民个人、干预村民自治组织的权力；由于新农村建设伴随着不少财政转移支付，地方政府和基层政府也很容易借机扩大权力。人们现在已经普遍担心，基层政府会强迫农民大拆大建，强制农民加入合作组织。

如何防范这些危险于未然，这是新农村建设的政策设计者必须考虑的问题。乡村摆脱困境，其实不需要靠城市的反哺，政府所要做的，只是还农民以公道，尊重和保障农民的自由与权利，约束乡村基层政府的权力，使之不能侵害农民个人的财产和生活，不能非法干预村民自治活动。果如此，则农民自可解决城市人眼中的“问题”。

## 颠倒的财政原则

直到今天，很多人仍有一种错觉，以为计划经济有助于实现社会公平，在全社会实现福利的平等分配。但事实似乎并非如此。耶鲁大学管理学院陈志武教授最近进行的一项实证研究表明，正是计划体制造成了地区间人均 GDP 的巨大差距。事实上，国家福利的配置也显示了同样的特征。计划经济时代形成并大体上延续至今的财政补贴制度，基本上是倒错的，是收入分配的一种逆向调节。而目前进行的很多改革，并没有改变这种状况。

### 财政的逆向调节

这种福利制度最严重的弊端是，政府的转移性支付，或者说民众的福利，是按照身份分配的，而不是按照真正的需要分配的。计划经济的支柱是户籍制度，它用法律制造了城乡二元隔离的社会格局，城镇人口和农村人口享有的政治、经济和社会权利都是不平等的。在生产领域，政府已经通过剪刀差剥夺了农民的剩余，而在财政领域，政府的福利政策只覆盖城镇人口。结果，本来收入相对就低的农民，却需要自己承担医疗、教育、养老、住房等福利成本，而相对富裕的城镇人口却可以享受政府财政供应的福利。

以医疗卫生为例。大医院自然都建设在大中城市，这些医院的服务是按照城镇人口的收入定价的。这本身就对农村人口构成了价格壁垒，因为农村人口的收入仅为城镇人口的几分之一，同时，农村患者远离城镇本身也增加了额外的就诊成本。

在教育领域同样如此，2001 年，全国小学的生均预算内公用经费，城镇平均是 95 元，农村为 28 元，城镇是农村的 3.39 倍。初中的生均预算内公用经费，城镇平均是 146 元，农村为 45 元，城镇是农村的 3.24 倍。而城镇人口的收入本来是农村的数倍，结果，相对富裕的城镇人口可以依托国家福利让自己的孩子接受教育，贫穷的农民却必须自己承担孩子的大多数教育费用。又由于高校录取歧视，农民价值高得多的投入——因为其收入低，每分钱的相对价值就高——只能换来很低的收益。

即使在城镇内部，财政补贴也是按照地位和权力进行分配的。谁离权力中心最近，谁能够享受到的财政补贴就越多。因此，收入最稳定的国家机关干部、国有垄断企业员工所享受的国家福利也是最多的，而城镇集体经济职工所享有的福利就大幅度减少，未就职于国家单位的普通民众，则同样不能享受到政府福利。因此，才会存在一种医疗腐败现象：公立医院大夫、护士或者虚开药方，让公费医疗患者为自己家人的用药埋单，或者公费医疗患者自己开大处方满足家人药品之需。

以住房为例。在计划经济时代，国家干部和大型国有企业员工本来就属于中高收入群体，但恰恰是他们享有政府分配之免费房屋。与此相配套，他们又享受政府或国有企业提供之供暖、物业、维修等补贴。城镇中那些低收入群体反而得自己租赁房屋，自己负担取暖的全部费用。住着楼房的国家干部们享受着干净的暖气而不用花钱，而住着平房的普通市民烧着肮脏的煤球还得自己花钱。

这种逆向调节的福利政策存在于几乎所有方面，计划体制其实是一种系统地制造不公平、使富者愈富而穷者愈穷的体制。

## 怪异的财政逻辑

公共选择学派的创始人詹姆斯·M.布坎南曾在《征税的权力》一书中感慨地说："在不同的人和团体中间分配公共开支利益时十分任意的歧视现象，似乎正是现代财政体制的特点。"当然，布坎南所想象到的问题主要与民主决策程序的缺陷有关。民主决策意味着多数（比如中产阶级群体）通过选票把自己的意志强加于少数群体（比如富人群体和穷人群体），剥夺其他群体的财富补贴自己。这是不受一般性宪法规则限制的民主程序下的"政府失灵"。

至于政府控制力最强的计划经济时代之扭曲的财政转移支付体系，甚至不能说是政府失灵，财政完全是以另一套怪异的逻辑运转的。至今仍有很多人声称，国家财力有限，只能先发展和完善城镇人口的社会福利制度，向就业于现代化部门的城镇中高收入群体提供福利补贴。这叫做把钱用在了刀刃上，所谓刀刃，就是工业化、现代化。至于农民、就业于非现代部门的城镇普通民众，就先让他们一边待着，到国家实现了现代化之后再说。

因此，计划体制下的财政主要服务于经济效率，而几乎没有从社会公平的角度安排财政支出。所谓效率优先其实由来已久，甚至可以说，计划体制把效率优先放大到了荒唐的地步。它试图通过政府权力强制地集中资源，在整体社会消费和收入并不高的情况下，优先发展工业，发展城市。为配合这种工业化，就需要在整个教育中优先发展高等教育，培养工业化所需要的工程师。为此就需要在城镇建立起整套福利制度，为这部分优先工业化的人口提供福利，使之服务于政府所设定的政治和经济目标。

## 改革没有矫正不公平

90年代以来，政府开始对各个领域的福利补贴制度进行改革。但由于种种政治与观念原因，这些改革大多采取了最省事的赎买办法：暗补变明补。所谓暗补变明补，就是以国家机关和国有单位职工理应享有供暖福利为前提，把原来的实物福利货币化。因此，改革是换汤不换药，不过将原来的不公平公开化而已。

比如，80年代以来的历次价格改革，政府只补贴就职于国家机关和国有企业的中高收入人员，而收入最低、对价格承受力最差的城镇非公职人员和农民，却只能自己承受价格上涨的全部冲击。

最为典型，也引起人们最强烈关注的暗补变明补改革，是公车改革。这种改革以大大小小的公务员理应享有公车福利为前提，并据此向机关所有公务员按照级别发放高额货币化车补，从数千元到数百元不等。这样下来，公务员的车补就已经相当于中低收入群体的月薪了，引起民众反感乃是预料中的事情。

改革的另一种倾向是政府减少对民众的福利责任，很自然地，缩减总是从距离权力较远的部门和群体开始。在90年代开始的医疗福利体制改革中，本来收入就较差的部分国有企业员工因为下岗失业而部分丧失了政府提供的医疗福利，相反，收入较高且稳定的国家公务员及垄断企业员工的福利却没有受到太大影响。结果，2003年全国第三次卫生服务调查显示，在地级及以上城市城镇户籍人口中，最低收入组的城市居民仅有12.2%享有社会医疗保险，最高收入组中则有70.3%享有社会医疗保险。城镇居民中有44%的人口没有任何保险，他们恰恰集中于最低收入组。

传统的福利体制本来就是扭曲的，改革却承认这种体制的正当性，延续这种体制，甚至在很多领域，较大幅度地放大了其扭曲。这正是诸多改革近两年遭人批评的根源所在。显然，进一步的改革要取得正当性，必须重新确定一套追求公平的财政原则。

## 穷人的财政学

近年来，人们纷纷以赞赏的口吻谈论“穷人的经济学”。但是，在经济学的前面加上一个形容词“穷人”，可能不是一个严肃的学术命题。归根到底，经济学无所谓穷人的、富人的，因为经济学所研究的只是市场是如何构成和运转的，为什么劳动与知识分工有助于提高资源利用效率，为什么交易范围不断扩大能够增加所有人的福利。经济学也研究什么样的制度安排可以使国民富裕，可能也研究为维持市场之正常、稳定运转，政府需要采取哪些最不可少的政策。

从这个意义上说，经济学确实可能无关乎社会的伦理目标。事实上，很多具有道德激情的经济政策设想，最终得到的非意图后果恰恰损害了穷人的利益。一个法治之下更开放、更自由的市场，正是穷人最好的朋友。因此，亚当·斯密开创的自由市场经济学，就是穷人的经济学。

假如人们非要给“穷人”这个形容词找个地方，那么最恰当的莫过于“穷人的财政学”。

### 公共财政的逻辑起点

前现代的公共财政是一种严格意义上的吃饭财政：政府征税，只为养活政府自己。当然，这个政府倒也不是全无公共职能，它会为人们从事交易和合作，提供基本的安全与秩序。人们正是为此纳税的。

不过，到了现代社会，财政则承担了在全社会范围内进行收入再分配的职能。对于政府的这种职能，及此一职能的范围，学界一直存在广泛争论。很多人论证，北欧的福利国家其实损害了这些国家的经济、腐蚀了国民的精神。

不过，就当下中国的情形而言，最重大的财政问题是，政府已经征收了相对较高的税收，并且确实在通过补贴，提供公共品、准公共品等形式，进行收入转移和再分配。然则，此种再分配的模式是否公平合理呢？

我在上一篇文章分析指出，长期以来中国财政再分配的基本原理是“近水楼台先得月”，这是一种按身份进行分配的财政转移制度。政府的补贴落入那些收入本来就较为稳定、也较高的群体，而最穷困、因而最需要政府补贴的人——主要就是农民、流入城市的农民工和城镇中的贫困阶层，却因为制度性扭曲，而没有或很少获得补贴。过去若干年的改革没有改变这种基本格局，未来的改革似乎也不准备把颠倒的财政原则颠倒过来。比如，根据有关部门透露出来的信息，未来几年里，我国的医疗保险改革将按照先城镇后农村、先经济发达地区后经济落后地区、先正规就业人群后非正规就业人群，再次非就业人群的梯次方式推进。理由是，国家财力有限。

重要的问题恰恰就在这里。在财力有限的情况下，财政究竟先帮谁？是锦上添花，还是雪中送炭？按照公共财政的原则，受到财力约束的财政，更应当是一种救命财政，是一种“按需分配”的财政。

“按需分配”曾被宣布为一个美妙的理想。作为一般性的社会理想，其能否实现有待观察。但财政自始就应当追求这样的目标。一个好社会或者说一个被生活于其中的人普遍觉得尚可接受的社会，应当尽可能地有效地帮助那些陷于困境中的人们。假设他们有某些最基本的需求，而具有正常理智与情感的人也认为，这种需求之满足乃是人道的底线，则财政就应当满足这种需求，让他们保持做人的起码尊严。

不是身份，而是穷人的需要，应当成为财政的逻辑起点。假定政府仍然倾向于提高财政收入，那么，政府就应当以不低于税收增加的速度增加其社会福利支出。而这些支出的分配，不应再按照居民的身份分配，而应考察居民现有的收入与生活现状进行分配。谁穷，谁陷于困境，就补贴谁。

这样的财政，才真正称得上公共财政。在民主制度下，公共财政经常蜕化为“搅合”财政：中产阶级纳税最多，其所获得的福利也最多。对此，米尔顿·弗里德曼、詹姆斯·布坎南等学者提出了批评。但这些学者绝不反对财政帮助最穷困的人。因为，社会相对富裕的群体拿出一部分财富让相对贫困的群体有尊严地维持生活，相当于用税款购买了一个和平而安宁的社会秩序。对于任何人来说，这是最重要的公共品。拿纳税人的钱购买到这样的公共品，就是成功的公共财政的底线要求。最让纳税人窝火的事情或许就是，自己的钱并没有落入最需要帮助的人手里。这样的财政，是对纳税人善良愿望的背叛。

## 公共财政的制度保障

有教育专家提出“大众取向”的教育政策。其实，从更广泛的范围看，我们需要一种大众取向的财政制度，用有一点文学色彩的词就是，我们需要一种穷人的财政学。

按照这种财政学的原理，财政支出应当这样安排：假定实现全民医保还有一定难度，应该分步骤、分阶段进行，那应当优先在农村建立医疗保险制度，用资金的大部分向贫困的农民提供基本医疗福利保障。假如政府只能向个人提供部分医疗福利，那么，分配到到每个低收入人群头上的财政资金数额，应当大于分配到高收入人口头上的数额。或者政府可以考虑，在普通的医疗保险制度之外，特别建立针对贫困的群体的公共医疗救济制度，并优先保证这一体系的财政投入。

现在人们普遍呼吁政府采取财政手段，解决收入分化问题、缩小贫富差距。但是，如果不重新确定财政的基本原则，而只是增加支出规模，则不仅无助于解决问题，反而会使财政分配格局的不公平更为显著。

那么，如何从目前的按身份分配的财政补贴制度，向穷人的财政学转型？

转型的过程肯定是困难的，因为，从目前的财政再分配格局中享受到最大的好处的人，正是制定和操作福利政策，或者是有渠道、也有能力游说政府的人。而穷人的财政学却有可能减少这些群体从财政中获得的收益。人们很难相信，拥有财政决策权的政府官员愿意减少甚至取消自己的某些福利，把本来装入自己腰包的补贴让出来，补贴那些真正需要补贴的低收入民众。

因此，财政能否转型取决于，能否通过政府与民间的互动，形成一种新的财政决策程序，让每个社会群体都能够在财政决策过程中发出自己的声音，表达自己的诉求。当然，不应当幻想穷人可以在这个过程中亲自表达自己的诉求。因而，需要政府内部在财政决策——其实也包括其他决策——过程中，形成一种更有效的制衡局面，从而有可能对于一项决策进行第二次思考，并且，由一个更愿意从长远的公共利益角度思考问题的机构，参与和审议相关财政决策，使公共财政决策能够尽可能地对每个群体公正，并在此基础上，向穷人倾斜，向弱势群体倾斜。一个优良的政府是知道自我节制的政府。

基于此种考虑，在财政决策过程中，应当强化各级人大的控制与审议功能，靠民主财政来引导政府趋向于穷人的财政学。当然，人大自身也需要增强其代表性，强化其对民意的回应机制。

# 再造国家福利制度

自俾斯麦在德国初步建立起系统的国家福利制度以来，国家与公民之间就形成了一种复杂的关系：国家强制要求所有人参加国家组织的社会保险，但另一方面，国家利用财政资源向公民提供医疗、教育、养老甚至住房等福利，也被人们普遍视为一项基本权利。

在中国，20世纪50年代之前，现代经济部门本身比较微弱，与其相配合的现代福利制度也几乎不存在，大量人口依赖以家庭为核心的传统社会保障体系。从这之后，中国也建立起现代国家福利制度，但它存在着严重缺陷。经过80年代以来的改革，这些根本缺陷并未消除，反而更为畸形。有些学者断言改革失败，民众也对社会保障不力强烈不满。针对这种情形，决策层提出和谐社会纲领，并逐渐加大社会保障投入，对医疗、教育、养老等领域的国家福利制度进行再一次改革。

然而，如何改革，我们应当追求一种什么样的国家福利制度？政府相关部门似乎缺乏深思熟虑。但假如我们不能弄清过去的国家福利制度失败在何处，一种合理的国家福利制度应当遵循什么样的原则，则政府即使花费大量资源建立起一套国家福利新制度，也难免未来陷入困境。

## 旧体制下的绝对不公平

中国于50年代开始大规模工业化，这一工业化进程是由国家自上而下实施的。为实施赶超战略，政府建立了一种国家动员型经济增长体制。国家控制一切资源，建立国营的现代工商企业。财政的主要目标是积累建设资金，是一种建设型财政。为了维持低效率的国有企业运转，为积累建设资源，政府利用其控制权，长期人为地抑制资源价格，也抑制劳动力工资水平。统计表明，从50年代中期到70年代，城市人口的工资水平几乎没有任何提高。

这么低的工资仅足以维持最简单的劳动力再生产，劳动者不能面对任何风险。于是，作为对低廉工资的一种补充，为了提高劳动生产率，政府逐渐在现代部门建立起了国家福利制度，为就业者提供医疗、养老、住房等实物保障。政府也承诺永久性雇佣。这种福利是实现增长的一种手段，而没有任何实现公平的内涵。

事实上，它是高度不公平的。这套国家福利体系仅覆盖国有现代部门，其中绝大部分在城市，也有一部分分散在偏远的企业。城市也不是所有人口都享有这种福利。这种国家福利并不由政府直接供应，而是由现代经济部门中的“单位”供应。单位不仅是经济组织，也是政治组织和福利分配组织，它负责对其雇员进行全面管理。就福利而言，通常是国家给政策，但用于分配的资源却出自本单位的产出或财政对本单位的拨款。当然，国家充当最后的保证人。

这意味着，城市中就业于集体企业的人口、没有单位的人口，并不享有这种福利。也因此，那个时代广泛存在着一种福利腐败现象：一个人就业国有单位，家中其余人就借这个渠道享用国家福利，尤其是医药。

当然，乡村也基本上被排除在国家福利体系之外。在福利项目支出方面，占全国人口20%左右的城镇居民占有全国财政性福利支出的95%以上，而占全国人口75%以上的乡村居民的财政性福利支出不足全国福利性支出的5%。

因此，计划经济时代的国家福利制度不仅没有缩小各群体间的收入差距，反而扩大了这种差距。在二元经济格局下，现代部门的生产效率本来就显著地高于传统部门，这些部门工资收入尽管长期被人为抑制在较低水平，但仍显著地高于农民。而主要体现为实物的国家福利，却仅覆盖现代部门，结果，使现代部门就业者的实际收入更大幅度地高出农村人口。国家福利制度让城乡二元经济结构更为僵化。国家为了控制现代部门的福利开支，严格限制乡村人口流入城市，严格控制现代部门的就业人口数量。这样，现代福利制度反而抑制了工业化进程。以工业化、城市化指标来衡量，中国在80年代之前落后于日本等东亚各国，甚至落后于印度。

## 误入歧途的改革

政府建立这套只覆盖现代部门的国家福利体系的主要意图是控制福利开支规模，以集中资源实现经济增长。不过，由于福利供应的制度设计存在重大缺陷，比如，医疗福利是由单位供应的，各单位都建有自己的医院、诊所，实行国有国营。与国营企业一样，国营医院缺乏激励约束机制，管理十分混乱，效率低下，浪费严重。至于养老保障，也因为个人贡献与退休金收入几乎没有任何关系，所以起不到激励人们劳动积极性的作用，而这是当初建立国家福利制度的初衷。

一方面，福利供应体系效率低下，浪费严重；另一方面，国家雇员开始大量退休、老龄化，福利支出需求急剧增加。结果，国家福利覆盖的人口尽管十分狭小，但运转二十多年后，国家福利体制与计划经济体系同时陷入危机，最明显的表现是国有部门住房供应严重不足。同时，各个企业效益出现重大差距，而福利是单位分配的，因而，在现代部门内部，同样形成了福利分配严重不均现象。福利同样在扩大现代部门内部不同群体的实际收入差距。

从80年代开始，政府被迫寻求改革福利制度。到90年代，改革的必要性更为迫切了，政府也形成了明确的思路：通过责任分担的“社会化”模式，实现“低水平、广覆盖”的目标，注重通过提高社会保障制度的运行效率和压缩社会保障开支，剥离国有企业社会福利保障责任，使国有企业尽快实现转型，同时减少政府的财政负担。

这是一种甩包袱式的改革。经过十余年改革，企业与政府的福利负担确实减轻了。从80年代后期到90年代中期，政府在社会保障、公共医疗卫生、教育和社会福利服务等方面的开支水平相对于GDP的比例总体上呈现出单边下降趋势。

当然，这也意味着原本能够享受到国家福利的民众，福利减少或丧失了，他们主要是效益较差、转制或倒闭的国有企业职工。改革使得国家福利的覆盖面缩小，反过来说，在城市，享受国家福利的人群更加集中，而那些福利减少的人群则出现严重的失落感。

至于城乡福利差距，也在改革中扩大。1978年以后，鉴于农民要求消除城乡社会保障差距的呼声不断高涨，1980年代中后期部分农村地区开展了社会养老保险的改革试点，但无果而终。后来的改革主要局限于现代部门，结果，国家福利的城乡差别继续扩大。根据专家计算，1994年城乡居民的收入比为2.86，含社会保障收入后，上升为3.32，社会保障使城乡居民收入差距增加了16%；2001年城乡居民的收入比为2.9，含社会保障收入后，上升为3.44，社会保障使城乡居民收入差距增加了18.6%。

可以说，90年代以来的国家福利制度改革，没有克服原有制度的弊端，没有开出新制度的萌芽，反而缩小了国家福利的享受面，放大了社会收入差距、扩大了城乡隔阂。国家福利制度的不公平性更加严重。同时，过去十几年的社会保障改革没有考虑农村劳动力转移问题，导致城市社会保障制度无法接纳拥入城镇的农村劳动力，从而阻碍了农民市民化的进程，给城市秩序造成巨大困扰。

## 未来福利制度的原则

民众今天对于国家建立福利制度充满期待，政府也已经开始增加资源投入，并筹划改革或完善各项社会保障制度。因而，未来数年，将是国家福利再造的关键时期。但在设计制度的时候，政府、学界及民众需要汲取历史教训，需要对原则及方向深思熟虑，作出明智的公共选择。

欧洲国家的福利制度固然相对公平,弱势群体成员的基本生活得到保障。但是,国家试图进一步用福利制度进行收入再分配,扩大了政府对经济、社会乃至个人生活的干预与控制,导致个人责任意识削弱,家庭与社区解体,政府财政负担沉重,趋向于不断加税,政府规模膨胀,也浪费社会资源。

考察中西国家福利制度的经验教训,或许可以得出下列结论:某种形式或某种程度的国家福利制度是必要的,但这种国家福利制度的主要目标应当是对那些没有能力者,及低收入群体提供一种保障,使之维持作为人的基本尊严。据此,在再造国家福利制度的过程中,需对三个问题给予认真思考。

第一,彻底改变现有福利制度的不公平取向,让福利制度真正地帮助那些需要帮助的人。

50 年代以来中国福利制度不是普遍地针对公民的,而是根据身份进行分配的,90 年代以来的改革过程中也没有把农村纳入统筹考虑。结果,贫困的乡村居民反而享受不到国家福利。以医疗为例,城市医疗保险的人均享受水平在 20 世纪 90 年代的后期为 400～500 元,而农村从中央和地方政府得到的医疗补贴人均仅有 0.0125 元。本轮福利制度改革,已较多地考虑了农村,但与农村目前福利水平之严重低下相比,给予的关注仍显不够。

由于欠账太多,扭转目前城乡福利供给严重失衡的局面确实是一项十分艰难的任务。但现代国家福利制度的根本目标,就是救济比较贫困的人口,通过提供某些基本保障,使之维持人的尊严。这是现代国家的一项伦理责任。因此,国家福利制度需要一次根本转向,扭转福利制度的瞄准群体,将关注的重点从收入高且稳定的城市转向农村,从城市国有部门转向非国有部门,尤其是流入城市的农民。从给相对的高收入群体锦上添花,变为向相对贫困群体雪中送炭,使之真正具有社会保障的作用。为此,可以确定,原则上,对于享受原有福利的群体暂时不再增加投入,主要通过内部循环解决支付问题。国家新增福利开支则应主要用于农民及新流入城市的农民。

第二,再造国家福利制度须考虑其与社会的自我保障及市场化福利供应方式的相容性。

政府必须注意,建立国家福利制度应增加民众的选择,而不是减少可选择的保障方式,国家福利制度不应当挤压社会自身的福利供应体系。在西方,人们的保障过分依赖国家,已经损害了个人自由,也损害了家庭、社会结构,造成种种现代病。中国实有必要尽可能避免这种后果。日本在设计其国家福利制度时即充分考虑到了国家福利与传统保障方式的兼容性,较多地依赖家庭的保障功能。因而,尽管日本的税率及政府社会保障支出相对国民收入比例较低,日本人却享受到和其他西方国家同等乃至更高的生活水准。事实上，除了家庭之外，通过社会自治，社会自身也可以建立其自治性的社会救助、社会保障供应体系。

国家福利制度主要是解决社会保障的资金问题，不应当排斥市场化的福利供应机制。目前政府设想的医疗保障制度似乎要回归80年代之前的体制，恢复政府全额拨款的公立医院体系。然而，民众是否看得起病与到哪家医院看病，是两个不同性质的问题。对于解决民众看得起病的问题，国家福利制度与市场化的医疗服务体系其实是相辅相成的：建立瞄准贫困人口的医疗保障制度可以让穷人有钱去看病，而医师私人或合伙诊所、私立医院的大量建立，可以抑制医疗价格水平，提高医疗资源利用效率，从而节省政府的医疗福利开支。教育领域与此类似，若实行"学券制"，政府直接资助学生而不是学校，可以鼓励学校间竞争，提高教育资源利用效率。

问题在于，国家能否足够明智。

## 理性地进行公共选择

国家能否明智地作出抉择，取决于民众自己是否理性，及是否有机会参与福利制度的公共选择。

生活在市场之不确定性中的个人，天然地有一种在某种集体保障中寻找安全的心理冲动。尤其是在社会急剧变化、收入差距扩大之际，普通民众更热切地希望借福利制度消除心理上的不安全感。

国家对此当然不应无动于衷。尤其是对于长期以来以增长为第一要务的政府，确有必要意识到自己对民众所应承担的福利责任。计划经济时代政府把福利当成激励现代部门劳动者积极性的一种手段，90年代的改革则服务于国有企业改革的大目标。政府所关注的首要问题始终是增长，福利不过是一种手段，在政府眼里没有自己独立的价值。这与现代国家的正当职能是不相称的。政府既然已经征收了大量税款，自然应当向民众提供相称的福利，财政须从发展型财政转向公共服务与福利型财政。为此，需要改革财政制度、完善人大制度，使民意在财政决策过程中能够发挥更大影响。

但从过往历史看，当人们在呼吁建立国家福利制度的时候，还需要对大量复杂的根本性问题进行权衡，这包括：

第一，个人自由与国家权力的关系。一旦建立国家福利制度，国家与社会、个人、市场之间的关系将会变得高度复杂。计划经济时代享有福利的人被捆绑在单位中，丧失了流动和选择的自由。西方国家过分的福利制度则抑制了社会与市场的活力。如何能够避免福利陷阱？

第二，福利需求与税收承受力的关系。天下没有免费的福利，所有福利享受，其实都来自于个人的税款。人人希望享有高福利，但高福利必然意味着高税收。如何权衡税负与福利？如何避免部分群体借国家福利制度掠夺其他群体？

第三，高福利与社会、市场的关系。高福利导致的高税收必然抑制市场活力，而市场却是创造财富的高效机制，没有市场效率，福利就无从谈起。事实上，一个法治之下的竞争秩序本身，是民众最大的福利。80年代以来的自由市场经济学已经让人们充分地意识到了，在设计福利制度时，必须确保其不至于变成吞噬社会自治和市场制度的巨无霸，不至于损害市场机制的正常运转。

总之，国家福利制度涉及所有民众的权利与利益，各项制度的建立须以民意为基础，又受理性的支配。因而，建立国家福利制度的所有努力，必须通过公共选择的程序进行。假如完全由政府部门主导，则其结果很可能既不合理，也不合乎民意。

# “不患寡而患不均”

20世纪80年代的新启蒙运动，人们群起而批评中国传统文化，其中一项重大缺点是“平均主义”。彼时，人们刚刚从平均主义的计划经济体制挣扎出来，启蒙者要为新兴的市场经济进行论证，所以，非常厌恶平均主义，并将这种平均主义追溯到孔子那里，因为孔子曾经说过“不患寡而患不均”，这就被作为中国人传统上就信奉平均主义的一大证据。

到今天，人们普遍反对“效率优先、兼顾公平”的公式，呼吁把公平放在优先位置，强调“穷人的经济学”，于是，“不患寡而患不均”这句话又被拿出来。不过，这一次，是被赋予了正面的含义。人们看重的是孔子所说的“患不均”，这成了要求政府照顾穷人、增加财政转移的一个重要依据。

重读《论语》，突然发现，上述正反两种理解可能都属于望文生义。而寻找其正确的含义，或许有助于更正确地理解当下究竟需要何种政策。

## 均、寡都与财富无关

上面两种说法，都把孔子那句话中的“均”，理解成了今人所说的“平均”。但是，这并不是孔子的真实意思。汉孔安国注云：不患土地人民之寡少，患政理之不均平。孔子在“不患寡而患不均”后面紧跟着又说，“不患贫而患不安，盖均无贫，和无寡，安无倾”。包注云：“政教均平，则不贫矣。上下和同，不患寡矣。大小安宁，不倾危矣。”

由此可以比较清楚地看到，所谓的“寡”和“均”，所形容的都不是社会的财富分配格局，不是指人们的收入状态。“寡”指的是所治理的人民数量之多寡，而“均”，其实是指法律制度设计合理，人民各得其所，此即所谓“正义”，罗马皇帝优士丁尼下旨编纂之《法学总论》开篇第一句话即说：正义就是给予每个人他应得的部分的那种坚定而恒久的愿望。

从孔子的整个思想体系来说，“不患寡而患不均”也不可能指人人享有平均的财富。孔子的理想是复礼，恢复周的封建制。这封建制与中学教科书里所说的社会发展序列中的五种社会形态无关，它是一种等级制度，孔子不可能要求各群体的财富平均。当然，天子与诸侯、诸侯与其家臣、平民之间，并非绝对的命令一服从关系，而存在着某种由礼所界定的相互的权利、义务关系。所以，孔子说："君使臣以礼，臣事君以忠"，臣子对君主的忠诚是有条件的，那就是"礼"。礼是同时约束上下双方的，而不是单方面的。这类似于欧洲中世纪，而绝不同于秦以后，尤其是明清的君主专制。

在这种背景下，孔子说"不患寡而患不均"，意思就是说，治理天下，最重要的是让每个人得到其本分所应当得到的地位和利益。为了验证我的这一看法，我又查阅了《诸子集成》本中的论语本段注释。其中清刘宝楠《正义》曰："寡者，民多流亡也；均者，言班爵禄，制田里，皆均平也。"

这个注解更清楚地说明，"寡"是一个动词，是指人民逃离一个国家，从而使得该国的人民减少。春秋时代，诸侯林立，如果一国统治者过于专制暴虐，民众就可能迁徙到其他诸侯国。在冷兵器时代，人口大概是最重要的一种资源，但这种资源却是活的，人民可以用脚投票。

那么，一个国家究竟靠什么吸引人口，它的力量的源泉究竟在哪里？对此，孔子回答说，那就是"政理均平"。就是按照礼制，在"班爵禄，制田里"的时候让每个人皆得其平。这里的"平"，正是后来"不平则鸣"的"平"，其意为公平，而非平均。

所以，汉儒董仲舒在《春秋繁露·度制篇》中引用这句话，又引申说，"孔子曰，'君子不尽利以遗民'……故君子仕则不稼。"君子仕则不稼，一点都没有君子看不起农民的意思，恰恰相反，这是君子对自己权力施加的一种道德约束。假如你做了官，那就靠公家发放的工资生活，而不要想着自己霸占土地、从事农业，与民争利，让农民丧失土地，最后成为动乱之源。董仲舒《对策中》对这一点说得更清楚了："故受禄之家，食禄而已，不与民争业。"

孔子生于今日，必然会说，政府官员就应当专心地从事公务员的职责，依靠国家的薪俸生活，而不应当再去经商。政府从事营利性活动，比如，通过国有企业，或政府官员经商，乃是对政府权力的滥用，与民争利，对于普通民众是极端不公平的。这就是"政理不均"。

## 财富再分配的陷阱

今天，当人们引用"不患寡而患不均"这句话的时候，几乎完全忘记了其关于"政理均平"的原始含义，而走向了对财富的斤斤计较。而在现实政策设计上，不管是代表民众的评论家，还是试图解决社会问题的政府，都把焦点集中在社会财富的分配不公上。

这是一种现代的物质主义的思维模式。正是依据这种模式，人们曾经相信，只要实现了财富的共同所有，社会就可以进入大同状态。后来，人们又相信，尤其是经济学家教导说，只要努力发展经济，GDP 上去了，一切问题就迎刃而解，于是有所谓效率优先，兼顾公平之说，好像公平跟效率可以截为两橛似的。到今天，很多人则走向另一个极端，普遍相信，只要对财富重新进行一番分配，让富人多拿出来一些，让穷人多得到一些，或者政府多给穷人一些转移支付，社会就可以恢复稳定。

问题好像没有这么简单。我们以为自己已经或者正在解决问题，但其实，正是这种物质主义思维模式本身造成了问题并且还在积累问题。

回到孔子的智慧吧：不患土地人民之寡少，患政理之不均平。今日世界的移民浪潮，并不是涌向人均财富最多的国家，比如中东，而是涌向相对来说制度比较公正、个人自由权利能够得到较好尊重的国家。在国内，对于个人来说，最有价值的东西未必是财富，而更有可能是个人的自由与权利得到尊重和保障的那种体面和尊严感。在正义的秩序下，财富自然会比较迅速地被创造出来，并且在人们中间自然地合理分配。是的，财富永远不可能平等分配，但只要权利是平等的，财富的不平等也通常是人们可以接受。

反过来说，只有权利的绝对不平等，才会让财富的不平等达到触目惊心的地步。然而此时，财富分配的严重不平均，在很大程度上只是政理不均之后果。这个社会的问题不在于财富分配不均，而在于财富分配不公，其原因则是自由与权利之不均平。诚如秦晖先生所说，农民之所以贫困，主要是因为其权利的贫困。因而，直接从调整财富格局入手，看则省事，实则无助于从根本上消除贫富差距。

计划体制下建立在无权者——有权者是例外——之普遍贫困基础上的平均主义是反人性的；为了 GDP 和所谓的经济效率而放弃公平是不可持续的；通过财富再分配而实现财富的平均，也是饮鸩止渴。古典的智慧是，一个良好社会，每个人的财富肯定是有差别的，但其自由和权利却得到同样的尊重和同等的保障。

# 社会和谐始于社会的努力

尽最大努力实现社会的和谐，乃是一个政府天然的义务。但是，政府的作用是有限的，大体上是辅助性的，主要是通过确保每个个体的自由与平等，为其展开自愿的合作创造一种较好的制度环境。既然我们所谈论的是“和谐社会”，那么，实现和谐的主体，首先是“社会”自己。社会则是由个体组成的，因而，实现社会和谐的基础，就是社会中每一个个体及其通过各种方式组成的团体——包括家庭、企业，及社团——的努力。如果没有这样的努力，政府的努力不会有作用。

## 社会和谐始于个人的自我驯化

社会是由个人组成的，社会的和谐就等于生活于一个社会中的个体，在恰当的制度框架中，各自尊重和认可他人的权利和利益，每个人均可按照自己的意愿，自由地安排自己的生活，而不会受到他人，包括政府的干扰和侵害。和谐并不意味着没有利益之分化，和谐不等于每个人被强迫追求同一个目标而形成的那种看似整齐一律的秩序。和谐仅仅意味着追求着不同目标的自由人找到了相互兼容的良方。

此种良方一方面体现为制度的恰当安排，主要就是通过法治给予每个人以正义，通过民主让每个人都可以参与制定相关规则；但另一方面，也受制于个人对他人、对他人的权利与利益的态度。前者乃是制度变革的事情，应付之公共选择。后者则是个人心灵的问题，属于道德与宗教的范畴。

分析当下中国社会的种种失调现象，在很大程度上缘于制度的不公，比如，民众的财产权得不到有效确认与保障，弱者之财产遭到侵害的情形所在多有，且触目惊心。生活于此种环境中，弱势群体自然不可能心静如水。

不过，社会失调，同时也由于个人的精神失衡。中国的市场化过程是在传统彻底崩溃的废墟上展开的，经济学又把个人利益最大化的逻辑预设当成一种道德戒律，这与“人不为己，天诛地灭”的小传统相结合，形成了这个时代极端的利己主义精神。这种精神与物质主义哲学相配合，把人变成了一种纯粹的物质化存在，财富成为这个社会几乎所有人心目中唯一有价值的东西。

这种原子式个人主义和物质主义的确释放出了令世人震惊的创造财富的能力，但物质主义也具有一种自拆台脚的倾向。就像托克维尔在《论美国的民主》中精辟指出的，对物质的过分追求，会使人一直陷于不安与焦虑中，因为，他总觉得不满足，总觉得别人得到的比自己更多。此时，人们唯一关心的是财富的分配状态，政府进行再分配的努力则会激发出一种更强烈的分享他人财富的欲望。一旦这种欲望得不到满足，他就会怨恨政府、怨恨那些财富比自己稍多的人。因此，乍看起来有点自相矛盾：假如人们的心灵是物质主义的，财富的再分配并不能使他们的心灵趋于宁静。

因此，通往和谐之路，固然需要制度变革，但首先需要个人心灵的自我驯化：中国需要一场宗教与道德振兴运动。人们已经普遍注意到，印度的人均 GDP 低于中国，其收入分配不均状况也相当严重，但印度人的心态似乎要比中国人平和得多，原因主要就在于印度人普遍具有虔诚的宗教信仰。相反，当下中国人却普遍缺乏诚信、缺乏同情心，而变得冷漠，强者冷酷，而弱者内心充满怨恨。这正是财富增加而幸福感却下降的根本原因。

政府已经意识到道德秩序对于社会秩序的决定性意义，并掀起了若干道德教育活动。但政府的教化活动必然会流于形式，道德建设应当是社会的事务，必得由社会自己进行。而道德建设离不开宗教建设。因为，最根本的道德戒律就蕴涵于宗教教条中，而借助于对超验之物的崇拜，这些道德戒律对人心最具有约束力。当然，导人向善只是宗教外在的社会功能，更重要的是，宗教信仰能够让人的心灵归于宁静，解决每个人都必然面临的死亡的困惑，让人找到安身立命之所。而这对于社会的和谐来说，是至为根本的。

从 20 世纪 80 年代以来全球出现了明显的宗教复兴趋势，2006 年 11 月号英国 Prospect 杂志封面文章报道说，即使在欧洲，世俗主义也在衰落。中国同样如此，以基督教为例，专家的研究表明，近十几年来已经出现了两个新基督徒群体，在某些地区由私人企业主及经理等组成的“老板基督徒”，另一个群体是大城市的白领教徒，包括教师、大学生、医生、律师、艺人，等等。信仰已经使他们开始摆脱物质主义，而内心有所约束。陈村富教授的调查显示：“这些信教的商人不论在哪里，他们都比较讲究商业道德，不造假、不走私，讲究信誉，价格合理，因而顾客往往喜欢买他们的商品。”

人当有所敬畏，除了外在的法律与习俗约束，更需要内在的、心灵的约束，这是同情地理解他人的基础，而只有大多数民众能够同情地理解自己的邻居、路人，这个社会才有和谐可言。

## 社会和谐需要社会自治

当然，原子化的个体存在是无所谓和谐的，和谐存在于社会中，存在于与他人的关系中。而这种关系，很自然地是由近及远的，从家庭到邻里，从社区到职业团体，从兴趣团体及公益性组织，从私人生活到公共生活。人自然地会进入这些组织，并通过这些社会性生活驯化自己，探寻自己生命的价值与意义。社会之和谐，需要社会的自我组织、自我治理。

过去几十年间，中国恰恰缺乏这样的"社会"，甚至连最自然的"社会"——家庭——都不复完整，个体被编制进具体而微的国家——单位——中，一切行为屈从权力的安排。在这样的制度环境下，讨论道德或者和谐是没有意义的，因为，个体根本无从自由安排自己的生活，那时只有整齐划一而没有和谐。随后，权力的控制在某些方面弱化，但社会的发育仍然遇到极大制约。原子化的个体成为纯粹物质性、商业性存在，除了国家的强制性惩罚之外，他无所畏惧；而在败德的从众心理驱使下，每个人也都随时准备越轨、违规、犯法，人与人之间互相提防，当然无和谐可言。

要找到和谐，就需要重建"社会"，让那从权力之网中走出来的原子化的个人、经济人，成为社会人。每个自然的或自愿的社会性组织，都会形成某种规范、规则，它将通过人们的互相监督、模仿、激励，而驯化心灵，重塑行为模式。这将是一个集体的救赎或者相互救赎的过程。社会人是公民的前提，社会的自我治理是治理的基础。这种厚实的社会，对国家权力构成一种坚韧的制约力量，因而，亦具有重大的宪政意义。

## 社会和谐需要群体间的分享机制

任何一个社会内部，都会存在分层现象。比如，按照占有财富的多寡，个人分属于富裕群体、中产阶级和贫困群体；按照占有权力的多寡可划分为强势群体和弱势群体；按照占有知识的多寡可分出知识精英和一般大众；在二元经济下，也有城市与乡村之分。不过，由于权力深深地介入市场、学术等领域，当代中国优势群体与劣势群体之间的分野大约是最深刻的，甚至陷入一种对抗状态。尤其是近几年来，出现了孙立平教授所说的"精英的寡头化和大众的民粹化"。优势群体自私、骄横、冷酷，劣势群体则不满、愤怒、怨恨，立刻准备看精英们的笑话。

社会欲实现和谐，就需要各个群体相互调适。为此，不管是优势群体还是劣势群体，都需要节制自己的本能、激情，前者需要节制其骄横，后者需要节制其怨恨。

优势群体既然居于优势，自然需要承担更大责任，此种责任包括构建财富、知识等资源的社会分享机制。

在古代社会，士大夫与富商合作建立了很多社会分享机制，包括提供道路、教育等公共品，建立社会救助体系等。进入20世纪之后，随着权力主导下的现代经济与中心城市的发展，传统的社会分享机制逐渐瓦解。50年代之后，社会完全由权力组织，群体间的分化与对抗被上下分明的权力秩序掩盖了。人们以为生活在平等状态中，其实两个群体是绝对的不平等。80年代之后的商业化不过让这种差距与对立呈现出来而已。

优势群体有责任在新的市场化基础上重建社会分享机制，比如，建立起一套民间的公共品供应体系。现代政府既然征收了那么多税款，当然有责任向民众提供公共品和公共服务。但这并不排斥社会自发的公共品供应，一个健全的、和谐的社会甚至应以这种民间公共品供应体系为基础，比如，民间公益性教育体系、文化艺术体系、灾难救助体系、扶贫帮贫体系。通过这些活动，各个群体自愿地运用自己的知识和财富帮助其他群体。这种由社会进行的知识与财富的自发再分配，自然有助于各个群体间的和谐。

# 自由市场的人口原理

秋　风 QIUFENG

# 马尔萨斯在说什么

几年来一直有一个疑惑，自由市场思想家路德维希·米塞斯曾经在其巨著《人的行为》中盛赞马尔萨斯："马尔萨斯的人口法则是伟大的思想成就之一"，其地位与劳动分工原理一样重要，同样是无可辩驳的。另一方面，马尔萨斯却似乎被人用来支持政府管制人口的政策，当代众多学者也借马尔萨斯表达其对资源消耗的担忧，进而怀疑市场的破坏作用。

马尔萨斯究竟在说什么？因为想写一组关于人口问题的文章，于是稍微认真地阅读马尔萨斯的著作，结果豁然开朗。马尔萨斯所说的东西，与那些对资源、对人口悲观的人士的想象，确实有相当大的距离。

## 人口一直都是合适的

人人都知道，马尔萨斯的全部论述始于《人口原理》第一章的一句话："人口若不受到抑制，便会以几何比率增加，而生活资料却仅仅以算术比率增加。"不幸的是，人们被两个比率所吸引，争相为其寻找支持或反驳的依据，而忽视了"人口若不受到抑制"这个限定语。马尔萨斯自己也犯了严重的错误，费尽心血地论证这两个比率。但其实，马尔萨斯的人口理论的核心部分，却恰恰是从自由的立场出发，讨论那个限定语的道德与制度含义。

在马尔萨斯的整个论证中，人口按照几何比率增加，仅仅存在于理论上的假想状态中。而马尔萨斯反复指出，事实上，人口从来没有这样增加过，人口的增殖力基本上一直是与人类生产生活资料的能力相匹配的。原因在于，政治与道德发挥了自发的抑制作用。这种论述的转折，在马尔萨斯后来为 1824 年版《大英百科全书》所写的《人口原理概观》中讲得十分清楚。

马尔萨斯提出了两种抑制人口的机制：预防性抑制和积极抑制。所谓预防性抑制就是人们有意识地减少生育，降低出生率，积极抑制就是让已经出生的人口非正常死亡。而这两类抑制，又可以进行另一种归类：预防性抑制的主要方式是道德抑制，但乱伦、节育、同性恋泛滥等"罪恶"也是预防性抑制的机制。积极抑制则表现为“苦难”，比如战争、饥荒等。马尔萨斯曾经是牧师，他当然反对罪恶的抑制方式。他不是冷血动物，所以也厌恶那些客观上导致人口减少的苦难，马尔萨斯推崇的是良性的道德抑制，或者说谨慎抑制。

这种道德抑制，就是人们“出于谨慎考虑，在一定时间内长久地不结婚，并在独身期间性行为严格遵守道德规范。这是人口同生活资料保持相适应并且完全符合道德和幸福要求的唯一方法。”马尔萨斯似乎采用了苏格兰道德哲学关于道德规范的论证方式：性、婚姻与家庭的道德规范有助于共同体的幸福。在对法国启蒙人士孔多塞的批评中，马尔萨斯指出，人并不完全是理性的，还有情欲，所以，道德规范需要以某种权威的形式出现。

当然，浸淫于英国自由主义传统中，马尔萨斯坚定地断言，道德领域是政府所不应当干预的：“假如说这种预防性抑制主要地是通过对结婚的谨慎抑制发挥其作用，那么如前所述，显而易见，直接立法就起不了多大作用。谨慎抑制不可能凭借法律来实现而不致严重违反人们生来就有的自由和不致产生更多罪恶的大风险。”政府对人们生育行为的强制干预不仅是错误的，也会导致出现不可预料的严重后果。

## 自然的自由

如果政府对其他领域进行干预，尤其是对产权制度进行干预，同样可能会在人口领域产生严重后果。阐述这个结论就是马尔萨斯写作《人口原理》的主要目的。

从文本来看，《人口原理》是论战性著作，其批评对象有二：理论上的靶子是孔多塞与主张平等的戈德温，政策批评的靶子则是英国的济贫法。在展开批评的过程中，马尔萨斯论证了一种最为更重要的预防性抑制途径，那就是私人财产制度。

马尔萨斯断言：“按照自然法则，人类没有食物就不能生存。不论在人口未受抑制的情况下其增长率有多高，人口的实际增长在任何国家都不可能超过养活人口所必需的事物的增加。”这种可欲结果的出现，既因为道德抑制一直在发挥作用，更因为，分散的个人根据自己的处境，作出了理性选择——这一点，与理性有限的判断并不矛盾：人的理性不是万能的，但人确实又具有警觉、理性和远见，使其能够在人口过剩灾难到来之前，就明智地采取预防措施。米塞斯正是在这一点上赞扬马尔萨斯：人的生育行为是理性的行为。

但是，并不是个人的所有理性计算都有益于共同体，人进行那种有益于共同体之理性计算的制度前提，是财产私有、每个家庭自由地追求自己的幸福、并承担自己的决策可能带来的一切后果的制度安排。马尔萨斯说：“当人类保留着他们现在所具有的同样的体质和道德素质的情况下，除了私有制外，没有别的任何制度能够提供哪怕仅有的一点机会来养活目前在许多国家看到的如此庞大而又日益增长的人口。”这不仅是因为，私人产权制度有助于提高生产效率，从而生产更多生活资料，也是因为，这种制度会让每个家庭理性地就生育问题作出决策。

对于这一点，当代城市为人父母者不难理解。由于抚养成本提高，人们倾向于减少生育。相反，马尔萨斯在批评戈德温时指出，如果实行财产公有，则人口极有可能迅速增加到超出生产资料供应的地步，从而导致普遍的贫困。能够说明这一点的一个例子是，在人民公社时期，农村各种生产必需品按人口分配，诱导人们多生育。

马尔萨斯正是以此为据批评英国的济贫法。在传统的私人慈善时代，获得救济是丢脸的事情，穷人自愿地将其结婚率和生育率抑制在较低水平。济贫法则把获得救济变成了一种权利，穷人的结婚率大幅度提高，为了获得更多救济也倾向于多生育，而这些孩子绝大多数注定了未来仍是穷人。马尔萨斯断定：济贫法制造出大量穷人。

由此可见，马尔萨斯的《人口原理》，基本继承了亚当·斯密的精神。它讨论的根本问题是，在何种制度条件下，个人的理性选择可避免人口灾难，一如斯密之论述个人的选择何以增进了公共利益。马尔萨斯的表述比较含糊，但他的结论相当清晰：斯密所说的“自然的自由”制度是最可取的。在这种制度下，人们根据道德正反、根据对自己境遇的理性计算作出选择，比如，采取某些预防性措施，节制生育，从而使自己的境遇得到改善，并且最终使整体人口规模处于一种相对最优的水平。

相反，“政府的力量是间接的，而不是直接的，因为要达到的目的主要靠个人的行为”。假如政府采取强制干预措施，很可能损害道德抑制机制，也损害家庭的理性计算，使个体的选择在当时环境下看来有利，但最终可能给共同体带来灾难。政府对于个人选择，对于社会、市场的干预，必然导致人口失衡。如果出现了人口过剩或者人口不足，那通常是政府采取了不恰当的政策所致，也许是其他领域的政策对于人口的生育决策产生了意想不到的影响。

# 马寅初错在哪儿

马寅初已经成为一个符号。有人深情地说，如果不批判马寅初，中国就可以少生几亿人。更多的人则是赞赏他不畏权威、坚持真理的精神。但将他的讨论放在当时历史背景下，恐怕既谈不上不畏权威，更谈不上坚持真理。

## 计划经济的人口逻辑

事实上，在20世纪50年代中期，很多学者突然关心起人口问题来了，甚至包括后来组织批判马寅初的人。

人口问题之所以突然成为热点，似乎并不是因为当时人口增长太快——事实上，中国城市的生育率当时已经出现下降趋势。在上海，生育率下降不迟于1955年。人们关心人口问题的一个起因不过是，1953年的人口普查发现，中国人口已不是通常估计的4.5亿，而是5.9亿。人们有点震惊。

不过，更重要的起因则是，当时，国家正雄心勃勃地实施赶超战略，其制度手段就以国营企业为基础的全面计划体制。到50年代中期，农民的土地私有制、城市的私人经济逐渐被消灭，以国有经济为核心的全面政府计划体制逐渐建立起来，尤其是苏联援建中国一批工厂，经济领域的计划体制基本成型。

但是，计划经济要能够正常运转，要做到所谓的“有计划、按比例”，就不仅要对生产活动进行全面计划，也必须对个人消费活动进行计划，因而，政府逐渐发放各种票证，各个单位、公社建立公共食堂，建立合作商业系统，集中统一消费。同时，政府也必须对各种要素的价格和供应量进行全面控制，只有这样，计划当局才能够进行经济计算。

最终，甚至可以说，最重要的一点是，计划当局也必须对人本身进行全面控制，其中就包括人的生产，这一控制是十分重要的，因为人口生产涉及消费品供应，也涉及公共品供应，更涉及劳动力供应。如果不对人口进行控制，计划当局根本就无从制订其他方面的计划。关于这一点，米塞斯曾经在1922年的《社会主义的经济学与社会学分析》就精辟地指出过：

如无对人口增长的管制，全面计划体制就不可设想。这种社会必须有能力阻止其人口规模超出或者降低到某个可欲的界限。它必须努力保持人口始终处于最优规模，从而实现人均最大产出。与任何其他社会秩序一样，它必然把人口过剩或不足都视为坏事。由于在这种体制下，一个基于社会生产工具之私人所有的社会让生育数量与生存资料之限度协调的动机不复存在，它就必须管制这个问题本身……可以确信，即使这种社会可能实现‘自由恋爱’，但它却不可能实现自由生育。可以说，只有在不可欲的生育能被阻止时，每个已生下来的人的这种权利才存在。在这种社会，跟在任何别的社会一样，总有一些人，‘在自然的盛宴上没有他们的位置’，在他们可能出生的时候必须向他们下达退出的命令。

除生育计划之外，户籍制度也是政府对人口进行计划的一种手段。就在人们热烈讨论人口政策的时候，国家也逐渐建立起户籍制度，到 1958 年的《户口登记条例》完全成熟。户籍制度的本质是切断人口在城乡之间的自由流动，尤其是阻止乡村人口进入城市，使城市人口能够“有计划、按比例地”增长。

计划当局为了使其计划看起来比较科学，倾向于不断地扩大自己直接控制的范围，因为，任何一个变量不规则的波动，都会使费尽心血制订出的计划，变得十分荒唐。切断农业人口向城镇的自由流动，是计划当局为城镇国有工业部门制订计划所必不可少的前提。对人口进行计划，乃是计划体制的内在逻辑所要求的，也是计划体制要正常运转所必须的——尽管米塞斯等学者早就论证了，计划经济根本是不可能的，不过，这已经是另一回事了。

## 马寅初的计划情结

马寅初正是在这样的思想气氛中，提出其人口理论的。

当时参与讨论人口问题的几乎所有人，从最高执政者，到普通学者，都以计划经济作为其逻辑出发点。其结论也就不难设想，有学者总结说：当时的理论界认为，中国人口问题与国民经济有计划按比例发展规律有密切联系，作为国民经济重要组成因素之一的人口，应当包含在统一的国民经济计划之中，与国民经济有计划按比例发展相适应，人口也必须计划地发展。

批判马寅初的人其实也并不反对控制人口，有人就说：我看人类是最不会管理自己了。工厂生产布匹、桌椅板凳、钢铁有计划，而人类对于生产人类自己就没有计划了，这是无政府主义，无组织无纪律。

对人口进行计划，乃是计划体制信奉者的一条根本而普遍的信念。当然，对人口进行计划，并不必然意味着抑制人口增长。如果决策者信奉另外一种信念，比如相信人多力量大，那也完全可以自上而下地安排人口快速增长。但不论在哪个方向上进行控制，反正都是控制，家庭的生育活动必须纳入国家整体计划，不能由家庭、个人进行自由选择。

马寅初的根本错误正在这里。马氏提出控制人口，不过是为了完善计划体制，让政府对整个经济、社会的全面控制具有可操作性。他所关心的不是中国的人口问题，而是人口给计划体制带来的麻烦。马寅初在其《新人口论》中为控制人口提出的论证主要有两点：第一，要实现赶超战略，一定要扩大生产和再生产；要扩大生产和再生产，一定要增加积累；要增加积累，就必须控制消费，而要控制消费，就必须控制人口。第二，工业化意味着机械化、自动化，劳动力将趋向于剩余，所以，要保证工业化社会之稳定，必须控制人口。

这些论证十分肤浅，但并不奇怪，当时西方主流经济学也普遍迷信国家计划与政府控制。严重的问题是马寅初设想的控制人口的手段。马寅初说，节制生育、控制人口，第一步要依靠教育。在此之后，即修改婚姻法，实行晚婚。接下来马寅初说，如婚姻法修改之后，控制人口的力量还不够大，自应辅之以更严厉更有效的行政力量。马寅初的论证是：抚养孩子的花费，国家的支出要大于家庭支出，因此国家理应享有干涉生育、控制人口之权。马寅初又说：况且控制人口，为的是要提高全国人民尤其是农民的劳动生产率，借以提高他们的物质和文化生活水平，使他们能过更快乐更美丽的生活。

这样的论证与断言，恐怕老子、孔子、亚当·斯密、马尔萨斯、路德维希·米塞斯、阿玛蒂亚·森都不会同意。笔者感兴趣的是，马氏后来是否意味着自己已陷入逻辑陷阱：既然他承认政府有如此权力，那政府回过头来管制自己的言论，似乎完全合乎逻辑。

## 生育行为的性质

有两位英国人，对经济学理论作出了重大贡献，但是，其英国式表述，却很容易把人搞糊涂。

一位是大名鼎鼎的科斯。科斯生在英国，在英国读书，并一直在英国任教到40岁才迁居美国。他的贡献当然是著名的科斯定理。科斯定理有好几个版本，张五常教授评论说，《联邦通讯委员会》一文的版本是正确的：市场交换的先决条件是界定明确的产权。《社会成本问题》一书所说却不正确，这个版本引入了交易成本：如果存在可操作的私有产权，且交易成本为零，则无论产权如何分配，最终的资源配置都是最优的。科斯定理是为了反驳福利经济学对政府管制的迷信，那个正确版本的科斯定理的政策结论非常清楚：只要政府界定清楚私人产权，并保障自由交换，则资源配置在每一时刻都处于最优状态。这是对斯密的"自然的自由"制度的一个有力论证。

马尔萨斯的人口原理具有同样的含义。人口若不受到抑制，便会以几何比率增加，而生活资料却仅仅以算术比率增加，从而导致人口过剩。但马尔萨斯接着又说，只要私人产权得到明确界定，则个体与社会层面的人口抑制机制就会自然地发挥作用，从而使人口增长与生活资料供应的增长完全适应。这一原理的政策结论是：政府损害私人产权，必然导致人口偏离其最优规模，或者过剩或者不足。

我们可以模仿科斯定理说：只要私人产权得到明确界定与有效保障，则任一时间点上的实际人口规模都是最优的人口规模。所以，如果出现了人口过剩或者不足，就一定是产权制度以及与之相关的制度出现了问题，此时所需要的就是改进这些制度，而不是强制改变人们的生育行为。

对于这一点，长期以来在发展经济学领域中特立独行的皮特·鲍尔给予了精彩的论证。由政府控制人口的政策建议，通常出自发展经济学领域的学者。发展经济学自诞生起，就深受计划经济、政府控制等教条的影响，其理论基本上可以概括为一点：发展的动力唯有国家权力。

但皮特·鲍尔却是发展经济学教条的反叛者。他的《平等、第三世界与经济学的谬见》一书收入了一篇文章《人口爆炸的迷思与现实》，这篇文章解释了，为什么父母自愿的生育决策，对于其本人来说，是最可取的决策。有些人之所以支持国家把某种生育模式强加于个人，乃是基于这样一个假定：父母、家庭未必能够作出理性的生育决策。鲍尔总结了这样的说法：

有人有时会提出，欠发达国家，尤其是最穷国家的高生育率，让生活如此悲惨，因而根本就不值一过：一个人的生活遭受的苦难或效用损失，要超出其效用。如果真是这样，那减少一些这类生命，自会增加今天人类的幸福总和。

对此，鲍尔反驳说：

这类推理隐含了这样的意思：外部的观察者是他人的精神与情感状态的合适判断者……这一看法既不合乎简单的观察结论，也不合乎人们广泛接受的伦理观念。即使当人们处于贫困中，他们也宁要活着而不是不活，这一点可由其努力维持自己的生存来证明。这并不是说，他们的生活不可能不幸福，而只是说，以为他们的生活不值得过是不正当的。

人人都有良知，这个世界有很多悲天悯人之士，但很多这类人士也有一个致命的弱点：自负，喜欢把自己的价值强加于他人。看到童工，他们本能地要求予以取缔，而不管这些童工失去工作后会死会活。同样，看到穷人生育孩子，他们本能地认为，这些穷人的决策是不理性的，根本没有算计养育孩子的成本。他们根据自己对穷人的想象，形成了某种结论，并要求穷人必须按照他们的逻辑生存。

鲍尔则提醒我们，一个人的价值是主观的，只能由他个人来确定。孩子究竟是家庭的福利还是负担，只能由该家庭来确定，外人根本无从进行计算。因为，收益中有相当大一部分是精神性收益，而这是局外人无从想象的。张五常在解释科斯定理时曾精辟地指出，在现实经济中，帕累托最优是处处满足的，如果认为帕累托最优的条件没有被满足，那通常是因为我们忽略了某些特定的约束条件，比如交易成本。笔者愿意补充一句：也可能是因为我们根本无从知晓当事人的收益。鲍尔在下面一段话中申明了这一点：

发展文献中对人口的大量讨论都假定或者隐含着一个意思：在高生育率的欠发达国家，孩子在一定程度上是其父母未加控制情况下的不速之客，他们在很大程度上构成了其父母及整个社会不期而至的负担。然而，事实恰恰相反，被生出来的孩子，一般都是父母想要的。毕竟，孩子是可以不被生出来的。否认这一点就等于说，欠发达国家的父母在生育的时候，根本就没有理解其后果，或者不准备承担或没有认识到阻止其来到人世的责任。这种看法是用一种完全没有道理的轻蔑或鄙视心态来看待欠发达国家的人们。

每个孩子的出生，都可以说是父母的理性选择。对此，当然需要一个前提条件：私有产权得到明确界定。在这一前提条件下，人的每一项经济行为、社会行为，至少在事前来看，都是合乎理性的。从事后来看，当事人的选择可能是一个错误，但问题是，当事人不可能回到未来！

就此而言，共同体的价值、传统、习俗对于个人理性选择是至关重要的，因为，这其中蕴藏着经验积累的智慧，它能够大幅度降低个人选择出错的机率。这样的推理亦适用于生育行为。个人根据传统的价值、习俗，以及自己有意识的理性计算，而作出的生育决策，总是理性的。

当然，这种理性也需要一个技术上的前提来保证，即家庭掌握控制生育的技术。事实上，这个前提始终是存在的，人类早就掌握了避孕、堕胎的技术。所以，生育从来就不是人的动物本能冲动的产物，而是家庭从事的一项具有明确目的的经济性、社会性行为。该目的就是通过在自己的文化、习俗背景下，让孩子获得最好的养育，增进家庭的福利。这种福利可能体现在经济、社会关系、精神与心理各个层面。

因此，凡是出生到这个人间的孩子，都是父母认为自己需要、也有能力养活，并能增进整个家庭福利的孩子。从家庭的角度看，根本就没有超生这回事。诚如鲍尔所说："父母为自己的家庭规模制订着计划，其所拥有的孩子的数目通常正是他们所意欲的。"假如人们承认，丁克们的选择是理性的，那就得承认，两个、三个孩子家庭的选择同样是理性的，除非人们认为，这两类人的智力是不平等的。

# 计划的自负

所有出生到这个世界上的孩子，都可以推定是其家庭在特定的文化、道德、经济环境中，通过理性思考作出的选择。一个家庭生育多个孩子，一定是因为，家庭预期自己有能力养活这些孩子，并且相信，这些孩子给家庭带来的福利，包括精神的、社会的、经济的，将会大于不生育他们所带来的好处。

有些人可能会说，这些人的理性能力是有限的，现实的不确定性可能使他的预期完全落空。家庭不能养活那些孩子，从而成为社会的负担。所有家庭的理性计算加总，最终得到的结果，却可能给“社会”带来灾难，此即著名的经济学教科书编者保罗·萨缪尔森所说过的“合成谬误”。因此，不能让个人在生育问题上进行自由选择，而必须由政府进行计划。

## 计划的不可能性

启蒙运动把强调明智、理智的理性主义，变成了形而上层面的理性崇拜，此即哈耶克再三批评的欧洲大陆唯理主义。其在经济学中的极端表现形态，就是“计划”的神话。某些新古典经济学家以为，在现实世界中真的可以实现“均衡”，进而他们相信，计算机等技术可以帮助计划当局收集信息，进行计算，从而有可能为全社会每家工厂、每个家庭制订出详尽的生产、消费计划。20 世纪 50 年代兴起的“发展经济学”则为计划的种种粗劣版本跑前忙后——毕竟，要“发展”的国家，都是些连基本的经济统计数据都不完全、不可信的国家。

但奥地利学派经济学家却不相信这个神话。在 1922 年，米塞斯出版了《社会主义的经济学与社会学分析》，在计划经济还没有变成现实之前就十分确定地断言：集中计划根本是不可能的（impossible）：它不仅在现实中不可行，在概念上就站不住脚。

米塞斯的主要论据是，这种全面的计划体制取消了价格，而没有要素市场的价格，盈亏的计算是不可能进行的。如果没有价格，一个人根本不可能知道把资源配置到何处才最为有利可图。哈耶克进一步深化了米塞斯的论证，提出了“知识分工”命题。他指出,价格体系实际上是一种信息交流机制,其中所交流的乃是分散在个人头脑中的局部知识,这些知识,是任何中央计划当局都不可能集中起来的,没有这些知识,计划当局制订的计划就是任意的。

确实有一些国家建立了计划体制,但首先,它们都没有维持多长时间就崩溃了。其次,它们的增长效率大大低于市场体制国家。最后一点,即使在计划体制维持时期,也完全借助于非正规的市场因素才维持其生存,比如,参照国际市场确定国内要素价格,以及依赖黑市配置资源。

假如计划经济已经被理论和现实证明是不可能的,试图实现人口的有计划、按比例增长——或者减少,不仅在现实中不可行,在逻辑上也不成立。举例来说,要制订此类计划,需要计划当局精确地预测人的生育行为,并计算出一个精确的最优人口规模。只有在确定了这两者之后,才能理性地分配生育指标。

不幸,全世界的人口学家普遍承认,要计算出上述两样东西是不可能的。关于人口预测,Nathan Keyfitz 在权威的《新帕尔格雷夫经济学大辞典》“人口学”词条中这样说:“公众会认为人口学主要关心的是人口预测,然而,这个问题在人口文献中并没有占据多大的位置。近几年来,一些著名的人口学家把他们的注意力转向其他问题:解释过去已经够难了,而除非人们能够说出过去事件出现的原因,否则,预测将来的前景并不光明。”

关于最优人口规模,J. D. Pitchford 教授则写道:“有关这个问题的所有这些研究,都没有找到一种令人满意的方法,以切实计算出最适度人口规模的路径或水平。还没有人试做过这种演算。之所以如此,除了难以找到用以估计和求解一些根本性比例关系的数据之外,还存在着这样一个问题:技术知识方面的未来发展,肯定依然是个相当重要的未知因素。”

## 人口计算的数字游戏

不过,我们看到,在中国,人口学家、社会学家、经济学家一直在忙着进行预测,忙着计算精确的最优人口规模。较早进行这种努力的,大概是孙本文,1957 年他从当时中国粮食生产水平和劳动就业角度提出,8 亿是中国最适宜的人口规模。1980年前后,田雪原和陈玉光从就业角度认为,百年后中国经济适度人口在 6.5 亿～7.0 亿。胡保生等人则说应以保持在 7 亿～10 亿为宜。宋健等人从食品资源、淡水资源角度估算,百年后,如果中国人的饮食水平接近法国目前的水平,人口总数应保持在 7 亿或者以下;按发达国家的用水标准,我国人口总数应在 6.3 亿～6.5 亿之间。十分奇怪的是,这些专家都过于健忘:他们心目中的最优人口规模在 60—70 年代已经存在。但那个时候的中国人却处于十分糟糕的状态。所谓最优人口规模，又是从何说起？

这些专家不光在国家层面上进行计算，还在省市层面上进行计算。各大城市争相宣布自己的人口承受上限，或者最优人口规模，并且纷纷采取种种限制人口自然增长、禁止外地人口流入的政策，试图把人口控制在那个规模。

但是，这些政策所依据的那些数据，真有所谓“科学性”吗？从某种意义上说，它们都不过是数字游戏而已，相关研究基本上是一种巫术经济学或巫术社会学。人的经济活动与生育活动是由诸多互动变量促成的，其中能够进行量化统计的变量只是少数，还有更多变量无从统计。这些变量就被计算者忽略，结果当然是差之毫厘，谬以千里。

Nathan Keyfitz 教授就正确地指出：“人口预测必然存在特别大的误差，原因有二：它们涉及遥远的将来；自我局限于少数几个人口变量……人口趋势取决于人口学以外的许多变量，因此，常常有人建议，人口学家应考虑非人口学变量。然而，这需要知道将来的就业观念、家庭观念等许多增加人口预测难度的因素。除此之外，即使我们知道 25 年以后的所有这些独立变量，它们与人口之间的函数关系的性质，也超出现有的知识。”这位权威又说：“对预测最有影响的是关于出生率的假定，最大的失败亦在于此。发达国家战后出生的增加事先根本没有预测到，60 年代出生的下降和出生率持续低水平的原因，同样无法解释。”如果连一个社会中长期出生率的假定都带有任意性，那人口计算又有什么意义？

市场给予个人自由选择权，其优越之处在于，它最大限度地利用了每个人的知识，这些分散知识的生产力之总和，当然远远高于计划当局雇员及其御用经济学家的理智，这正是市场机制的效率高于计划体制，也比计划体制更公平的原因所在。因此，理性而明智的政策，就是让每个人自由选择，利用自己的知识进行计算，这既适用于经济，也适用于生育，同样适用于其他一切社会领域。

## 关于外来人口的政治正确

每年各地两会期间，尤其是大城市的两会，代表议论的热点话题，都少不了“外来人口”。2006年各城市要制订“十一五”规划，其中人口调控更是大城市“十一五”规划中的重要内容。

比如，北京市市长王岐山在该市人代会开幕时提交的北京市“十一五”规划纲要的报告中就非常明确地提出了人口发展目标：“力争2010年全市常住人口规模控制在1600万。”

至于人大代表、政协委员及城市管理专家们，则年年畅谈如何“控制城市人口”。考虑到城镇居民生育率已经达不到人口置换所需要的水平，本地户籍人口实际上可能正在下降，因而，控制人口的重点，始终就是控制外来人口流入。

为此，人们发挥了充分的想象力。首先是利用行政手段。比如，2005年，北京市政协委员张惟英提出，应该对外来人口实行准入制。当然，行政手段未免有点赤裸裸了，城市管理部门和城市发展专家现在普遍喜欢谈论法律手段、经济手段。法律手段不外乎强化暂住证管理，强化社区控制。经济手段则有两种。第一种经济手段是产业升级。本地产业结构升级了，比如，大力发展金融业、IT业、先进制造业，一般外来人口没有就业机会，就不得不离开城市回到家乡。当然，此举可能带来附带损害：本市的“低素质人口”也找不到工作，而某些政府官员已经公开表示，非常乐于看到这些人员流出本市到他该去的地方。

第二种经济手段是提高城市的生活成本，尤其是在房子上做文章，对外来人口购买房屋征收一种惩罚性税收。如果说2005年北京市两会最引人注目的人物是张惟英，2006年则同样是一位女性——耿素玲。这位朝阳区人大代表建议，外地人员在北京购买商品房应该缴纳北京地方税。

### 不加掩饰的群体歧视

这些谈论之所以层出不穷，或许是因为，中国大城市所面临的资源匮乏非常严重，而谈论这些的热心的代表委员和专家们出于“群体的自私”，不愿意外来人口分享本市的资源和福利。

对于这种资源匮乏焦虑症，人们可以反驳说，外来人口其实是一种资源。战后发展起来的发展经济学的根本错误在于，它把人口看成一种负担，而一般经济学家从来都把人口看成资源。《经济学人》杂志最近讨论全球范围内的人口减少问题，很多经济学家担心，由于人口减少，全球经济也可能出现衰退。

但是，仅靠这种经济学的论辩，恐怕不足于说服那些决意限制外来人口的人士。因为，他们有一种根深蒂固的观念：一个城市可以挑选自己所要治理的民众，而城市天然地就属于精英。

有例为证。张惟英女士说，人员流动中有很大一部分是无序、盲目的流动，对于这部分人，我们要限制，使整个北京的人口流动趋于合理。流入北京的人口中有不少素质比较低，长期没有工作后，往往会铤而走险，给社会治安带来不安定因素。北京城市发展并不太需要这些人口，准入制度可在一定程度上促使其离开北京，寻找适合自己发展的地方。

耿素玲女士也说：“来北京，当然得有个素质要求，不是谁买得起房，谁就可做北京人”，“北京本来就不是谁想来就来的，你说美国的哈佛大学，谁想进就进吗？我们现在说平等，说以人为本，但来北京定居是需要门槛的，不然谁都可以来了。”

这两位女士在讨论社会治理问题的时候，首先区分出“人口”与“人才”，以“素质”作为能否在城市获得生存权利的主要依据。而所谓的“素质”，就是对城市的经济增长和文化发展有没有效用。而负责甄别素质的，就是政府官员。她们所说的对付外来人口的市场手段，不过是一种变相的行政强制手段而已，而且，她们的全部谈论，就是以行政权力能够并且应当控制市场、控制社会、控制文化为前提的。

因此，在这样的城市，人不是城市的目的和主体，权力才是城市的主宰。一个人是否可以享有在城市生活的权利，以其是否对城市有用为判断标准。如果没有用处，则本地人口也应当丧失在本市生活的权利。从这里，已经可以闻到某种利用权力实施群体歧视的丑恶气息了。这些年来，在不少城市，某些人也在毫不遮掩地谈论着外来人口与犯罪之间的直接因果关系。由此再进一步，就是大规模地驱逐外来人口了。

### 追求原则的政治

最令人震惊的，不是这些人说了什么，而是他们谈论这个话题时那么地肆无忌惮和自以为是。谈起如何控制外来人口，他们的口气仿佛是在谈论如何消灭厨房里的蟑螂，而当那些官员、专家们在行政与经济手段之间进行权衡取舍的时候，仿佛是在谈论用哪种牌子的灭蟑药水比较价廉物美一些。

为什么会这样？也许是因为，经济人的理性计算是那些人思考的唯一坐标。在研究、考虑关于人的问题的时候，道德和原则根本没有进入他们的视野。要让他们有所忌惮，就需要一个关于人口的政治正确，关于人们自由迁徙的权利的政治正确。

一个社会需要某些政治正确的信条。这些信条包含着社会的主流信念，它们是社会就某些公共问题达成的共识。它们体现为一整套“原则”，这些原则有助于人们对公共事务进行正确的判断，也有助于约束政府官员，使其行为合乎大多数人所认为的情理。

其实，国人一直在尊重着某种政治正确，比如，做任何事都要保证其符合上面的“方针”、“精神”。但今日建立宪法法治秩序，显然需要另外一套关于自由和权利的信念和政治正确。

这样的信念和政治正确似乎已在初步形成中。张惟英、耿素玲两位女士的提议及形形色色类似的政策设想和专家建议一经出笼，即刻遭到舆论几乎异口同声的声讨。面对舆论的猛烈抨击，有些地方也只好硬生生地收回即将出台的地方法规或政策。

仍然以北京两会为例，在 2006 年 1 月 20 日审议通过的纲要报告中，删除了原来“力争 2010 年全市常住人口规模控制在 1600 万”的表述，改为“要按照国务院关于北京城市总体规划批复中提出的人口规模控制目标和要求，运用经济、行政、法律等有效手段，实施综合调控，分阶段控制人口规模过快增长”。——必须承认，在很多时候，在外来人口问题上，政府官员比某些人大代表、政协委员或所谓的城市管理专家倒更克制一些，因为政府不得不面对舆论。

舆论的这种一面倒意味着，至少在民间，已经逐渐形成一种基本信念：人们拥有自由迁徙的权利。舆论对政府意欲限制人口流动的法规政策的批评，或许可以称为一种自发的民间违宪审查活动。民众已经理解了宪法的精神，并要求政府严格遵守宪法。这种道德观念，乃是未来建立违宪审查制度的民情基础。

有城市管理专家说：“从理论上说，每个人都有到北京来居住的权利，但这是个看起来很浪漫的想法，在实际上是行不通的，难以实现的。”然而，这句话其实应倒过来说。宪政和法治本来就是一种理想，优良的政治之根本特征就是审慎地引导现实接近自由的理想，城市的公共生活同样如此。理想须对现实妥协，但如果没有理想，现实就会失去价值。

# 穷富之争与主流经济学反思

秋　风 QIUFENG

# 有计划地制造穷人

贫富差距是近年来人们热烈议论的话题，穷人的处境也总是能够引起人们的同情。在学者的讨论和媒体的议论中，尤其是在网络论坛上，不少人把贫富差距的扩大归咎于市场，归咎于过去二十多年的市场化改革。在流行的语汇中，与市场对应的就是计划。于是，这些质疑并咒骂市场的人很自然地怀念起计划经济时代，并告诉人们，那是一个公平的时代，那个时代是穷人的天堂。

但是，只要稍微了解一下那个时代的经济史，就可以发现，计划经济其实是有计划地制造穷人的体制。它的一整套制度相互配合，让所有人都成为穷人，并且让穷人丧失改变自己处境的自由和机会，永远停留在贫穷状态。

## 普遍的贫困

穷与富是相比较而言的。谈论穷富的时候，需要考虑时间因素。比如，我们说日本人富、中国人穷。其实，拉回到第二次世界大战之后，日本人未必比中国人富。但仅仅过了二三十年，日本人就比中国人显著的富裕，中国人相对而言却成为穷光蛋。当然，谈论穷富也需要考虑到结构性因素。任何国家都有穷人，当人们说一个国家是穷国，是指那个国家的穷人的比例到了高得离谱的程度。这一点如果再加上时间因素，则可以说，当人们抱怨贫穷的时候，就是指，这个国家中的大多数人口，在很长时间内始终停留在贫困状态。这个时候，人民的贫穷才成为一个需要认真研究的问题。从20世纪50年代初到70年代末的计划经济时代，正是人民普遍并长期贫穷的时代。

人民摆脱贫困所需要的财富不可能凭空出现，只能来自于恰当的制度安排下的劳动生产率之提高，而计划经济时代，整个经济是没有效率的。

早在计划经济体制真正在苏联建立起来之前，奥地利学派经济学家路德维希·冯·米塞斯就指出，由于没有私人财产权，所以，无法形成价格信号，而缺乏价格信号，整体经济体系就无法正常运转。他的学生兼同事弗里德里希·冯·哈耶克则发展了米塞斯的观点，他说，由于对反映供需等变量的信息分散在无数个人和企业头脑中，计划当局不管运用多么先进的情报系统和计算工具，都不可能将其完整收集起来，因而，它也就无法将可以利用的资源在不同用途之间进行正确的配置。更进一步而言，计划当局根本不能知道到底有多少经济学意义上的资源可供利用。

事实也确实如他们的理论所料。以前有一个很流行的词——不知道现在的政治经济学教科书还讲不讲——"有计划按比例地发展"，这被断言为计划经济的一个巨大优越性。然而，米塞斯的结论则是，计划经济其实恰恰是"有计划的混乱(planned chaos)"。对此，稍微上点年纪的中国人应当有很深切的了解。

除此之外，80年代以来，中国学者在分析那个时代的经济史时，更多地关注经济的微观基础。他们对国有企业的治理结构进行了深入研究，并论证了这些企业由于缺乏有效的约束激励机制，因而，注定了效率低下。

当然，这套体制可以借助杨小凯所说的"后发优势"，利用他人的知识实现某种跨越式增长。苏联人利用西方的知识，中国人则利用苏联人提供的生产技术、管理知识，参考国际或黑市价格，安排生产活动，并在短期内实现GDP的高速增长。

但是，这种增长是有极限的，因为，这种体制没有自我创新能力，你不可能指望计划当局进行创新，这本身就是自相矛盾的。国有企业当然也缺乏创新的足够激励。也因此，这种增长是没有效率的。

旅美华人经济学家邹至庄在其《中国经济转型》一书中说，1952年到1978年间，大陆的全要素生产率几乎没有任何增长。GDP的增长主要是靠劳动和资本的投入推动的，尤其是资本的贡献占了80%以上。这些资本则来自农民和工人的剩余。这相当于一种强制储蓄，由此形成的资本积累支撑了短时期内的政府高投资。因此，在那20来年，确实建立了很多工厂，生产了很多钢铁、煤炭、机床，实现了账面GDP的增长。

但是，由于劳动生产率没有任何提高，从经济学上说，劳动者的收入就不可能有任何提高的空间。同时，政府为了维持高投入，也不允许劳动者工资提高。结果，即使在城市内部，工人也趋于贫困。根据《中国统计年鉴》，国有单位的年均名义工资，1957年是637元，随后出现下降，大约是在大跃进时有所上涨，到1978年涨了7块钱，为644元。但是，如果扣除通货膨胀因素，却表现为工资收入的绝对下降。按照1950年的币值计算，1957年的年均工资是503元，1978年反倒成了445元，发展了20多年，人均工资竟然跌去一成多，如此长时间内工人工资呈现下降趋势，这可能是所有工业化国家历史上所没有的现象。仅仅由于城市妇女大量就业，城市家庭的总体收入才没有下降，人均消费才有所增长。但这也意味着，城市工人的生活品质普遍下降，因为，妇女从事全日制生产劳动，几乎没有时间从事家务，"双职工"的窘迫及家庭教育的衰落即因此而来。

农村的情况类似。根据赵德馨主编的《中华人民共和国经济史,1967－1984》提供的数据,从1949年到70年代末改革之前,中国农业生产总量虽有一定的增长,但劳动生产率却几乎没有提高。从“一五”时期到“四五”时期,农业劳动力人均年产值仅由263元微升至276元。1966年时,中国农业劳均产粮仅1162.8斤,远低于1936年的水平;时至1975年,劳均产粮也只有1931.5斤,比1936年高不了多少。这意味着,农民根本没有提高收入的经济上的可能性。同样是由于劳动参与率提高,大量妇女从事农业劳动,才使农业总产量有所提高,但由此形成的剩余又完全被远在城市的政府拿走。

刘国光等人士试图为“计划”正名,在市场化改革远没有触及根本问题的时候翻回来谈论什么市场离不开计划。但严肃的学者首先会追问一个问题:面对高度复杂的经济活动,计划究竟有没有可能?有些民众本能地以为,通过制订计划,可以增进自身福利。然而,国内外学者的研究都表明,在计划体制、国有企业制度、农业集体经济模式下,三十年间劳动生产率没有一点提高,也因此,几十年间,人均收入没有一丁点提高。不仅没有人摆脱贫困状态,反而更多的人降入贫困状态。

## 绝对的贫困

那30年人们之所以陷入普遍的贫困,也与经济、政治的结构性因素有关。

出于种种复杂的考虑,其中主要是政治上的考虑,20世纪50年代的经济增长战略是重工业优先。但现代工业部门本身缺乏资本,根本无力支持资本密集型的重工业投资。很自然地,政府采取了苏联学者发明的“原始积累”方法,即现代经济部门剥夺乡村的剩余。为此,政府实行“剪刀差”政策,通过政府扭曲产品价格和生产要素价格,创造一种不利于农业、农村和农民的政策环境,获取农业剩余以补贴工业化。这确实是一种十分怪异的做法:现代经济部门需要靠掠夺传统部门才能维持自己的生存,而且,直到今天,现代经济部门已经高度发达,其部分收入依然按照旧体制的惯性,来自对农村、农民的掠夺。

这一过程意味着,农民必然陷入一种绝对的贫困中。黄仁宇曾称赞50年代开始通过国家权力向乡村的延伸,终于把农民完全变成现代意义上的国民。但农村成为国民,得到的只是史无前例的对国家的义务,而无从行使权利。在农村建立集体化的政治经济组织,乃是工业化逻辑的延伸。因为,只有把农民完全纳入到城市自上而下的控制体系中,农民的全部剩余才能被城市获取,转化为工业部门的投入。如果没有这些剩余的不断投入,低效率的国有企业是无法自我维持的。农民却因这种控制体系而丧失了通过自己的努力增加收入的全部可能性。

随着工业化取得一定成就，为了防止农民侵蚀工业化的成果，政府意识到，必须建立城乡分隔制度。按理说，农民开始为工业化作贡献，随后就应当可以享受工业化的溢出效应，比如农民获得从农业部门转入工业部门的机会，从而实现收入的大幅度提高。但这个一般性规律在中国失效了。

因为，对重工业畸形的偏好，导致工业结构趋向于排斥劳动，且其效率又极其低下，所以，工业部门吸纳劳动力的能力极端有限，它甚至不能吸收城市人口自然增长带来的新增劳动力，城市本身面临巨大就业压力。因此，从50年代后期开始，就隔三差五地出现鼓励知识青年上山下乡的政治运动。问题是明摆着的：要维持城市稳定，就必须阻止农民进入城市。

从另一个角度看，因为现代工业部门的效率低下，因为社会创造出来的财富主要用于投资，因而，政府向民众提供福利的能力是非常有限的。但反过来看，为了工业化和政治稳定，政府又不得不维持城镇人口的基本福利。

政府有限的福利供应能力和城市工业有限的就业岗位创造能力，迫使政府必须阻止农民自由流入城市。1958年，全国人大通过《中华人民共和国户口登记条例》，以户籍制度为基础的城乡二元隔离体制正式形成。在此之后，从1960到1976年间，城镇人口不仅没有增加，反而从13073万降至11342万，纯减幅达13.2%。这恐怕也是现代各国历史上所没有过的。只是在这城镇人口严格控制的基础上，城镇人口中那些享有国有身份的人，才得以享有了一些福利。八九成国民则几乎没有任何国家福利。

在户籍制度、在重工业优先基础上，形成中国特色的贫富结构：从城乡之间看，城市绝对收入高于农村，且城乡收入差距在日趋扩大。邹至庄的研究说，从1957年到1978年，农民人均家庭消费指数的年增长率是0.0142，城市则是0.0248。从地区来看，在1952—1978年期间，三大直辖市以及黑吉辽等工业重镇的收入水平远远高于其他省区。

透过城乡与地区的收入差距，可以看出，国民的收入其实是按照权力来分配的。权力控制着全部资源，而总体政治格局是城市领导农村，所以，城市人口离权力更近，离效率相对较高的现代工业部门近，所以其收入高于农民。在城市内部，只有纳入到国有的工业部门，才有资格享受较高的收入和一定福利。因此，这个国家的人口分成了两部分，享有特权的国有体制人口，及处于绝对的无权状态的体制外人口，包括农民和城镇部分人口，他们处于绝对贫困状态下。

在这种体制下，所有人都丧失了提高自己收入的机会。城市人口只有一个雇主——党和政府，这个雇主给他的工资仅够其维持人力资源的简单再生产。如果他因为某种原因——经常是政治原因——被这个雇主开除，他就丧失了谋生的基本手段，跌入绝对贫困状态。对城里人来说，下放农村劳动就是仅次于被打死的另一种严厉惩罚了。至于农民，则一直在处于绝对贫困状态，因为他不可能自由流动到城市进入劳动生产率较高的经济部门，他也不能利用自己的企业家精神安排生产活动提高效率，而他所服务的农村集体的剩余又全部被城市拿走。他被系统地剥夺了追求幸福的一切机会和自由。

可以说，计划经济是一套让民众普遍而绝对贫困的体制。民众，尤其是农民当然对这套体制极度不满。同时，这套体制是依靠不计成本地投入资源来维持的，因而其内在的混乱和低效率将使其最终难以为继。因此，从60年代起，民众，尤其是农民就不断冒险进行改革，比如偷偷流入城镇，或者耕种自留地。没有人愿意一辈子并且看着自己的后代一直生活在贫困中，正是这种对于幸福的最基本的追求，促使民众不断地寻求突破旧体制。而面临困境的政府也被迫在80年代初承认民众的不满，放松野蛮的控制，承认民众拥有追求幸福的自由，承认以私人财产权为基础的市场体制的合法性。

今天，一些民众，尤其是上了年纪的国有企业工人，因为对市场化改革不满，但又受到自身知识的约束，当自己利益遭受损害时，本能地回想计划经济时代；有些知识分子则基于各种各样的原因，把那个时代浪漫化，以为那个时代才是穷人的天堂。应当说，90年代以来的改革确实让这些工人的处境不如以前，比如，由于下岗失业，他们丧失了原来享有的稳定收入、福利保障，甚至社会地位。但因此而神化计划经济时代，对农民、对于城镇生活在公有体制之外的民众却是不公道的。那个时代可能确实实现了GDP的高速增长，也形成了某些物质建设大跃进，但它没有提高民众的收入。假如那就是天堂，那么，那个天堂肯定不属于穷人。经济学理论及过往几十年的经验证明，同情穷人，就首先需要拒绝计划经济，拒绝户籍制度，拒绝片面强调重工业的畸形经济结构。

## 市场是穷人的朋友

上一篇文章分析指出,由政府控制资源、计划管理、公有制、重工业优先、城乡二元分隔等制度构成的传统经济增长与社会发展体制,因为效率低下,所以导致民众的普遍贫困;因为所有人被剥夺了通过个人努力创造财富的机会,所以,也导致民众的绝对贫困。

因此,到了 20 世纪 70 年代末,这套体制的正当性已经流失殆尽,民众也自发地进行改革冒险。由此开始了市场化改革的历程。这个改革进程迄今也没有完成,而反对市场、反对市场化改革的呼声在近两年已经震耳欲聋。

没有任何一种体制是十全十美的,市场化改革肯定带来了某些问题。但是,与现在很多人充满激情的断言相反,相对于计划体制,市场的分配要公平得多,它的内在机制使所有人的收入趋向于均平。把贫富分化扩大、某些群体的收入陷入停滞、福利减少归咎于市场化,很可能过于简单,甚至是误导性的。

### 收入分配中的市场与权力

观察过去二十多年的经济增长,其动力是多种多样的,但大体上可以分离出两股主要的驱动力:市场的力量和权力的力量。这种分析当然是一种"理想型",现实中两者可能经常是混合在一起,但在不同时期、在不同地区、在不同行业,大体上可以辨析出,是哪一股力量占据较明显的支配地位,并可发现,大体上,在市场力量占据支配地位时,收入差距倾向于缩小,穷人的福利相对地得到较大改善;而在权力、在旧体制占据主导地位时,收入差距倾向于扩大,穷人的福利恶化。

首先,可以考察一下不同历史时期的收入差距变动情况。中外几乎所有学者都承认一个事实:计划经济时代,不管是从城乡差距还是从地区差距看,中国的贫富差距都在扩大;而改革开放最初的五年,即 80 年代初中期,贫富差距却异乎寻常地出现了缩小。

推动这一变动的主要因素是城乡收入差距缩小。1978 年,不计算城镇居民的各种补贴,城乡之间名义收入比率高达 2.56。而到 1984 年,城乡之间名义收入比率降低到 1.84。原因在于，农村联产承包责任制让农民获得了自主经营权，让农民可以充分地利用自己的知识，更合理地安排生产，由此使农业生产效率大幅度提高，农民获得了比以往更多的经济收入。

同期，城镇内部个人的收入差距也在缩小。任才方、程学斌根据国家统计局利用住户数据估计，在 1978 年至 1984 年期间，城镇居民收入差距不仅没有扩大，反而有所缩小，基尼系数由 0.16 下降为 0.15。原因在于，个体工商户和私人企业家可以正当地追求自己的利益，创造和积累财富。在公有制企业中，那些生产最终消费品和轻工产品的中小国有企业和集体企业，获得了以前没有的增长空间。而这些企业员工的收入原来大大低于那些重工业企业。

总之，70 年代末开始的放权让利式的改革，让那些原来被体制压制、丧失了一切机会因而也是最穷的群体，获得了一定的创业自由与经营自由，他们提高了劳动生产率，从而增加个人收入。正是市场的力量让真正的穷人获得了增加收入的可能性。

但随后，全社会个人收入差距却恢复了 1978 年以前的扩大趋势。首先，就城乡收入差距而言，农业部门的效率增长空间是有限的，因而，从 20 世纪 80 年代后期，农民开始退出农业部门，中国第一次出现“民工潮”。但城市政制与现代工业部门的制度变迁滞后，农村劳动力迁移没有演变成为完整的城市化过程和市民化结果，农民收入增长遭遇制度性瓶颈。

就现代经济部门来说，90 年代以来的经济增长方式就是权力主导、投资驱动的。政府人为地压制要素价格。通过人为抑制利率，让旧体制和那些攀附权力者获得市场利率与官方利率之间的那笔巨大利差，让普通储户补贴投资者；地方政府通过征地制度压低农地价格，独占土地增值收益，剥夺农民财富；由于户籍制度迟迟不能废除，大量进入工业部门的农村劳动力缺乏与资本谈判的能力，导致劳动力价格长期低迷。

这种增长方式所形成的收入分配格局是有利于政府和投资者的，尤其是有利于国有投资者和跨国公司，而工人工资则被长期压制在很低水平，也不能享受到资源增值的收益。在这种情况下，政府财政收入占国民总收入的比例越来越高，出现了国富民穷；一般竞争性企业与获得政府权力支持的垄断部门及部分跨国公司、民营企业之间的收入差距越来越大；劳动边际收益与资本边际收益与之间的差距也越来越大。

可以说，市场化力量占据优势，乃是 80 年代初收入差距缩小、穷人收入提高的主要原因；随后收入差距扩大、穷人相对甚至绝对变穷，根源也正在于权力对经济的强力控制。

从地域角度看，通过温州模式与苏州模式的对比，可以比较清楚地看出，市场力量占优的地区，其财富分配状况是比较均平的，而权力主导的地区，穷人的机会要少得多。苏州模式其实是过去十几年来盛行的主流经济增长模式，是计划体制的一种返祖现象，它导致的结果是两高一低：GDP高速增长，政府财政收入高速增长，但民众收入增长却相对低很多。繁荣的苏州与贫困的苏州同时存在。与此形成鲜明对比，在温州，经济增长的收益为几乎所有民众分享。

在行业层面，90年代以来，行业之间的收入差距在扩大。1990年，全国最高与最低行业人均收入比为1.29∶1；1995年达到2.23∶1；至1999年，国家统计局等多部委的调查结果，这一比例已高达2.55∶1。尤其引人注目的是，垄断性行业的收入大大高于竞争性行业，尽管这与产业本身的单位劳动产出率有关，但垄断赋予相关企业以一定垄断租金，是其员工高收入的一个重要组成部分。如果计算上这些企业的非货币收入，则行业间的收入差距更大。另外，垄断意味着低效率，意味着价格不断上涨，就像石油、铁路一样，因而，总体上来说，社会中的低收入人群反而在补贴高收入人群。

## 市场有助于均贫富

市场力量之所以能够导致收入分配的相对公平，并给穷人更多提高收入的机会，乃是因为，第一，市场创造就业岗位的能力强于权力的力量，并且这些岗位通常欢迎穷人。

凡是权力支持的部门，通常是排斥劳动，因为，政府具有强烈的现代化偏好，这使得政府通常投资于资本和技术密集项目，或者诱导其他资本投资于此类项目；而政府也有力量借助其对要素价格的控制，全力维持这些低效率的企业。

相反，在剩余劳动力充裕的国家，通过市场力量所形成的现代经济部门的产业结构，通常能生产出较多就业岗位，而且，通常是适合于低技能劳动者的就业岗位。市场出于效率激励，通常自然地选择优先发展劳动密集型产业，这些产业更适合于大量低技能的农村剩余劳动力，尽管其看起来不那么现代化，但却给农民提供了进入效率更高的现代经济部门的机会，从而使其生产效率大幅度提高，收入随之大幅度提高。

现在人们越来越清楚地认识到，大学生找不到工作，与90年代以来的经济增长方式所形成的产业结构密切相关。在政府权力的控制和诱导下，投资涌向那些排斥劳动的产业中，导致单位资本的就业岗位产出日趋降低，从而使得大量人口无从进入现代经济部门，其收入自然不可能提高。

第二，市场的自发扩展秩序本身倾向于向下兼容，使所有人的效率和收入提高。哈耶克的一个著名论断是，市场是一种自发的、可扩展的秩序。举一个最直观的例子，近些年来，珠江三角洲的大量企业向外迁移到中西部地区，温州资本也到中西部地区寻找投资机会。这些中西部地区的劳动力就进入了现代经济部门，其效率和收入都得到提高。在市场体制下，企业家必须不停地寻找最低要素成本，这意味着，资本、企业家精神和知识始终具有向下流动、与穷人的劳动相结合的倾向，市场是穷人参与现代经济部门的希望所在。

第三，最重要的是，市场是开放的，不拒绝任何人，不管他在计划当局眼里是多么的无用。市场面前，人人平等。从效率的角度看，市场也欢迎所有人进入。因为，参与者越多，分工就可以越细致和深入，知识生产的节点就越繁密，市场中更多的错误——其实就是机会——会被发现。因而，所有人的效率都会有所提高。

因此，在市场秩序中，每个人都可以自由地利用其天赋和技能，找到属于自己的位置。市场的这种开放性，对于穷人尤其重要，因为穷人通常是知识和技能低下者，而政府官员总是倾向于低估低技能者的生产潜力，并据此限制他们融入社会分工体系、寻找自己合适位置的自由，使其收入无从提高。

比如，根据实用主义精神，各地城市政府有限度地放松户籍制度，为适应城市发展高新技术产业的需要，给一些高技术人才发放“绿卡”，与此同时，继续拒绝接纳所谓的技能低下者。但经济学的分析将表明，这种自以为聪明的做法其实十分愚蠢。可以设想，如果没有这些低技能者，所谓的高端人才得不到相应服务，不得不分出时间从事那些活动，其效率必然无法充分发挥出来，技能低下者也没有提高收入的机会。假如允许这些低技能者进入，为所谓的高端人才服务，各自发挥比较优势，则可同时得到效率红利。

是的，计划经济，或者政府主导下的经济增长，速度的确经常快于市场驱动的自发增长，就像苏州的经济增长速度一直高于温州一样。但是，经济增长未必带来民众收入的增长，可以说，权力干预的力度越大，GDP 增长速度与居民收入增长速度之间的差距就越大，收入差距就越倾向于扩大，穷人的收入提高的可能性就越小。自发的市场秩序倾向于打破政治、文化，甚至国界线所造成的群体间的分割，倾向于给穷人以机会，让其融入更广泛的社会分工合作体系以提高效率，从而使财富在所有市场参与者之间比较均衡地分配。因此，市场有助于均贫富，就各种可以设想的经济体制来说，穷人最好的朋友正是市场经济体制。

# 拒绝财产权法律，以穷人的名义？

保障私人的财产权，恐怕是人类社会形成法律、产生政府的根源之一。因此，所有发达的古代法律体系，包括中国古代的法律体系，都以尊重和保障私人财产权作为其核心内容。如果政府不尊重私人的财产权，法律不向财产权所有人提供救济，则社会交换与合作体系就无法正常运转，社会必然陷于混乱中。到了近代，在洛克那里，对于私人财产权的保障，更是被提升到了个人基本自由的高度。

对于这一观点，国人惨痛的经验当可做一注脚。从20世纪50年代中期到70年代末，私人财产权在中国几乎不存在了。当然，个人可以支配自己的牙膏、毛巾，但是，所有能够生产财富的东西，都属于全民或者集体所有。而现实的政治架构又使得个人根本没有渠道、没有能力处分全民或者集体所有的财产，无法管理那些名义上自己也有一份的财产，当然更不能享有其收益权。因此，在那种状态下，大多数人都是穷人。

这种财产制度不仅是不公正的，也带来了严重的经济无效率问题。学者普遍承认，国有企业由于产权虚置，效率低下，浪费严重。而且，存在严重盗窃、贪污等现象。今天民众仍为国有企业的这种产权制度付出代价，国有企业产权改革中的几乎所有问题，其实都是国有产权制度的后遗症而已。

因此，70年代农民自发改革的突破口，就是私人财产权制度。他们要求个人、家庭获得对于土地的部分直接权利。尽管这种改革远不彻底，但也仍然大幅度提高了农业劳动生产率。随后，私人企业逐渐发展，中产阶级逐渐成长，传统的公有制一统天下的局面被打破。财产在私人手中多多少少地聚集起来，保障个人财产权的呼声越来越高。

国家则不断地在财产权问题上向私人的权利让步。《宪法》不断修改，其中所涉及的主要是跟经济制度和财产权制度有关的条款。政府逐渐承认私人可以拥有财产，可以经营企业，可以持有利润，可以继承遗产。

当然，每一次修改，都引起争论。而到了2003年围绕宪法修正案的私人财产权保障条款和2005年下半年围绕着《物权法》草案所爆发的争论，则是最激烈的。而且呈现出非常特殊的面相。

## 富人的“原罪”

在90年代末以前围绕私人财产权和私人经济的争论，主要跟意识形态教条有关。而普通民众对于那种教条，早已深恶痛绝，或者根本无人理睬。不过，从90年代末开始，围绕着私人财产权之法律保障的争论，则因为人们对于社会现有私人财产的状况之认识存在严重分歧，表现得更为复杂。

市场化改革的一个基本后果就是，私人持有的财产在全社会财产中所占的比例急剧提高。除了出现了一个中等收入阶层之外，更出现了一个高收入群体。而由于市场化改革是不彻底的，因而，这个高收入群体的财富之正当性，就遭到了广泛的怀疑，这也成为很多人反对法律强化私人财产权保障的主要依据。

应当说，过去二十多年形成的普通新富阶层中，其财富有相当比例是大体干净的，他们是依靠企业家精神积累财富的，而他们创造个人财富的过程，就像亚当·斯密所说，也增进了公众的利益，比如，他们开办民营企业，为穷人增加了就业机会，提高了穷人的收入。

但是，过去十几年的经济增长模式也产生了一个权贵阶层。这些人主要包括三类人：第一类就是直接利用权力寻租的官员及其亲属，腐败官员家产的动辄都在几百万以上，这些只能是化公为私或权钱交易得来的，而官员的腐败自90年代以来日趋严重。第二类是国有企业管理层。他们通过内外勾结，通过种种手段将国有财产化公为私，很多就是通过企业产权改革而积累个人财富的。

第三类则是一些民营企业家，他们通过攀附权力而获取财富，也即，先用金钱收买权力，再把特权滥用于正常的商业活动中，把不公平的交易条款强加给对方，获取不正当的利润。这里既有无奈的成分，因为政府控制资源与市场进入，不贿买权力则无法进入；不过，也有为利润而不择手段的成分。人们谈论民营企业的“原罪”，就源于部分民营企业家在权力无所不在又不受制约的制度环境下的行为不当。但是，此类民营企业家身染“原罪”的程度，也有深有浅，其中某些已大体可归入权贵行列。

所有这些权贵的财富之正当性当然是值得怀疑的。而它也成为讨论私人财产权之法律保障时的一个问题：很多人认为，这些权贵通过不正当的、违法的途径积累了大量财富，尊重和保护私人财产权的法律之实际效果，就是把这些不义之财合法化。因此，基于穷人的立场，必须拒绝这些保障私人财产权的宪法条款与法律法规。

## 保障私产的利害权衡

这些人士的道义立场是值得钦佩的。事实上，可以推测，面对这些不义之财，他们有一个非常激进的计划，或者说有一种强烈的期待，尽管他们在比较正式的表达中很少明确表达，但在网络论坛上则可以看到其最直率的表达。他们期待着有一天可以对这些不义之财进行全面清算，让财富分配的天平恢复平衡。为了让正义在某一天降临的时候不会遭遇任何障碍，他们坚定地拒绝所有保障私人财产权的法律变革。他们进而认为，谁主张保护私人财产权，他就是主张保护权贵的私人财产权，就是对穷人的背叛。

不过，在这总清算的日子到来、所谓的“正义”全面降临之前，穷人就只好忍受保护私人权的法律匮乏所带来的痛苦。

穷人其实也是有财产的，或者对于土地、房屋即使不拥有完全的所有权，也基于法律或习惯而享有某些产权，比如宅基地的权利，商品房的房屋所有权及其土地使用权，农民的土地经营承包权，或者三轮车夫的三轮车，小摊贩的炊具、工具，等等。

这些财产或产权与富商巨贾的亿万财富相比，当然微不足道。但正因为其微薄，所以，才是普通民众和穷人的性命所系。没有了那一点点赖以维持生计的财产，他们立刻就会无法维持最起码的尊严和独立，甚至无法维持最基本的生存。因此，这些财产的边际效用是非常高的。不管是为这些民众的生计考虑，还是为社会和平秩序考虑，一个明智而正义的政府，都会对这些财产和产权提供充足的保护，使之不至于遭受侵害。

让人无奈的是，由于缺乏保障私人财产权的法律，尤其是缺乏有效的司法救济手段，普通民众，尤其是穷人的财产和产权，每日每时都在大规模地遭受侵害。比如，在农民土地征用中，政府确定的土地补偿标准本身就对农民极端不公，地方政府除了强制农民接受这种补偿条款之外，更随意拖欠或者层层截留补偿款，令农民永久性丧失土地产权之后只得到一点微薄的补偿，而成为悲惨的“失地农民”。城市拆迁中政府与开发商勾结掠夺市民的土地使用权的事情也已经、并正在大规模进行。同时，为了维持生计，有些下岗工人或进城农民蹬三轮车，或摆设小摊点，而市政管理当局则除了将其驱逐之外，更肆意毁坏、没收其财产。还有各种形式的乱收费，也是侵害民众财产权的一种普遍形态。有时，政府也仅靠税务机关的一纸红头文件，而未经过人大审议，就随意向民众开征一种新税或提高税率，这同样是对民众财产权的侵犯。

为什么会这样？当然与政府权力不受限制、政府过深介入经济活动等政制因素有关，但界定和保护私人财产权的法律的薄弱，尤其是司法体系之不健全，也是民众财产与产权得不到保障的重要原因。

这方面法律的匮乏，确实也可以像某些人士所设想的那样，让那些权贵们始终提心吊胆。因为，他们通过黑色或灰色渠道积累的财富，无法获得名分，一旦他们东窗事发，则财产就可被随意地追缴、没收。

不过，这种法律匮乏也带来了附带性伤害，就是，普通民众的财产和产权同样缺乏法律的保护。而且，相比较之下，私人财产权保障法律之匮乏最大的受害者，正是普通民众，尤其是没有任何权势、关系的穷人。

没有正常的法律保护，掌握权力者既然可以依靠权力积累财产，当然也可以靠权力本身来保护自己的财产。拥有较多财富的企业主也可以通过与权力合谋而获得事实上的保护。他们也可以方便地把财产转移出境。唯独一般民众，尤其是处于社会边缘的弱势群体，却不可能找到和利用这些保护财产的替代性办法。

因此，拥有微薄财产的普通民众唯一能够指望的，就是政府制定出更公正、更完全的私人财产权保障条款，并且通过司法改革，让法院能够在其财产权遭受侵害的时候更及时有效地提供救济。哪怕这些条款只是写在纸上，而不能变成现实的制度保障，至少，这些条文也可以让民众增加诉诸道义的分量。

于是，一个抉择就摆在人们面前：一方面是等待着有一天对那些不义之财算总账，而在那一天到来之前，普通民众、尤其是穷人的财产因为缺乏法律而将继续遭受侵害；另一方面，制定出比较完善地保障私人财产权的法律，并推动其有效执行，多少总能缓解一下穷人的痛苦。那么，一个理性的人究竟会选择哪一个？再说，那个算总账的日子其实谁也说不清在什么时候能降临。为了一个渺无踪影的总清算，而让穷人继续忍受无法无天的侵害，是否合理？

## 警惕本能的反应

笔者还想说，这种试图在一夜之间解决问题的心态，是非常可怕的，因为它在让人们积累仇恨。它指望通过社会群体之间的对立和剧烈冲突来解决社会问题。但这种基于本能反应的设想，不可能真正地缩小贫富之间的差距，相反，它准备让整个社会玉石俱焚。谁都可以料想到，所谓的算总账会激起怎样的政治与社会冲突。而在这样的冲突中，首当其冲的受害者，必将是穷人。因此，哪怕是为了穷人的利益，理性的人们恐怕不能不对这个总算账的设想保持警惕。

假如我们明智地拒绝这种总清算，那么，唯一可以做的，就是从现在开始，通过完善法律和司法制度，更有效地保护所有人的财产和产权。而穷人将可以从这种平等的保护中受益最大。因为，对于富人来说，只不过是在原有的政治性保护之外，增加一层保护而已，而穷人所得到的保护则是从无到有。"法律的平等保护"条款曾经是美国二十世纪五六十年代民权运动的主要武器。西方宪政史已经证明，法律的平等保护实施的结果，肯定是穷人受益最大。

因此，真正地同情穷人，就从点点滴滴做起，要求法律平等地保护所有人的财产和产权。由此，穷人的境遇得到一点改进，这总比不改进要好。那些号称同情穷人的人士却只盯着权贵的腰包，因为担心富人的钱被合法化，而拒绝给予穷人的财产权以法律保护。笔者搞不清楚，他们究竟是充满了同情心，还是心如铁硬。

没有理由要求所有人都支持私人财产权及建立在其上的政治法律制度。人们如果愿意，当然完全可以在学理上、在言论中反对私人财产权条款入宪，他们可以拒绝《物权法》，也可以主张维护公有财产的神圣性，并继续鼓吹，为了公共利益政府可以剥夺私人的财产权。但是，这些人士在表达这一切意见的时候，最好不要以穷人的名义。因为，相关法律及救济手段缺乏，正在导致穷人微薄的私人财产，现在就在遭受普遍的侵害，穷人的财产现在就需要最虔诚的尊重和最严格的保护。

更进一步而言，宪法、物权法及大量与财产权相关的法律，所保护的只可能是经过法律认定的不属于不义之财的那些财产和产权。不少反对私人财产权条款入宪、反对制定《物权法》的人，是希望这些法律承担起它不应当承担、也承担不起的政治使命来。究竟如何处理转轨过程中某些人利用权势所获得的财富的问题，这是一个政治问题，而且，是一个临时性的政治问题，而追求长远稳定性的宪法和法律是不应当解决这些问题的。当然，此一政治问题也必须通过法律手段来解决，决不应诉诸某些人所向往的大规模的政治运动。假定有一天人民及政府确实想解决这个问题，那时所需要的，也只是一部只在当时发挥短期效力的特别法律，以及严格的司法程序。

最令人忧虑的是，反对私产条款入宪和《物权法》的人士，似乎已经习惯了政治运动的思考模式，习惯了斗争哲学，并且听任激情泛滥。历史已经证明，这类解决方式，最后遭受损害的总是穷人。今天，哪怕是在解决某个群体的"原罪"这样的敏感问题的时候，也需要综合考虑所有人之自由与权利，严格地依照法律程序，理性地解决它。否则，中国社会就只能继续在治乱循环中徘徊。

## 穷人需要福利，更需要自由

人人都知道，美国也有贫富差距，而且，根据某些指标衡量，美国的贫富差距远远大于欧洲国家，跟中国倒有一比。摩根·斯坦利的首席经济分析师斯蒂芬·罗奇不久前就曾说，美国最近的基尼系数是41，中国是45，是世界各主要经济体中最高的。

但是，在美国，贫富差距似乎从来不是一个严重的社会问题。笔者翻译的瑞典学者约翰·诺尔贝格所著《为全球化申辩》一书谈到了一个有趣的事实：在美国，最贫穷的五分之四人口只占有这个国家GDP的3.6%。看起来财富分配很不公平。但是，通过这些统计数据来观察收入差距很容易使人们忘记，在不同群体间始终存在着流动，大部分是向上流动，因为，随着教育程度提高、工作经历增加，工资会有增加。1975年属于最穷五分之一群体的人中，到了1991年，只有5.1%仍属于最穷群体，大多数则变富了，其中30%流动到最富裕的五分之一人口中，60%则进入最富裕的五分之二人口中。平均而言，美国处于贫困线以下的人口只在那里停留4.2个月。只有4%的美国人属于长期贫困，也即处于贫困状态下达两年以上。与此同时，最贫困的五分之一人口中又会补充进新人，学生和贫穷的移民，但他们都有机会很快沿着财富的阶梯向上爬。

这个故事表明，在一个法治健全、人们的自由得到尊重、权利得到保障、市场充满活力的国家，穷人大体上可以依靠自己的努力，通过接受教育、通过节俭、通过闯荡江湖，改善自己的境遇。今天的穷人明天大多数会变得相对富裕。

当然，在中国，情况要复杂得多。我们已经看到，从20世纪50年代到70年代的三十年间，绝大多数人，尤其是农民被剥夺了通过自己努力摆脱贫困的全部自由与机会，因而，人们普遍地生活在贫困状态，所有人都是平等的穷人。

70年代末开始的市场化改革，则让农民，让那些被排斥在体制之外的城镇居民，获得了一定程度的经营与创业自由，因此，他们中大多数通过自己的努力迅速摆脱了贫困，而不再是穷人。中国之所以创造了世界减贫史上的纪录，使上亿人脱离贫困，不是因为政府向这些农民、个体工商户提供了什么福利，而仅仅是因为，政府抛弃或放松了对民众的自由与权利的限制，这些民众通过自己的努力，加入到效率较高的现代经济部门，甚至融入全球分工体系中，以较高的劳动生产率为基础，获得了比以前更高的收入。尤其是在80年代，穷人、低收入群体收入的增长幅度大于计划体制内的高收入群体，从而缩小了体制内外民众的收入差距。

但从90年代以来，居民收入与贫富差距则呈现出扩大的趋势。一方面因为国有企业改革处置不当，本来享有稳定收入的部分工人丧失了收入，也丧失了与其身份相配套的福利保障，城镇出现了一个相当庞大的相对贫困群体。另一方面，农业生产效率的提高空间已经穷尽，但政府仍然限制农民的自由迁徙，农民市民化的进程被人为堵塞，政府又拿走农民土地增值的全部收益，凡此种种导致农民收入增长幅度也趋于减缓，有几年甚至完全停滞。

因此，近两年来，贫富差距成为政府、民众、舆论普遍关注的重大社会问题。人们纷纷呼吁，政府应当承担其收入再分配的职能，对富人多征税，对穷人多提供福利。政府已经作出积极回应，采取了一些财政措施，逐年增加对农村的投入，增加对农村基础教育和基础设施的投入，等等。

但是，通过财政转移等再分配工具，究竟能在多大程度上改善穷人或者低收入群体的境遇，尤其是在中国，低收入群体是如此庞大的时候？

## 中国需要“穷人的财政学”

在当下的中国，适度的收入再分配肯定是合理的，向穷人提供某些救济，也是完全必要的。

前文已经指出，在计划体制下，被强行限制在现代经济部门之外的广大民众——主要是农民——陷于绝对贫困中，而且，他们也几乎享受不到政府提供的福利。那个时代的财政是以一套非常怪异的逻辑运转的。整个财政服务于现代化的政治经济目标，因而，只有现代经济部门，只有城市中就业于国家机关和国有企业的员工能够享有政府提供的福利保障。

这样，政府的财政补贴落入那些收入本来就最稳定、也最高的群体，国家提供的福利保障也仅覆盖这一群体；而最穷困、因而也最需要政府补贴的人——主要就是农民及城镇非公有制单位的就业者，却被排斥在国家福利制度之外。过去若干年的福利制度改革没有改变这种基本格局，至多不过是将那些享受福利的人的实物福利货币化，比如，从免费坐公车改为发放车补，从免费享受暖气，到发放暖气补贴，如此等等。按照这种最省事的“暗补变明补”改革路径，原来被排斥在国家福利体系之外的大多数国民，仍然没有资格享受这种福利。而这一改革本身让居民间收入的差距看起来更大了，因为，体制内群体的有些实物福利变成了货币收入，被统计到其名义收入中了。

考虑到这一现实，政府目前向农村增加财政投入的做法是正确的，但还远远不够。基于公共财政的原则，政府每年的常规公共支出，至少应当有一半以上投入到农村，投入给农民。这样，才算履行了平等地向全体国民提供公共品和公共服务的义务。考虑到政府对农民的欠账，甚至每年常规支出的大部分应当用于农村。

至于福利保障制度，也需要进行彻底变革。当下的中国，需要一种真正的“穷人的财政学”。公共财政如果要进行转移支付，如果要补贴什么，或者对什么人提供福利保障，那么，最有资格享受这种补贴、福利的，就应当是社会中的低收入群体，就是那些因为种种原因而陷于贫困中的穷人。

中国需要一场基于平等原则的“公共财政革命”，需要彻底颠倒目前扭曲的财政原则，从投资型的财政转向公共服务型财政，从城市、工业偏向的财政，转向平等的财政，在中短期内为矫正以前的偏差，更需要一种农村导向的财政。至于国家福利制度，则要从身份制转化为救济式，把仅仅覆盖国有单位员工的福利制度，变革为覆盖全体国民，但主要是覆盖农民、覆盖穷人的福利制度。从补贴收入最稳定、也最高的社会群体，变革为补贴收入最不稳定、也最低的群体。

政府有没有可能进行这场“公共财政革命”，笔者不得而知。但财政是政治的集中表现，中国社会的长期稳定及繁荣，在相当程度上取决于能否彻底告别传统的掠夺性财政，完成这场财政革命，让财政真正地服务于国民，而不是服务于政府拣选出来的某个特权群体。国民基于自身权益考虑、舆论出于公共责任伦理考虑，理应推动政府进行这场公共财政革命。尤其是各级人大如能真正发挥自己的作用，代表真实的民意，控制和监督财政，则可推动这场财政革命早日完成。

## 光靠福利不能解穷人之困

不过，即便政府确实有这个决心，建立覆盖穷人的福利制度，对于国家福利制度纾解穷人之困的效果，也不应抱太多希望。无论如何，福利制度只能救急，而不能解困，它可以让一个人不至于生活不下去，或者说不至于让一个人因为子女教育、因为疾病而陷入极端贫困状态，但是，它不可能让广大的低收入群体提高收入。

但目前，舆论普遍对国家福利制度寄予过高希望，有很多人呼吁回归旧的福利制度，也有人羡慕北欧的福利国家模式。在笔者看来，构想中国式福利体系，有必要考虑几个问题。

第一，国家福利不可能是免费的。福利所需要的每一分钱都来自于民众自己。政府可以印钞票，就像拉美某些民粹主义政权最后不得不采取这一招，但印钞票的所有恶果最后也是由民众自己承担。天下没有免费的午餐。要增加福利,民众就必须准备好忍受高税收。这是一个无可逃避的选择,北欧所有高福利国家,都是高税收国家。

第二,很多人在进行了这一权衡之后,仍然选择高福利、高税收,他们相信,税负主要落在高收入群体身上,而福利将主要为中低收入群体享有,这样,就可以实现全社会的收入再分配,使社会的收入差距缩小。但是政府大量征税,甚至又通过漫长的财政环节进行财政转移、支付福利,一来一回,必然导致财富损失与财政效率损失。

第三,通常情况下,让高收入者承担高税负通常只是一种幻觉,高税收的负担一般情况下都落在了中等收入群体身上。在发达国家,福利制度通常只是起到"搅拌"作用,就是同一个中产群体承担主要税负,又获得大部分福利。在中国,个人所得税已经证明了中等收入群体是税收主要承担者的定理。原因在于,政府与国民的选择不同。国民希望通过征税缩小贫富差距,政府却希望获得更大税收,因此,政府会以各种各样的理由拖延调整个人所得税起征点,于是,越来越多的人就被囊括到个人所得税的纳税人行列,政府的个人所得税收入越来越多,个人所得税调整收入差距的作用也越来越小。

几乎所有税种都会如此。除了政府方面的原因之外,不同纳税人群体的行为模式也会导致这一结果。通常,高收入群体及那些利润最高的企业,总是有更多的方法避税,因其数额较大,也有强烈的避税激励。而普通企业及中等收入群体的避税余地则小得多,激励也较小。

第四,在中国,情况更为特殊。假如目前的福利制度不进行革命性变革,则发展福利制度的结果是,整个社会的收入分配更不公平。因为,在目前的福利制度下,最穷的人没有资格享受国家福利,反倒是收入较高的国有单位员工享有福利。因此,在福利制度革命之前,通过高税收增加福利规模,意味着中等收入群体将补贴高收入群体。

如果考虑到这些因素,则传统的福利制度就并不可取。事实上,政府当时仅向国有体制内员工提供微薄的福利,尚无法支持,就因为这套体制的运行损耗太严重。比如,政府向这些人口提供的全免费的医疗、教育机构效率低下,大量浪费资源。政府在90年代不得不进行改革。这些改革确实失败了,但因此而要求回归旧体制,却把问题简单化了。

旧体制最大的弊端在于,与就业制度及其他政治制度相配合,让人完全依附于国家。事实上,北欧福利国家模式也导致同样的个人精神萎缩。对于北欧国家来说,没有个人自主意识也许不是大问题,但对尚未完成法治与宪政转型的中国来说，这种民族精神上的缺陷将是致命性的。

事实上，中国人传统上更信赖自己和家庭，而对国家有一种不信任。人们只相信，钱到了自己手中才是最踏实的。传统上国人也主要依靠家庭自我保障，最多再通过家族性社区的福利网络，来解决社会福利问题。当然，今日社会结构已发生巨大变化，但在设计福利制度时，仍可通过对民情的洞察，把家庭自我保障放到首位，而以国家保障为辅。

在笔者看来，在讨论福利制度的时候，似应破除“国家迷信”。其实，在人类可以设想的福利制度中，国家福利制度的运营效率可能是最低的。在人类社会的大多数时间，福利保障都是社会自身供应的，国家福利制度不过由德国的俾斯麦始作俑，仅有百余年历史。而社会自我供应福利的经验是不应被忽视和遗忘的。

有学者引用法国就业法案遭遇挫折的例子说明，中国在改革、完善福利制度的时候应当防止福利制度设计不当导致劳动力市场僵化的危险。这种说法遭到了舆论的广泛抨击，认为这是穷人担心吃大餐吃胖。但是，建立、改革国家福利制度之时，确实应当参考西方福利制度的成败得失，以便我们作出更明智的选择。谈到经济增长方式，人们普遍不赞成走上西方式的先污染后治理的道路——尽管这种说法其实是对西方的严重误解；那么，在福利制度领域，恐怕同样应当考虑西方的前鉴，而有所取舍。这恐怕也是一种后发优势。

尤其就现阶段而言，福利制度建设的主要任务是，矫正其不公平，而致力于打破身份制，实现城乡平等。如果做到了这一点，则我们社会中真正的穷人也就能够获得一些保障，这种保障将使他们在遭遇人生劫难的时候还能保持人的最后的尊严与体面。

## 减少穷人更要靠扩展自由

归根到底，一个健全的福利制度，需要建立在大多数不是穷人的基础上。在一个半数国民仅能解决温饱问题的情况下，勉强建立起来的福利制度将会面临难以承受之重。因此，帮助穷人，最可取的办法还是让穷人首先通过自己的努力摆脱贫困。

好在，在中国，这方面的潜力还非常巨大。过去二十多年来，只是获得了事实上的自由，就有大量农民摆脱了贫困。可以设想，假如国家能够更切实地尊重个人自由，扩展个人自由的空间，让穷人可以接触更多机会，那么，穷人就会沿着社会开放出来的机会与财富通道，向上流动。

对于不同群体的穷人来说，自由的侧重点略有不同。

对于农民来说，他们最需要迁徙自由。大多数人都会同意，农民摆脱贫困的最便捷途径是变成非农民。过去二十多年来，在农业户籍人口中，有相当一部分的收入有所提高，那是因为，随着市场发育，他们获得了事实上的迁徙自由和就业自由。尽管法律并不承认迁徙自由(宪法删除了这一条)，城市政府也继续坚持户籍制度，以此拒绝他们享受城市的某些公共品。但是，至少，他们已经可以偷偷地从低效率的农业部门进入现代经济部门，这让他们获得了提高收入的经济上的可能性。现在政府所要做的，就是把这种事实上的自由，变成法律上的权利。

至于继续留在农村的农民，所需要的是更大的法治与民主。他们的民主自治权利应当得到基层政府的尊重，他们对土地的产权也应当得到地方政府的尊重。应当进行一次革命性的土地改革，实现国有土地与农村集体土地的权利平等，即农民自己可以将集体土地转化为工商业用途，通过转让建设使用权，获得让土地增值的大部分收益，这将为农民市民化提供一笔非常有用的起始资本。

流入城市的农民已经成为新兴工人群体，官方的统计表明，他们已经成为工人的主体。尽管相对于从事农业生产，他们的工资收入已经大幅度提高。但几乎所有人都承认，他们的收入增长速度太低了。人们也呼吁提高他们的收入，但由于他们普遍就业于私人与三资企业，政府不可能直接管制这些工厂的工资。不过，略加分析即可表明，他们的收入之所以长期停滞不前，并不完全由于劳动力供应无限充裕，更重要的原因也许是，由于户籍制度限制，新兴工人无法参与工作所在地的公共生活，因而，当地政府根本没有保障其权利的动机；工人们也没有结社自由，无法通过工会与资方进行谈判。因此，假如政府确实想提高新兴工人的收入，办法并不难：废除户籍制度，接纳新兴工人参与公共生活；尊重工人的结社自由。

最后一点，要帮助穷人，政府应当尊重私人财产权，充分保障人们的创业与经营自由。国人拥有最出色的企业家精神，假如政府放松对经济的管制，让人们可以方便地成立企业，从事经营，这自然转轨创造出大量就业机会，让刚毕业的大学生、让新兴工人、让进城农民找到合适的工作岗位。不幸的是，近两年来，企业创业与经营的环境反而在恶化。政府为了某些垄断企业的利益，或者仅仅为了增加官员的寻租机会，而人为构筑市场进入壁垒。这保障了某些垄断企业的特权利益，但这些垄断企业却不能提供任何就业机会；相反，大量本可提供就业机会的企业却被扼杀。

从社会的角度看，个人提高收入的基本途径是普遍地提高劳动生产率。当然，对于某些群体来说，财富再分配也是必要的。他们丧失了劳动能力，或者由于个人原因或自然环境所限，个人努力的空间非常小。这个时候，通过收入转移，可以防止其陷入绝对贫困状态。但是，理论及经验均可证明，更多的自由，更有保障的权利，更健全的法治与宪政秩序，是消除大规模贫困、让穷人成为中产阶级、让中产阶级成为富人的最佳选择。只有在人们创造财富的效率得到自由之保障的前提下，一个合适的福利制度才可以健全地运转。

## 穷人与富人:拒绝仇恨,追求和解

当代中国的贫富差距可能是比较大的,而当今穷人与富人之间的隔阂与对立可能是非常严重的。穷人和富人这两个词在当今的媒体——尤其是网络论坛上——总是能够引起强烈的激情。最极端的表现是,来自农村的大学生残忍地杀害自己的同学,舆论热衷于为其寻找各种各样的社会经济学解释,以论证其行为之合理性。相反,富人的非正常死亡,总是能够招来一片喝彩。有人提出"仇富"心理问题,尽管很多评论家反对这种说法,但是,网络论坛中的大多数评论让人不能不相信,贫富之间的隔阂确实已经恶化为一种仇恨。有一篇文章的标题就是《穷人就应该仇富》。

### 权力导致分配不公

中国的穷人与富人之间之所以存在着如此巨大的隔阂与情绪对立,当然有种种复杂的原因。首先,穷与富分化、形成的过程中存在着巨大的不公平。

计划经济时代,整个社会分裂为两个互相隔离的世界,一个是城市和工业化地区,一个是乡村。两个世界的贫富悬殊相当大,占人口80%的农民处于绝对贫困状态。不过,城市其实也处于绝对贫困状态,尽管收入比乡村高一些。但不管怎样,在城市和乡村各自内部,个人、家庭的收入基本上是均平的。很多人也正是因此认为那是一个平等的时代。

20世纪70年代末开始的市场化改革,一度使城乡之间的差距缩小。不过,随着改革逐渐从自下而上变为自上而下,由于政府回避体制改革——包括户籍制度改革及民主政治改革,而片面强调经济增长,从80年代末开始,城乡之间的差距又恢复扩大。更重要的是,市场化改革意味着经济结构发生巨大变化,不管是在城市还是乡村,各自内部的个人、家庭间的收入差距则显著地拉大了。

抽象地说,这种收入分布格局在一定程度上是正常的。计划经济时代那种相对平均的财富分布状态,只有在军事共产主义之下才有可能实现,只有当个人完全丧失自由、其收入完全由一个垄断权力的组织自上而下分配,才有可能形成那种扭曲的分配格局。而那种分配格局意味着社会本身无法积累任何剩余,因而也不可能进行任何投资与创新。那注定了是一个停滞的社会。而在一个自由市场下,由于个人的天赋、技能、运气等各不相同,因而,个人收入肯定会存在一定、甚至相当大的差异。

因此,在80年代之前的平等的贫困的基础上,社会形成一定的收入分配差距,在一定程度上是经济与社会演变的自然结果。但是,中国的市场化本身存在严重扭曲,因而,收入分配离散的过程也存在严重的扭曲。

笔者已经再三指出,90年代以来所形成的经济增长方式是权力主导、投资驱动的,因而,收入分配严重地向政府倾斜、向企业倾斜,尤其是向国有垄断企业,得到政府青睐、照顾的跨国公司及部分攀附权力的民营企业倾斜。相对地,工人,尤其是身处沿海新兴工业区,由农民工转化而来的新兴工人群体,收入增长速度严重滞后。收入差距扩大到不正常程度的根源,正是90年代以来的经济增长方式。

这种增长方式甚至带有一定的掠夺性质,其中主要的掠夺机制就是农村征地制度与城市拆迁制度。政府利用权力大幅度压低征地与拆迁补偿成本——注意,这里仅仅是一个"补偿",而根本不是地价。而土地增值的收益,则首先由政府享受,然后再由政府与有能力获得土地的工商企业瓜分。90年代以来的富豪中,有一半左右依靠房地产生意积累财富,而在这些财富中,有相当一部分来自对农民、对城市居民的掠夺。这个逆向的收入再分配过程,乃是权力控制资源所导致的恶果。

媒体及某些自称左派的知识分子则最为关注城市下岗失业工人群体。应当说,这个群体对贫富差距扩大的感受最为深刻。农民本来就习惯于绝对贫困状态,新兴工人群体的收入虽然增长缓慢,但也高于其从事农业生产。唯独城市原国有企业部分员工,随着国有企业衰落、倒闭,而被旧体制所抛弃,他们因此而丧失了在旧体制下所享有的收入、福利和政治与社会地位,生活在贫困状态中。而同时,城市在畸形的经济增长方式下迅速繁荣起来,也形成了一个中产群体,及更为显眼的富豪群体。个人境遇的相对下降与城市的繁荣与富裕之间形成强烈的反差,人们的情绪不可能不受到冲击。

应当说,国有企业的关闭,乃是不可避免的,因为,它没有效率,它的存在是以浪费资源为前提的,其中包括浪费那些工人的人力资源。但是,在关闭国有企业的过程,工人的权利和利益没有得到足够的尊重,政府也没有承担起其雇用这些工人时作出的隐含的承诺。政府依据自己的政治经济目标单方面撕毁了那张隐含的终身雇用合同,只给工人微薄的补偿。在现有体制下,工人方面也无法主张自己的权利。因此,工人境遇的相对下跌,不是因为私营企业发展挤垮了国有企业,不是因为国有企业被关闭,而是因为对于关闭的清算过程,工人没有任何发言权,其权益得不到任何法律上的保障。

## 通过平权，实现均富

从理论上说，收入差距的扩大本身并不是太大的问题，事实上，美国的基尼系数只比中国略低一些，但美国社会并没有形成中国当下如此严重的贫富隔阂与对立。同样的收入分化之所以导致不同的政治社会后果，乃是因为，相对于美国相对公平的法治之下的市场秩序，中国的法治是不健全的。权力不断地在扭曲市场，从而导致财富不是按照市场的原则分配的，而是被权力严重扭曲。拥有特权的人积累起与其才能完全不相称的巨额财富，普通民众则因为权利的匮乏而失去提高个人收入的机会与自由。民众所痛恨的也许不是收入不均，而是收入不公。

因此，缓解当下的贫富差距，尤其是改变人们心理上的对立，政府所要做的，首先是健全法治，平等地保障所有人的自由与权利。政府为缓解贫富差距，已采取了某种措施，主要是财政再分配，比如增加对农村的财政转移，增加对农民的补贴，改善城市贫穷阶层的福利。但是，财政再分配只可奏效于一时，要解决问题，还是得从平权入手。

假如农民能够自由地迁徙，他们就可以依靠自己的力量自己改变贫穷的命运，从而缩小城乡之间的差距。假如他们可以便利地获得城市户籍，贫困就会较少代际继承。假如农民可以自行在其集体所有的土地上设立建设使用权，则可以在继续保有所有权的前提下，获取土地转化为工商业用途的增值收益，则农民不仅不会成为失地的穷人，甚至可以成为中产阶级。假如新兴工人享有结社自由，通过结成工会与企业进行谈判，则他们的收入就可以获得较大幅度提高，从而改变目前国民收入分配中严重向企业倾斜的倾向。平等权利乃是财富相对均平的制度保障。

当下中国的收入分配分化，部分地乃是市场自然分配的结果，部分地则是权力扭曲的不公平结果，政府应予以矫正的，就是这种不公平。此种分配不公，原因一方面在于弱者无权，另一方面则是某些群体不正当地享有特权。90 年代以来的经济增长模式，实际上赋予了某些人以巨大的特权。比如，某些政府官员可以通过控制资源、控制审批而获得租金。某些企业可以依靠与政府勾结，而从国有企业产权改革、从垄断性经营、从不平等竞争、从不公平交易中获取不当收益，甚至公然抢夺他人的财产。主流经济增长方式内在地具有形成财富分配不公的机制，因而，矫正财富分配不均，就得放弃这一经济增长方式，就得严格地限制政府干预经济活动的权力。

执政党高层已经意识到贫富差距扩大的严重性，提出了科学发展观的纲领，建设和谐社会。然而,旧的经济增长方式的惯性非常强大,各地政府圈占土地、不惜牺牲民众利益招商引资、追求政绩工程等倾向丝毫不见扭转。我们的社会能否解决财富分配不公问题,得看这套体制是否具有自我矫正机能,得看强者能否自我约束,承认其他群体的权利与利益。

## 要和解,不要仇恨

缓解穷富之间的隔阂、对立,除了依靠政制的调整、依靠权利的平等和权力的自我约束之外,更需要富人与穷人在社会的层面上努力,实现和解。

放远眼光,富裕群体与贫困群体之间的隔阂与对立,至少在中国历史上,并非新现象。从长时段看,中国社会始终在一治一乱的恶性循环中徘徊。故事通常始于财富与权力两种力量互相勾结和腐蚀,将弱者推入绝望之中,弱者最终报复性地用极端手段毁灭现状,从而玉石俱焚。

当代社会似乎已在某种程度上重复了这个循环的前半部分。社会现在面临的关键问题是,能否阻止这个恶性循环继续往前走。有些人士大约是依赖本能,自然地走向了对财富、对富人的仇恨,并希望借助政府权力剥夺富人的财富。有些知识分子则论证这种本能反应的合理性。根据他们的意识形态,一个社会必然要分成富人和穷人两个互相对立的利益集团,他们之间只能玩一种零和游戏:一方之所得,就是一方之所失。也因此,在他们看来,实现正义的手段就是"劫富济贫"。因此,他们期待着对富裕群体来一次总清算,并重新进行一次彻底的财富再分配。

如果这样走下去,那么,就恰好宿命般地走完治乱循环的下半段。以前是某些人借助权力积累财富,并在此过程中损害弱者;现在,人们则期待着把这种做法颠倒过来,同样是借助于强制性力量重新进行再分配,或者更可怕,通过一场总清算,以富裕群体的毁灭,一次性地恢复"正义"。

在笔者看来,这不是正确的、理性的解决之道,而只是文明社会的毁灭之道。对于中国人来说,贫富的隔阂与对立固然已是巨大的挑战,而实现贫富的和解,可能是一个更大的挑战。能否超越历史的治乱循环,要看当代人是否具有化解仇恨、实现贫富和解的意愿和能力。

为此,首先需要人们面对内心的魔鬼。近百年来,大多数中国知识分子都以落后、过时为由主张摧毁中国传统,到20世纪中叶,这种主张终于得到了权力的支持。传统的宗教与社会主流价值基本被摧毁,而道德正蕴涵于其中。因而,国人普遍生活于道德荒漠中。不,应当说,在摧毁传统的同时,政府也提供了一种替代品,它是一种反道德的伦理学,其核心假设是人与人处于战争状态。这种斗争哲学在人们的心灵中散播了一种互相不信任和仇恨的精神与情绪，人们不能正视对方的尊严和权利，而充满了杀伐之气。可以说，人们的心灵中一直有一股戾气。从50年代到70年代，整个民族，从农民到知识分子，其心灵完全被哲学家所教导的仇恨所控制，尽管是在和平时代，不同群体却进行了你死我活的战争。农民被煽动起来杀死地主，知识分子以恶毒的文笔互相揭批，学生则以理想的名义打死老师。今天，同样是因为人们的心灵被这种斗争哲学与仇恨心态所控制，所以，不同群体的利益分化立刻就变成精神上的对立，而社会的不公立刻会发酵出仇恨的激情。一方面，某些权贵、企业主、富人滥用权力与暴力对付弱者。另一方面，某些弱势者也以暴力回敬、报复，某些以穷人代言人自居的知识分子则不断地传播仇恨哲学。在某些网友对前几篇文章的评论中，笔者也悲哀地看到了这种仇恨情绪。

我不能不因此对这个社会的前景表示绝望。但知其不可为而为之，笔者仍然提出一个堂吉诃德式的命题：我们的社会需要超越仇恨，实现贫富和解。不管是对富人还是穷人来说，贫富间的分裂与对立，都不会有任何积极的、正面的结果。对于穷人来说，不满和愤怒不过是一种慢性精神腐蚀剂，而无助于自身境遇的改善。以反社会的、暴力的行为报复社会，最终也不可能实现正义。有些知识分子所幻想最后的总清算，也只能让穷人损失更多。至于富人，面对升腾着的仇恨，已经无法掩饰内心的忐忑甚至恐惧了。

当然，前景未必完全令人绝望。至少，其他民族已经提供了一些实现和解的经验。美国和南非历史上都有黑人与白人之间的隔阂、对立，法律上和事实上的种族隔离制度让黑人处于绝对弱势地位。然而，黑人及追求种族平等的人士们所追求的目标，不是让种族关系倒一个个儿，通过毁灭对方来增加自己的自由。黑人民权领袖马丁·路德·金这样告诫自己的黑人兄弟姐妹："我们不要为了满足对自由的渴望而抱着敌对和仇恨之杯痛饮。"在南非，黑人在政治上已经处于主导地位，但在曼德拉总统和图图主教的指引下，南非黑人没有进行报复性的政治清算，而是致力于黑人与白人的和解。正是通过社会大和解，而让黑人白人同时获得了人的尊严，双方在平等权利的基础上共同维持一个社会的和合。

我们面临的挑战是，能否克制激情，保持最起码的集体理性，而作出明智的选择。至少能够形成某些文明的底线共识，而不至于让群体之间的对立和冲突演变成无法调和的对抗与战争。

## 富人需要节制与自我救赎

贫富和解，富人责任更大。贫富能否和解，主要取决于掌握权力及获得财富的群体,能否明智地认识到权力与财富的边界,克制自己的强横与贪婪,并通过道德自觉、社会自觉及政治自觉,进行自我救赎。

人们现在对于富人已经形成了一种印象:为富不仁。人们普遍相信,富人没有意识到其社会责任,只顾自己疯狂消费,而根本不关心周围普通民众的痛苦。因此,富人如果要让自己的财富获得稳固的保障,就需要道德某种自觉,需要承担起消弭贫富差距的道德与政治责任来。

这是作为一个公民的责任,对于公民来说,解决社会问题,首先是反求诸己,而不会求助于国家。同时,这也是作为一个开明自利者的选择。因为,缓解贫富差距、保持社会和谐,乃是有利于维护和增加自己利益的。

其实,中国古代商人本来就有一个优良的"义利兼顾"传统。古代中国社会的贫富差距,应当不亚于当代。但当时的社会隔阂与对立却并不严重,尽管彼时的国家并没有履行收入再分配的职能。缓解贫富对立的机制,存在于社会自治制度中。在本地主政官员的引导下,富裕群体拿出其财富,与士绅和宗教组织合作,服务于社区和地方的社会事业。士绅和富商为社区提供了大多数公共品,包括道路、桥梁、教育,他们依托宗族、宗教、行会、会馆等自治性机构,建立了救济老弱病残的社会保障体系。这套体系确保了贫弱群体不至于陷于绝望,让他们保持了基本的尊严与体面。社会动乱通常起源于这套体制荒废之时,起源于士绅之劣绅化,由此导致的社会在精神上的断裂才会使利益的分化变成精神上的敌对。

从20世纪30年代日本侵略中国时代起,这个传统逐渐断裂。而当代不少富裕群体获取财富的方式本身就令人不齿,其日常行为也缺乏类似于古代社会儒家那样的主流价值观念的引导,因而自身就缺乏经世济民的情怀。同时,由于权力的限制,富裕群体的自我组织化程度也非常低,而缺乏经世济民的能力。因而,当代绝大部分富裕群体都远离社会自治事业,没有参与到社会自我救助体系的建设中。

当然,目前的体制本身也对于这种社会自治设置了重重障碍。比如,商人不得私自组织自愿性的商会,而成立私人慈善机构要经历繁琐的审批手续,其活动也要受政府控制,很难正常开展自治性活动。

但即便如此,富裕起来的企业家和商人群体,恐怕仍然需要发挥其企业家精神,探索各种社会自治的形态,以自己的财富和企业家精神帮助贫穷群体。如果富裕群体是理性的,那就会明白,帮助穷人就是帮助自己。服务社会乃是一种道德责任,同时也是保障自己利益的最佳途径,尤其是处于当下贫富对立情绪非常严重的时期。

富裕群体对于自我社会角色的自觉,似也需要以道德自觉与政治自觉为前提。

传统商人从事社会自治事业,有赖于传统儒家、佛家理念的教化,也依靠士绅与高僧大德之引导。今日社会则缺乏主流的信仰与价值，而知识分子又基本上学院化、体制化，丧失了价值保存者与社会领导者的意志和能力。商业精神缺乏了宗教与道学的引导，则必然粗鄙化，而丧失社会关怀的维度。事实上，诸多社会问题皆与道学与宗教被人为压制、人们沦为纯粹物质的存在，有直接关系。因而，今日中国需要一种精神重建，需要一场道德与宗教的觉醒。

另一方面，社会自治本身也具有巨大的宪政价值，因为，完善的社会自治，乃是抵抗政府滥用权力的最好办法。在一个转型社会中，富裕群体，尤其是其中的企业主群体，面临着一种选择：要么屈从于权力的垄断，通过贿买权力，获得利润；要么在权力之外，寻求独立发展，尽管艰难，但从这种发展中却能够生成限制权力的力量。后者当然需要一种政治自觉，而这种政治自觉又与道德、宗教自觉相关联。富裕群体、尤其是那些企业家阶层，能否拒绝权力的诱惑，而在追求自身企业发展的同时，也致力于扩展普遍的自由？形成这种意识很困难，但若不能形成这种意识，则富裕群体也就满足于与权力的合谋，最终让自己成为仇恨的对象而无法解脱。

可以说，化解社会怨恨，实现贫富和解，既有赖于制度转型，也有赖于中国人的精神与社会重建。——这确实是几乎不可能完整具备的条件，但好在我们看到，在这每一个方面，都有人在努力，包括富裕群体内部，也有一些人具备了某种程度的道德、社会与政治自觉，而从事着社会自治的事业。因此，对于贫富和解的前景，或许也没有理由完全绝望。

## 节制是精英的通行证

任志强已经成了一个象征。他一次又一次地发表爆炸性言论，这些言论挑逗起舆论的兴致，当然也招来无数谩骂。到了现在，任志强说那些话时自己是怎么想的，是想表达事实还是表达愿景，似乎已经不重要了。他是否有权表达自己真实的意见，似乎也是不大相干的问题。重要的是，在媒体、在普通公众——比如在网络论坛上——的心目中，他已经成为富裕群体、精英群体的某种心态的象征，而他的这些发言不过是强化了很多人的看法：新兴的富裕群体及社会中的精英群体——至少其中一部分——是丑陋的、霸道的。

也许，任志强只是最引人注目的例子罢了。事实上，某些所谓的“主流”经济学家的言论，也同样一次又一次引起轩然大波。最新的奇谈怪论是，改革中利益受损最大的是领导干部。

现代人习惯于从社会利益的角度来解释个人的言论与行为。然则，精英们如此扎眼的言论是否增进了自己、自己所在企业和自己所在行业、自己所在群体的利益？恐怕令人怀疑。新兴的富裕群体和精英群体之所以这么说，可能只是因为，过分的傲慢和霸道遮蔽了自己的理性。

### 新富群体的道德贫乏症

二十多年改革开放导致社会结构发生巨大变化，形成了一个新的精英群体，他们中至少包括成功的私营企业家、国企高级管理层、富裕起来的某些学者，当然主要是经济专家，也许还应当包括富裕起来的官员。

这个群体支配着大量社会财富，因而拥有事实上的权力。应当说，任何一个正常的市场社会都会有这样一个群体。实际上，一个与政府权力在制度上分立的财富群体，也是广义的宪制框架中的一种力量，在一定程度可以制约政府的任意权力。强大的商业精英群体分掌社会的部分权力，总比一个社会的全部权力集中在政府那里，更有利于扩展个人的自由，也有利于法治之下的市场健全地发育。

不幸的是，在中国，这个财富精英群体、某些富裕起来的知识群体形成的过程，却是先天不足，后天失调。

所谓先天不足是指，他们成长的道德环境十分恶劣。掰着手指头算一下，这批四五十岁的人在其青少年时代，几乎没有接受过系统的传统道德教育——其实“传统”二字是多余的，因为，健全的道德只能是传统的。如果一个社会着力摧毁它的传统，该社会的道德体系也就瓦解了。

或者可以更准确地说，这一代人接受了一种反道德教育。他们相信，人跟人之间唯一的联系纽带就是利益计算，他们是不可救药的“经济人”，而且是反社会的经济人，因为，他们青少年时代的经历教给他们的是斗争哲学。

另一方面，他们发财、创业与社会转型同时起步，而在渐进转型过程中，权力的有形之手始终紧紧地束缚着市场的发育，以至于直到今天，政府仍然说要进行“改革攻坚战”。在这种体制下，一个人要成功、发财，必须有能力接近权力、收买权力、利用权力。越是在代表着现代化水平的高端行业，比如金融、电信、房地产，权力的作用就越大。一大批商业精英，其实是通过寻租积累起财富和影响力的。

而权力从来是一种致命的腐蚀剂。权力会腐败人们的心灵，绝对的权力会让人的心灵变得冷酷。某些企业家如果一直都是依靠权力把自己的交易条件强加给被征地农民和拆迁户，某些企业家如果一向是依靠权力设立和保护的垄断获得巨额利润，那他们就不会知道公平为何物，他们当然会变得越来越傲慢、霸道，最后，他们也许根本不把自己的交易对象或消费者当成与自己平等的人看待。如果人们从他们的声音中听出了冷漠，甚至冷酷，那一点都不奇怪。

道德约束的匮乏与非常规的财富生成过程，让新兴的财富精英群体和部分与市场关系密切的知识精英冷漠而傲慢。对于民众的痛苦，他们不闻不问，即使有所察觉，也无动于衷，反而以冷漠的坦率挑弄民众的敏感点，或者以貌似科学的学理来嘲笑公众的常识。

## 理性与节制

考虑到刚刚过去的这个时代是经济学的时代，也许，他们中很多人是以亚当·斯密的经济人概念作为自己的依据，或以此为自己辩护的。但是，假如斯密复生，定会对他们的冷漠和傲慢给予严厉的抨击。

人确实是自利的，关心自己更甚于关心他人。但人总是也具有同情心的：这是《道德情操论》的基础逻辑起点。《道德情操论》是斯密的第一部系统著作，可以看成《国富论》的预备性论证，它论证了《国富论》将要阐发的市场秩序的人性基础。

在斯密看来，在市场秩序中，人确实是基于自利动机而采取行动的。但如果只有赤裸裸的自私，得到的不可能是文明。人们必得在某些普遍的规则、规范的节制下，利己活动才可得到善的结果。这些规则，就是“看不见的手”。斯密是位敬神者，“看不见的手”最初其实就是上帝的隐喻。用经验主义的话语说，人应当谦卑，应当不假思索地接受某些基本规则。这种敬畏心态，乃是“看不见的手”发挥作用的精神条件。

在中国，人们心灵中恰恰缺乏这只看不见的手，也缺乏对它的敬畏。庆幸的是，理性或许可以对此弥补一二。爱因·兰德是基督教传统的叛逆者，她激烈抨击仁慈和博爱。但对理性的强调，挽救了她的理论，使之不至于走向荒唐可憎。假如人们真正地理解自己的利益，那人就会审慎，就会知道自我控制，节制自己的自私之心。这就是现代之前的哲学家所向往的“明智”。最精明的得失计算，似乎未必能够实现收益最大化。相反，遵守那些看似节制自私的道德规范，反而可以实现自己的目标。这看起来有点悖谬，但却是一个伦理事实。哈耶克为休谟思想贴了一个标签，“规则论功利主义”，倒也比较贴切。

对于新兴的财富群体，讲什么大道理也许没用。但是，哪怕只是从纯粹自利的角度考虑，他们恐怕也该自我克制。中外贤哲都将克制、节制，视为掌握权力、财富、知识者最重要的美德，节制是精英的身份证。在所有社会转型相对平稳的国家，最为闪光的因素总是精英的节制。反过来，在某些社会，精英总是容易傲慢、冷漠，而迅速走向自我腐败。或者因为丧失同情之心，用自己的成功和财富嘲笑他人的平凡与贫穷，而激起他人的愤怒。没有节制的精英很快就会跟恶棍没有多大区别。

如果财富精英们尚有理性，并且愿意实现自己真正的利益，那就该开始一场道德自觉，节制自己狂热的自私和成功的傲慢，多少有一点同情之心，学会谦卑和审慎——这听起来是一个可笑的劝告。不过，孙立平已经警告过，精英的寡头化，正在促成下层的民粹化。明智的人是不会把筑在冰面上的豪宅当成永享富贵的金殿的。

## 基于权利的经济学

今天，至少在中国，在过去是十几年间，个人为自己创造财富，国家或一个地方追求经济增长，已经成为两件天经地义的事情。大多数人的生存状态，首先表现为“经济人”的一面。在此国情、民情之下，经济学一时成为显学，不仅红，而且红得发紫。

然而，这几年，增长和财富都突然成了问题，经济学家去年几经批评、嘲笑、咒骂，也已落得个灰头土脸，光彩不再。为什么会这样？经济学还有可能恢复它的荣誉吗？

### 经济学的冰山

解决当代某个问题的正确方法，往往是回到事物之本源。

近代经济学是从亚当·斯密开始的。斯密的主要思想是在他担任格拉斯哥大学道德哲学教授期间形成的。这里的“道德哲学”，并不是当代人所理解的狭义的伦理学，这个词也许应当译为“精神科学”，也即关于人和社会的全部知识。

斯密把这门课分成四个部分，第一部分是自然神学。斯密始终是上帝的信徒，在这部分，斯密考察了上帝存在的证据和上帝的特性，并考察了作为宗教基础的人类大脑活动所必须遵行的各项原则。第二部分是严格意义上的伦理学，其主要内容演变为他的第一本著作——《道德情操论》。斯密本人认为，《道德情操论》是一部远比《国富论》杰出的著作，临终前，他还在修订这本书。

斯密课程的第三部分较为详尽地论述了与正义有关的那部分道德学，其实就是法学。他曾经几次向读者承诺写出这部分，但最终没有写成。但由英国经济学家坎南编辑出版的《亚当·斯密关于法律、警察、岁入及军备的演讲》（以下简称《演讲》）第一编《论法律》，勾勒出了一个轮廓。亚当·斯密的道德哲学的第四部分，就是他的政治经济学了，以《国富论》的名义出版。

可以说，斯密构建了一个宏大的社会科学体系，以今人的眼光看，经济学给斯密带来了巨大荣耀，但斯密却宁愿为其铺垫出丰厚的宗教、道德与法律基础。

宗教、伦理同样是市场活动的制度基础，比如，赵晓先生提出过“有教堂的市场经济”，突出宗教对于市场正常运转的作用。这或许有点玄妙，那就来看看《演讲》中的讨论。在《演讲》的第一篇，斯密劈头就说，法律的目的在于防止损害，政府的目的在于保障财产。而斯密首先讨论的是公法，也即公民的自由、权利和保障等的宪政制度。然后才讨论民事法律和刑事法律。

这之后，斯密开始讨论“警察”事务。在那个年代，警察是一个范围很广泛的概念，包括保持城镇清洁，维持治安，设法做到价廉物美，也即包括现代的社会管理、经济监管和社会福利。斯密清醒地认识到，“防止犯罪，关键不在于设置警察，而在于尽量减少仰食于人的人数。使人类陷于堕落的，无过于依赖；反之，独立则会提高人的诚实性格。建立商业和制造业是防止犯罪的最好政策，因为商业和制造业有助于增进人们的自立能力。”由此，斯密转入讨论政治经济学部分。而在《国富论》中，斯密讨论了财富生成的机制——劳动分工等理论之后，也很快就转向了对“自然的自由”制度的讨论，致力于界定政府之正当职能的范围，抨击政府所设置的垄断。也因此，斯密的学说被称为“政治经济学”。

这就是经济学在其创始人的知识结构中的定位。斯密在宗教、伦理学、法学那里转了一大圈后，才到达经济学。很有趣的是，这种知识上的逻辑结构，也正是市场形成的历史次序。在英国和美国，是先有法治、宪政，然后才有现代市场经济。就在斯密写作的时代，英国已经形成了现代法治、宪政制度。斯密曾经提到了司法独立、“人身保护令状”制度、陪审团制度，他赞叹说：“不列颠政体是权力有着适当限制的各种政体的完善的混合物，是自由和财产的完全保证。”而正是在这之后，英国才形成比较完善的市场体制并发生工业革命。

考虑到这一点，对于19世纪中叶古典政治经济学的衰落及现代经济学的兴起，就无须惊讶。现代经济学大体放弃了斯密的主题——界定政府与市场的关系，而以分析个人行为为主要内容（这就是微观经济学）。经济学之所以要这样，乃是出于“经济”的原因：在英美甚至欧洲大陆各国现实的层面上，个人的自由与权利已经得到切实保障，经济的宪政框架问题已经大体获得解决，经济学家又何必继续讨论？

## 平等权利是市场的逻辑起点

中国人学到的是这种比较“先进的”经济学，但这种经济学其实与中国的现实在某种程度上文不对题。经济学家引入了西方微观经济学，解释个人的选择行为，并为市场化进行了有力的论证。经济学家自然也引入了更时髦的宏观经济学，为政府的调控出谋划策。

就在这热闹的景象中，经济学却悄然地误入歧途。那些西方学人视为不言而喻因而不再谈论的背景性知识，未能进入中国大多数经济学家的视野。于是，经济学家为私人企业家喝彩，但现实中的私人企业家其实却是权贵或攀附权贵者。经济学家说“交易先于产权”，于是，政府官员与国有企业高级管理层就把公共资产当做自己家的财产交易起来。经济学家也告诉公众，效率优先，于是，各级政府就以GDP为唯一追求目标；经济学家说，政府应当退出，于是，政府推卸自己的责任，而权力却似乎一点都没有退出。

他们的经济学本身或者并没有错，但问题是，那些理论只是冰山露出的一角，而对于中国来说，本来最重要的问题是冰山下的那个大家伙，也即个人交易和经济增长的制度框架。80年代中国开始进行市场化改革的时候，私人财产权不能得到平等的承认和有效的保障，大量民众缺乏基本的自由——比如迁徙自由，政府的权力没有得到有限的界定与制衡。在这种情况下，在经济奇迹般增长的同时，也出现了贫富分化悬殊、权力腐败严重、社会矛盾加剧等严重问题。

经济学要成为一门健全的学科，就需要具有自我反思的能力。我的朋友高全喜教授最近提出，中国经济学需要回到古典政治经济学，或者说宪政经济学。经济学家——至少部分经济学家——在解释个人行为、讨论宏观经济政策之外，也该关注个人进行选择和从事经济活动的宪政规则结构，以及落实这些规则的程序性安排。

也就是说，我们需要一种以权利为本的经济学。西方学人可以只研究市场，而中国学人却不得不研究“市场化”。这个过程应当有一个正确的起点，那就是权利的平等。斯密曾说过，“使人的自由完全得到保障是最难不过的事”。但一个社会要想正常发育成长，这却是绕不过去的一个坎儿。没有获得平等保障的个人的自由和权利，没有公正的交易规则，就不可能有公平的交易，个人就不可能按照自己的意愿为自己创造财富，国家也不可能变得富强。

# 经济学的悲喜剧

2005年年末，笔者参加一个小型研讨活动，一位说话夹杂着英文单词的老兄，正在侃侃而谈。中间忽然谈到，中国的基础设施建设为什么显著地好于印度。我说，一个重要原因是，在中国，政府对于农村集体土地拥有相当强大的支配权，农民的权利没有得到切实的保障，因此，在中国，基础设施建设确实取得了很大成绩，但在这背后，却出现了"失地农民"这样一个新生的贫困群落。这位老兄反对说，大多数重要资源在其交易之前的产权归属都是模糊的，只有先交易起来，产权才能逐渐明晰，资源才能实现效用最大化。争论至此戛然而止，因为我非常愤怒，我当时就痛骂：这就是没有良心、不讲道德的经济学，说完这话，我拂袖而去。

事后想来，我当时也许过于冲动了。但是，这也更让我坚信了一点，那就是，中国的主流经济学确实出了一些相当严重的问题，某些谬误已经深入某些经济学家的心灵，而这样的谬误，也对经济学的声誉一落千丈，承担部分责任。

## 经济学的风光

经济学是一门很有趣的学科，有不少人，尤其是经济学家宣称，在社会、人文科学中，科学性最强的，也即接近自然科学的客观、准确的，也许就是现代经济学了。这种说法或许有点经济学家的自豪和傲慢，但它未尝没有道理。经济学严谨的逻辑确实可以给人以思想上的训练，经济学训练也确实可以让人在思考社会政治问题的时候别有洞天。近代以来不少具有深刻洞见的社会、政治思想家，都具有经济学的知识背景。比如，苏格兰道德哲学的代表人物休谟也被公认为经济学家，国内出版有《休谟经济论文选》；该学派另一代表人物斯密则是经济学的创始人；马克思的理论基础也是他关于资本的经济学；到了20世纪，自由主义思想家弗里德里希·哈耶克中年之前一直是个经济学家，发展了奥地利学派经济学。

不过，也许，经济学在一个社会中所能享受的最大荣耀，莫过于中国主流经济学家在过去的10多年间所享有的地位和声誉。

70年代中国政局发生巨大变化，"文革"的强烈冲击，使人们普遍地关注民族心理、文化传统、政治结构等问题，因此，形成了一次新启蒙时代，比较热门的仍然是社会、人文学科。哲学、中西文化比较、政治学是那时的显学，人们谈论最多的是弗洛伊德、萨特、系统论等。

进入90年代，这些热门话题烟消云散，经济学则一枝独秀。现在人们所谈论的主流经济学，大概就是指80年代之后在经济学界广泛传播，到90年代取得主流地位的现代经济学。它是在原来正统的马克思主义政治经济学之外发展起来的，受到当时西方最重要的两个现代经济学流派——芝加哥学派和凯恩斯主义——的影响。公共选择学派、奥地利学派也对部分经济学人产生了影响。与西方70年代以来整个世界的经济学倾向保持一致，大多数主流经济学家支持自由市场，尽管程度有所不同。

经济学在90年代以来的繁荣，可能有其学科内在的逻辑，但与整个社会的变化也有直接关系。90年代初开始，全民商业化，整个社会都以财富增长为主要，甚至是唯一的目标，各级政府考核官员，都是以GDP增长速度、以招商引资规模为主要指标。于是，专门研究资源高效配置、经济增长与财富创造秘密的经济学，就获得政府、民众、青年学生的格外青睐。

十几年来，经济学家深入地卷入政府的决策过程中。论起对政府决策的影响来说，没有哪个学科可以与经济学相提并论。经济学家几乎主宰了媒体的评论版。他们为媒体所撰写的文章也被各家出版社争抢结集成书出版，并且确实成了畅销书。经济学家们也在各机关、地方政府、企业所举办的会议之间赶场，经济学家经常是地方官员、企业家们的座上宾。

## 市场的革命

经济学家曾经的声誉是社会对其推动社会变革的作用的合理奖励。中国社会在过去二十多年发生了可喜的变化，对此，经济学和经济学家贡献良多。

这种贡献首先体现为，通过传播市场、竞争观念，让中国走出计划体制，走上市场之路。经济学家们最早、并持续地论证，计划经济是行不通的，市场才是配置资源最有效的方式，国有垄断企业不可能有效地利用资源，也不可能向消费者提供物美价廉的服务。正是在一批又一批经济学家的推动下，国有垄断格局逐渐被打破，民营经济在权力的夹缝中顽强地成长，并成为经济增长的主体。

随着市场的发育，中国人的企业家精神被释放出来，市场创造出的财富大幅度提高了民众的收入。尤其是农民，因为可以参与市场交换，可以按照自己的意愿安排生产与生活，摆脱了计划经济造成的饥饿和贫困。在市场化稳步推进的二十年中,中国创造了贫困人数下降的世界纪录。

市场的发育、经济自由的扩大也产生了溢出效应。市场让个人获得了一定的选择自由。人们可以不再受政府机关和国有企业的束缚,自由选择自己的职业。农民摆脱了集体的束缚,可以相对自由地离开乡村,到城镇寻找改变自己命运的机会。互联网的发展、媒体的转变,娱乐业的繁荣,样样都离不开市场。

市场当然是政府放松控制、民众自发努力才形成的,财富也是民众创造出来的,但是,假如没有经济学家塑造出关于市场、财富、个人选择的全新——其实就是正常的——观念;没有经济学家论证市场是好的,财富不再是恶的,个人应当有权进行选择,中国的变化就没有现在这样大。

## 批评的浪潮

然而,从2002年上市公司国有股减持大讨论开始,主流经济学就不断遭到质疑。随着国有企业产权改革问题暴露,郎咸平挑战顾雏军,社会对主流经济学的批评之声就越来越强烈了。到2005年,对主流经济学的批评更是风云迭起。

主流经济学家遭受的批评,与市场化改革本身遭遇质疑有关。经济学在中国的声誉,是与市场的声誉捆绑在一起的。主流经济学的基本命题是,市场优于计划,自由竞争优于政府管制,这种优势不仅表现在资源配置的效率上,也表现在财富分配的公平性,及经济之外的其他价值上。因此,对于一个原来实行计划经济的国家,经济学家开出的药方就是市场化。面对政府过多控制、干预市场过程的做法,经济学家呼吁放松控制,开放市场。对于一个原先封闭的经济体,经济学家当然鼓吹全球化,鼓吹自由贸易——这也是另一种形态的市场化。

然而,近两年来,"市场化"成为人们质疑的对象,舆论不分青红皂白,普遍把改革过程所出现的几乎所有问题都一股脑儿地归咎于市场化。因此,人们也情绪激动地要求主流经济学承担责任,因为,当初正是主流经济学家积极地鼓吹市场化的。

综合起来,这些批评大体上可以分为四类。

第一类属于比较严肃的学术批评。比如,武汉大学的邹恒甫教授2004年年底曾经点名骂"三纲五常"(樊纲、易纲、胡鞍钢、张五常)是"欺骗中国人民"的海龟,随后他又点名批评"林海张杨"(林毅夫、海闻、张维迎、杨小凯),但他主要批评经济学家变成"媒体经济学家"和热心从政。上海田国强教授公开万言书,宣称大陆的经济学教育是失败的。2005年10月26日在《中华工商时报》上,香港科技大学丁学良教授的一句"中国合格的经济学家不超过五个",更是轰动一时。这些批评虽然尖刻，但更多的是经济学学科的一种内在批评，旨在推动经济学界回归比较严肃的理论研究。

第二类属于情绪性的道德批评。这种批评之声主要来自网络论坛。很多人指控主流经济学家是坏人，他们从来就没有安好心，他们是为权贵、为富人服务的，设计的政策就是为了劫贫济富。卷入郎顾之争的主流经济学家普遍地遭到这种道德责难。曾经被誉为“中国经济界的良心”的吴敬琏，也仅仅因为“补偿流通股股东不公平”、“别再忽悠贱卖论”和“既得利益和贫困群体最可能在反市场机制上结成联盟”等说法，而被网民翻脸咒骂。

第三类则是社会批评。舆论要为所谓的“改革失败”寻找责任人，经济学家就是现成的责任人。近两年来，人们纷纷指责经济学家要对贫富差距、对社会不公负责，对国有企业产权改革过程中的国有资产流失、对医疗和教育领域的改革“失败”承担责任。

还有第四类批评则是政治性批评，刘国光、左大培等学者对主流经济学的批评即带有强烈的政治色彩。

对于这些批评，张维迎等主流经济学家零星地进行过反击。尤其是吴敬琏先生，在年末曾利用各种场合为主流经济学辩驳。然而，在对方群情激愤之时，越是辩解，越容易招来齐声围攻。很多经济学家明智地选择了保持沉默。但这种反应又被媒体解读为经济学家“集体失语”，仿佛他们自觉理亏、无言以对似的。

不管主流经济学家是否默认了舆论的指控，或者只是因为狡黠而不愿发言，经历了这些汹涌而来的批评大潮，经济学家在公众心目中已经成了“坏人”和“骗子”。《中国青年报》和搜狐网 2005 年秋天曾经进行过一次调查，在调查所选择的 14 位主流经济学家中，公众信任率超过 10% 的仅有郎咸平和吴敬琏两人。经济学家的话语再也不像以前那样让人信任，经济学家们用来传播市场理念的散文著作，也不像以前那样受人瞩目与欢迎了。

## 政府的偏颇选择

但是，人们归咎于经济学的那些后果，在很大程度上是由于政府在制定政策时未能平衡地考虑其他学科的专业意见而造成的。

观念是重要的，但观念必须得变成政策才会具有强烈影响社会的力量。不管经济学家曾经说过什么，假如不能变成政策，就不可能导致人们赞美或批评的那些现实后果。在现代社会，政府往往是经济学专业知识最大的客户，因此，假如经济学确实导致了一些不可取的社会结果，那人们恐怕也应当更多地反思社会、政府的偏差，而不是一味地指责经济学家。就仿佛你买错了药，应当主要怪你自己或医生而不应怪药厂一样。

作为观念之客户的政府的最大错误在于，政府只听经济专家的。现代政府在治理经济，甚至社会问题的时候，不可能不听取经济专家的意见。但假如政府只听经济专家的，那肯定要出问题。

严格说来，政府所应追求的目标跟经济学的目标是不相同的。经济学家进行各种研究的主要目的就是实现一个社会的资源之高效配置。然而，对于政府来说，这却不应当是唯一的目标，甚至不是首要的目标。政府首要的责任是公正地执行法律，平等地保障每个人的自由与权利。因此，即使政府要追求GDP增长，也是要在平等保障所有人权利的基础上有所作为。政府在处理经济问题的时候，首先要考虑个人和企业的各种权利、政府发挥影响的法律依据等，也即政府首先要听法律专业意见。

但在过去的十几年，政府却忽视了这一点。官员片面地追求GDP的高速增长，因而，当其咨询专业意见的时候，也只面向经济专家，而忽略了法学、政治学、伦理学的意见。事实上，官员甚至会排斥法学。比如，经济专家会论证，上马一个开发区将能带来多少经济效益；但法学专家很可能提醒官员，农民的权利应当予以尊重。官员当然不愿听到这种声音。

因此，假如说政府决策出了问题，那固然有经济专家考虑不周之处，但主要的责任恐怕还是要经济专业知识的官员客户们来承担。

## 错置具体性的谬误

不过，必须承认，主流经济学本身也确实存在某种理论上的缺陷。这种缺陷主要表现为英国哲学家怀特海所说的“错置具体性的谬误”(fallacy of misplaced concreteness)。也就是说，主流经济学家在引入、运用西方经济学理论的时候，经常忽略其理论背景，也即迈克尔·波拉尼所说的“支持性知识”，忽略了他们视为不言而喻因而没有明确论及的某些背景。而如果不考虑这一背景，单独将其结论作为真理应用于中国的现实，必然得出荒唐的论断，提出错误的政策建议。举两个较为典型、影响也最为广泛的谬误予以讨论：个人收益最大化，交易先于产权。

我有几位朋友是大学的经济学教授，有时我帮报社的编辑约请他们写文章，他们首先问，稿费是多少。经过计算一番之后，才会作出答复。他们的理论依据是：经济学家也是人，也在追求利益最大化。所以，他发点财什么的，就没有什么错。有很多经济学家在接受他人支付的报酬时非常坦然，他们也会非常直率地索要报酬，跟传统中国文人耻于言利的形象大相径庭。因为，他确信自己的行为是合乎经济人理性的，而且是道德的。

追求利益最大化，确实是经济学中的一个理论假设。但仔细地阅读经济的创始人——亚当·斯密的著作就会发现，追求个人利益最大化只是一个为了进行分析而采用的假设而已——在哈耶克看来，甚至这个假设也是多余的。

斯密确实证明了，每个人追求自己利益的努力，在一只"看不见的手"的指引下会造福于整个社会。但在这里，重点是"看不见的手"，而不是个人追求利益的欲望。他的意思是说，假如有一整套"看不见的手"的制度基础，那么，个人哪怕只是为了追求自己的利益，也可以同时造福于社会。所谓"看不见的手"，就是市场自由交易的机制和维持这一机制所需要的道德、法律规则体系。这套规则体系是把个人的自利努力变成社会福利的魔棒。没有这套规则体系，个人追求私利的努力未必能够造福于社会。比如，贪官污吏追求个人利益的过程就绝不可能造福于民众。

但经济学家却普遍地误解了斯密。他们把这样一条并不重要的假说，当成了一条似乎经过严密论证的道德戒律，仿佛经济学就应当支持利己主义的伦理学。主流经济学家自己身体力行这一道德戒律，作为私德问题，倒也不可厚非。然而，超出个人价值层面，荒唐地宣称经济学已经将利己主义的道德规范合理化，对于整个社会的道德风气，却产生了广泛的负面影响。有的经济学家甚至会基于效率理由而认定，官员贪污也有助于经济增长。可以说，经济学家塑造了整整一两代人的道德观念。对于我们这个时代人心的自私贪婪、物欲之泛滥，主流经济学似乎不能不承担部分责任。

十几年来，主流经济学家也普遍支持"效率优先，兼顾公平"的口号。这种思路体现在国有企业产权改革方面，就是交易先于产权。

1998年，盛洪发表一组文章论证：在国有企业产权改革过程中，"公共选择"不如"双方交易"。所谓双方交易，就是由国有产权实际的掌握者与购买者避开公众的控制和监督进行交易，以实现国有产权的重新配置，据说，这是成本最小的产权改革模式。据此，盛洪提出了"交易先于产权"的观点。主流经济学家普遍有一种看法：国有产权是不清晰的，无人对产权负责正是国有企业经营不善、整个社会资源利用效率低下的根源。"冰棍理论"也正是据此提出的。论者认为，国有企业就像冰棍，如果不及时地进行产权改革，国有产权的价值就会像冰棍拿到手里后那样迅速融化，最后一文不值。为此，主流经济学家普遍赞成，不惜采取任何手段实现产权的明晰。而有权者先行"交易"，就可以让原先模糊的"产权"明晰起来，从而为市场的正常发育创造制度条件。

主张交易先于产权的学者声称其理论依据是"科斯定理"。罗纳德·科斯是20

世纪最杰出的经济学家之一，他提出一项洞见：在一个经济体系中，可以把对产权(包括财产权，也可以是使用权、通行权、排污权等)争执的双方或多方视为一个局部系统，如果交易成本为零，产权的配置不影响资源的利用，此一局部系统各方的收入总和不发生变化；如果有交易成本，产权的初始配置影响资源的利用，不同的产权安排下，此局部系统各方的收入总和是不同的。

在科斯的语境中，权利的初始分配或许确实是无关紧要的，因为在西方社会，权利的初始配置本来就是比较清晰的。科斯出生于英国，并在那里接受学术训练，而从英国的历史看，旨在保障财产权的普通法体系在现代市场经济形成之前就已相当完善了。英国人的每一项财产的产权，都获得了比较明晰的界定。因此，在那里，对于经济增长来说重要的问题确实只是降低交易成本，经济学家也就主要呼吁政府放松管制。

但把科斯定理拿到中国，首先就需要讨论科斯视为不言而喻的那个前提，界定产权。某些主流经济学界鼓吹，通过交易界定产权。问题是，没有产权，何来交易？你总不能拿着别人的东西去交易。同样，没有产权，交易成本又有何意义？因为成本只有产权所有者才能计算清楚。鼓吹交易先于产权，就等于把马拉车子变成了车子拉马。

事实上，国有企业的产权本来也是明晰的，是属于不同层次的“全民”的。代行管理权的各级政府在准备将它用来交易，即进行国有企业产权改革的时候，必须遵循公共选择程序，征求最终的所有者的意思。把国有企业产权改革的转型成本称为“交易成本”，并强调为了降低这一交易成本而忽视产权改革的公共选择程序，在知识上存在巨大漏洞。

## 经济学的重生？

今天经济学之蒙羞，其实未尝不是一个重生的机会。

不能不承认，经济学所享有的地位腐蚀了经济学界，让这个群体上带上了过于强烈的功利色彩。大多数经济学家其实是政策建言专家，有的更不过是“媒体经济专家”，学界的浮躁是有目共睹的。回顾这些年的主流经济学，经济学人有发财的，有做官的，也有暴得大名的，但有几人的学术贡献具有独创性？学术出版领域也很热闹，出版过无数教科书、专著，或经济学小品集，但是，其中究竟有多少值得认真对待的知识上的增量？某些学者以在英文学报上发表论文的数量为标准，来判断国内有几个合格的经济学家，当然有失片面。但无论如何，经济学是一门知识，严肃的经济学家理应追求知识自身的价值。经济学界应当形成一套独立的比较纯粹的学术评价体系，激励学人致力于知识的精进，而不是像这十几年那样整天围着媒体、政府或企业团团转。

其实，研究中国等国家二十多年来的转型过程，乃是一个难得的知识突破机会。而这两年来经济学遭受的指责，也恰足以让经济学人更审慎地看待西方学者的理论，从而不断地拓展经济思考的深度与广度。

因此，经济学要有一个清静的社会环境，也即经济学在政府决策过程中保持其应有的角色即可，而不再扮演一个膨胀的角色。同时，经济学要避免被误用，也得看政府是否足够的明智。而这两者都取决于政府能否更准确地定位自身的角色。

政府在关注经济增长的时候，自应问计于经济学家。但政府更应关注经济活动之制度框架，致力于保障个人自由，强化民主参与，因而，政府自然也应尊重经济学家之外的专业知识。也就是说，政府需要平衡各个学科的专业意见。有人说，中国已经告别经济学的时代，进入法学的时代。但最明智的做法还是在各个专业知识之间保持平衡。在相对平衡的公共决策平台上，即便经济学或者别的学科的建言全错了，也会被其他更为健全的意见所平衡，不会造成太严重的后果。政府的平衡做法也有助于不同的学科在知识的生产与传播层面上实现平衡。在中国，“经济学帝国主义”并不仅仅是因为经济学的理论工具更有力。

更进一步，假如政府是以民意为决策的最终依据，经济学或者任何别的学科在决策中一枝独秀的局面就根本不可能发生。遭人诟病的决策，通常是官员的意志加上偏颇的专业意见。而正确的决策过程应当是民意加基本保持平衡的专业意见，再加官员得自于经验的政治智慧。

经济学本来不应当主宰一个时代，成为过于招摇的明星。现在的处境，不过是回归常态的开端而已。这个回归过程来得有点太突然，也太残酷，让某些习惯于闪光灯的学人措手不及，甚至有点怨恨。但是，假如经济学人确实像他们的理论所假设的那样是理性的人，那么，他们现在所能做的，就是适应这个过程并且主动调整自己，追求一种开明的私利——经济学界作为一个学术共同体的利益的最大化。

## 经济学退场了，法学却没有做好准备

在20世纪90年代以来极端物质主义的时代，经济学成为显学。这一点也不让人奇怪。

经济学是一门相当现代的学问，并且从一开始就显示出一种强烈的反叛姿态。亚当·斯密蔑视传统哲学的志向——真理与善，紧紧抓住现代哲学的主题——激情、欲望，并对其作了最为形而下的论辩：个人追求财富的欲望本身就是善，甚至比那些自称在追求公共利益的人更善。现代经济学在90年代的中国走红的主要原因，可能正是经济学背后的这个哲学预设：喜爱和追求财富以满足欲望，是完全正当，甚至是伟大的事情。

斯密的经济学旨在把人从古典哲学，尤其是从教会权威中解放出来，构造一个纯粹世俗的、由人自主的社会。这个理想在中国也发挥了类似的作用：它的物质主义诱惑人们走出了对政治与意识形态的的狂热，改善个人境遇和增强政府财力则变成社会的一种道德共识——这一点曾受到很多人的欢呼。但现在看来，这不过是用一个迷信替代了另一个迷信。

除了发挥这种释放欲望的反道德功能之外，经济学还成为公共政策的主要知识基础。在政府的决策圈、在舆论空间，经济学取得了话语垄断权。经济学不仅告诉民众和政府发财致富的秘方，还指导着人们所期待的体制改革。现实的原因使得改革仅仅是经济改革，而经济学话语权的垄断又使经济改革完全成为经济学逻辑指导下的改革。这就是很多经济学人自豪过的经济学帝国主义。

然而，经济学也正在此僭越了其合理的界线，从而为其近年来的名誉扫地埋下了伏笔。

### 没有自知之明的经济学

斯密的经济学虽然是对西方知识与道德传统的一种反叛，但其反叛其实始终在如来佛的手掌心中，也即在西方，经济学的全部论辩，其实都是在固有的知识背景——伦理学（包括宗教），尤其是法学中展开的。

相比于法学传统来，经济学实在太年幼了。柏拉图、亚里士多德就已经承认，法治是一种最好的城邦治理模式。罗马人发展出来的法律体系，至今治理着大半个地球。在英国，普通法传统更是成为宪政的核心。可以说，漫长而复杂的法律传统塑造了社会、政治的基础性制度，经济学家无不以此作为前提，他们所设想的自利的主体，正是在这样的基础性制度框架中追逐财富的。这样的制度框架，被经济学作为一个前提接受下来，成为那只“看不见的手”。经济学家在讨论政策建议的时候，可以要求增加政府管制，也可以要求增加自由竞争，但其讨论无不是以稳定的个人财产权、以个人自由选择的权利、以国家权力有限且接受法律约束为基础的。所有这些至关重要，经济学之所以通常不讨论这些，仅仅因为法学在讨论它们。

在中国，经济学却是在没有法学知识背景的情况下繁荣起来的。经济学的传统没有中断过，即使在50年代之后，也仍然有很多人研究经济学。那种经济学跟90年代之后的经济学有很大差异，但它们毕竟属于同一传统，其哲学基础是大体相同的。但在50年代到70年代末，法学作为一门学科在大陆被取缔。这个伟大的知识传统中断了一两代人时间，因而，80年代之后徐图恢复的法学比起经济学来要更加软弱无力，而且，它深陷于根本的价值扭曲中：法学的主流观念是，法律是统治阶级的意志。法学家的职能就是按照现实政治的需要参与制定法律条文、向民众解释法律条文。这个时候的法学界没有法治精神，普遍缺乏追求正义的抱负。

因此，在中国，没有关于自由、财产和权力的基本界定，就开始了市场化进程；没有关于正义的信念，就开始对机会、权力、财富进行大规模再分配。经济学的逻辑在法学的逻辑之先支配了人们的心灵。一边是强势的经济学，一边是幼稚的法学。

这是一个充满了制度风险的搭配。任何一个社会，如果纯粹按照经济的逻辑来安排其社会、政治事务，那必然会出现大麻烦。甚至，仅仅根据经济学的逻辑来安排经济事务，包括进行经济体制改革，设计市场化的方案，也同样可能导致严重后果。比如，政府限制民众的财产权，当然可以降低交易成本；政府将财政收入主要用于基础设施建设而不是用于供应民众福利，也确实可以鼓励投资，推动GDP高速增长，但由此得来的增长必将产生不正义的社会后果。

无限风光的主流经济学家过去十几年来的错误就在于，他们没有意识到，按照社会内在的需要，他们除了是经济学家之外，也应当承担法学家，甚至政治学家的部分责任。他们本来应当像斯密那样关注市场的基础性制度。但他们放弃了这样一个也许过于艰难的任务，而仅仅基于可行性考虑，为急于发财致富的政府官员和企业家出谋划策。这让他们名利双收，不过现在，他们正在为自己的这种投机性选择付出代价——不幸的是，整个社会也得为此付出代价。

## 法律人在重蹈经济学覆辙?

十几年的增长激起了民众对公平,其实在很大程度上是本能地对"均贫富"的渴望。面对这种呼声,缺乏政治敏感的主流经济学家除了一再重复其教条之外,已无力提出能够缓解民众不满、引导社会实现公正的方案。正在是经济学瓦解的废墟上,法律精神逐渐走上公共舆论空间的聚光灯下。

应当说,从80年代到90年代中后期,经过若干年的积累,尤其是英美法治、宪政文献大量引入,法治、宪政观念主导法律人共同体的心灵,法学在一定程度上完成了一次脱胎换骨。法学家们不再认为,法律仅仅是国家的意志,人民只有服从的份儿;法学不再只是忙于帮助政府制定法律法规,或者毫无批判地解释这些法律法规。相反,法学界已经形成了一种学术共识:法律的根本作用是保障个人的自由和权利,限制政府的权力。法学终于在一定程度上摆脱了实证主义的教条,且形成了一种自由导向的价值追求:它具有越来越明显的法治精神和宪政主义取向。

通过这种价值转换,法律人共同体得以发挥其应有的社会功能,成为一个引人注目的专业群体。很多法学家基于正义观念、基于法律理性,参与立法,并对那些严重违反正义观念的实证法提出批评。法学家还超出狭义的法律领域,对市场化、政府改革、地方创新等公共事务发表意见。还有一些律师成为公益律师、维权律师,或积极参与社区自治。同时,受过法学训练的公共知识分子也成为90年代后期以来兴起的"时评"的主要写作者。到了2004—2005年经济学声名扫地的时候,法律人迅速在公共空间中替代了经济学人。

应当说,如果人们期望一个公平、自由的未来,那么,法律人在法律之外的政治、社会领域发挥重大作用,似乎是一个必要的条件。托克维尔的《论美国的民主》论证了法律人为什么对于共和国的稳定运转十分重要。社会变革当然需要民意推动,但一旦这种民意催生了变革的意志,则法律理性就需要立刻介入,约束那种意志。否则,不受理性约束的意志不仅无法找到解决问题的正确方案,反而可能带来灾难。

不过,在当下的中国,法律人的活动空间非常狭小。权力留给法律人的活动空间,远远小于90年代经济学所享有的活动空间。而在私德及职业伦理方面,法律人群体似乎也在重蹈经济学人的覆辙。受过系统法律训练的法官毫无愧色地徇私枉法,收受贿赂;研究共和宪政的专家却是职业抄袭者;活跃的公益律师似乎永远只有那么几个人。法律人共同体远没有在公众心目中树立起正义守护者的形象,事实上,受到物质主义时代精神的熏染,他们自己对于正义的信仰本来就不够坚定。

或许可以说,尽管法学已经替代经济学成为一时之显学,但法律人共同体并没有做好充当社会领导者的知识与道德准备。这让人们对社会变革的前景不能不有所怀疑。在不公成为最大的社会问题的时候，最需要理性地追求正义的法律精神的指导和约束，否则社会很可能将在狂暴而多变的意志支配下走向深渊。

## 让我们忘掉经济学吧

这几年来，笔者一而再、再而三地看到了十分奇怪的事情：至少两种最时髦的自由市场经济学理论，到了中国，都被其最狂热的迷信者用来证明，中国现在的市场已经是超级自由了。尽管这些迷信者甚至连言论的基本自由都不享有，但对经济学逻辑的迷信却让他们安心地说出种种反常识的话，并因此而表现出众人皆醉我独醒的自豪。

我说的是两种经济学：第一种是新制度经济学或者交易费用经济学，在大陆，这一理论因为张五常教授的人格魅力而获得一批拥趸，甚至连他们的文风都在模仿张教授。第二种经济学的代表性论证就是弗里德曼的两本政治经济学著作。这两种经济学的核心政策意见倒是大体相同的，主张自由市场，反对凯恩斯主义、反对社会福利、反对工会垄断、反对政府管制。

光看这些语词，没有错。是的，科斯或弗里德曼等大师基本上是没有错的。但是，同样的话语，一旦出自这些大师在中国的信徒之口，却具有了完全不同的含义。姑且引用我的朋友、最近相当活跃的铅笔经济研究社成员加西亚的一段话，作为一个标本：

> 中国目前的状况当然不是尽善尽美的，缺的就是法治，企业所实质享有的自由感觉不太稳，像是建立在沙滩上，而且国有企业仍然尾大不掉、宏观调控经常跳出来捣乱、政府还经常出台一些异想天开的政策来干预经济、福利主义也在推行，因此，说是“人类历史上最好的制度”的确让人难以接受，不过，如果在中国目前的经济自由度上（实质上的）再加上法治，的确可以说比美国更自由。如果将国有企业卖掉，取消垄断行业的准入限制，加上法治宪政，中国的体制的确可以说接近完美。
>
> 美国在经过凯恩斯主义的肆虐之后，自由度已经打了很大的折扣了，尽管里根主义之后的二十年自由化有了长足进步，但很多社会主义、福利主义的因素已经尾大不掉，无力回天了，相比美国来说，中国的经济体制如同一张白纸，还未被福利主义毒化，如果趁此良机，将这种自由用宪政固化下来，将无疑是中华民族的福音。

反对凯恩斯主义，反对福利政策，反对工会垄断，反对政府对私人企业的干预：这些就是米尔顿·弗里德曼《选择自由》及《资本主义与自由》的核心论旨。在大师们看来，这些东西损害了市场的自由。哈耶克甚至更进一步说，现代民主制度内在地具有一种以社会公正为名义进行再分配的倾向，倾向于把本来应由正当行为规则构成的法律，变成基于权宜考虑的政策，因此，他老人家专门设计了一种宪政新模式，试图让一个立法性议会利用理性的力量来限制普通议会对民意的滥用。

## 盛世的想象

用大师们的批评性话语来比照中国的现实，张五常教授及一班自由市场的信徒们异常兴奋：这里没有系统的凯恩斯主义宏观经济管理体系，也没有根深蒂固的福利体系，政府对私人企业也是放任不管，至于民主，当然更付之阙如。

于是，张五常教授对萝丝·弗里德曼汇报说：中国的市场比美国的还要自由。然后，在其七十岁生日会上，更自信地断言：我自己是一个研究制度的专家，这几年我看得很准。中国现在浮现的制度，开始稳定下来的制度，开始明确起来的制度，你拨开那些沙石，拨开那些不清楚的东西，我看的是一个我相当欣赏的制度。我认为现在中国正在浮现的制度，是人类历史上我知道的最好的制度。

这话算是为复旦大学教授谢百三的“盛世论”做了一个最精彩的注脚。当然，由此，我也联想到了林毅夫教授与杨小凯先生当年围绕中国渐进转轨模式与苏联东欧休克疗法之得失利弊而展开的争论，林教授当时就已相信，中国模式是转轨的最优模式，并且似乎依据这种经验搞出一套中国经济学体系了。

我还联想到李稻葵教授在考察印度之后得出的高论：印度以世界上最大的民主国家自居。但是在经济水平非常低的情况下，她的民主并没有带来自由，反而带来了很多约束。因此，在经济发展的初期，民主制度应该缓行，过早引入西方的民主制度只会带来不自由。第二，法制不能神化。在发展中国家，法制不可能像在发达国家那样有效。利用法制系统来约束政府的做法，在经济发展的初期恐怕是很难形成的。当然，张五常教授对印度的嘲讽更是路人皆知。而在所有这些议论背后，都包含着中国当下的制度对企业更自由、更有利于经济增长，因而比较好、甚至更好这样的判断。

于是，笔者看到了一个最奇怪的现象：信奉自由市场，以弗里德曼信徒自居的经济学人，不经意间，与狂热的民族主义者成了同路人。确实，他们是最激烈的反民族主义者，他们痛恨任何形式的贸易保护主义。但是，他们确实在为民族主义提供情绪发酵剂。民族主义者只是肤浅地看到了中国物质性力量的增强，这些经济学人却在旁边提醒他们，其实，我们的强大不仅表现在物质上，更表现在制度上。相比于印度，甚至相比于美国，更不要说俄罗斯、拉美，我们当下所享有的这个制度，已经是人类所知道的最先进的了。既然如此，民族主义者有什么理由不自大呢？其实，这些经济学人自己就已经再三地对俄罗斯、对拉美、对印度，甚至美国的制度嗤之以鼻了。

## 历史主义的陷阱

当然，加西亚也补充说，假如在此之外再加上一点点法治、加上一点点宪政，那中国的制度就完美得无以复加了——这是我读过的年度最为黑色幽默的一句话。而正是这句话，也漏出了自命的制度经济学家的严重跛脚。

80年代以来全球自由市场知识界的共识是：优良的制度，比如法治，法治之下确获保障的私人产权，有限政府框架下的政府较少管制，如此等等，可以带来较快经济增长。这个结论完全正确，不管是从规范分析的角度，还是从较长期统计角度看，都没有错。《华尔街日报》与传统基金会等机构进行的跨国比较研究，也证明了这一公理。

而我上面提到的那群经济学人则把这个结论颠倒过来，较快增长必然意味着该经济体有一套优良的制度。如此颠倒之后，还是否成立，值得怀疑。张三是个好人当然可以成立，但好人就是张三则不成立。计划经济在其建立之初实现了短期内的经济快速增长，但计划经济显然不是优良的体制，至少自由市场经济学家有如是共识。因此，中国目前的制度是否十分完美，十分自由，需要对制度本身进行缜密的分析。

但是，这群经济学人没有这样做。张五常教授口口声声说自己是研究制度的，那些宣称中国企业家已经享有比美国更多自由的经济学人们也自称十分重视制度。但是，他们并没有因此而去仔细地分析制度本身。相反，他们的注意力基本上被耀眼的增长绩效所吸引。过了若干年，中国的经济增长十分强劲，既超过俄罗斯、东欧，也超过印度，更超过日本、美国，几乎是天下无敌。他们根据上面那个被不假思索的颠倒过来的命题，作出结论：既然中国的经济增长绩效天下第一，那么，中国当下的制度就是最优秀的——逻辑看似简单直截，但这个结论连执政党听了都会脸红。

当然，有些好学的制度学人也进行了一些分析。但是，新制度的思路让他们误入歧途。说来也许有点奇怪，新制度学派的研究方法带有强烈的历史研究色彩。诺斯反复地研究英国、欧洲、美国的自由市场起源问题，甚至科斯也更像历史学家，他所从事的工作，在我看来，大体上是对普通法法官解决产权问题的思路进行分析，从而阐述了隐含在普通法中的法律准则。总之，新制度学派试图解释过去的成功者为什么会获得成功。

这种历史主义的经验分析方法内在地隐含着一个危险的陷阱。胡适曾经用历史就像小姑娘可随意打扮精辟地形容过这个陷阱之可怕。历史是高度复杂的，在某一时间上必然存在着多个现象，人们注意到在此后一个时间点上有了另一个现象，即学者所要分析的演进结果。那么，回头来看，上一时间点上的每个现象，尤其是那些最显著的现象，都有助于后面那个结果之形成吗？有一位演化经济学家埃里克·S.赖特纳就将资本主义在英格兰的兴起归功于重商主义(《国家在经济增长中的作用》，收入杰弗里·霍奇逊主编，《制度与演化经济学现代文选：关键性概念》，高等教育出版社，2005年)，因为，很显然，在那个时代，确实存在着严重的重商主义，于是，重商主义就成了自由市场的催生婆。

我们那群经济学人中之好学者似乎也是依据类似的逻辑进行推论的。在过去一二十年中，他们看到的显著现象是，威权主义对民主的排斥，福利体系的瓦解，劳工权利的匮乏，以及大多数私人企业家被放任不管，有些跨国公司或权贵企业甚至享有特权。他们在印度则看到了强大的工会、讨价还价的民主，在美国看到了福利制度和工会，而他们的经济表现均不如中国。于是，他们就得出结论：没有民主、没有福利、没有权利、没有任何监管，就是中国经济奇迹的成因。

## 物质主义综合征

更进一步，他们说，经济增长奇迹就证明了这是一套最好的制度。

此时，他们的意思不仅仅是说这套体制是一套优良的增长体制，而是说它是一种优良的宪制，涵盖社会方方面面的体制。他们也许只是无意识地把增长体制转换成了宪制，因为他们是经济学家。理发师的眼里只有头发，经济学家的眼里当然只有经济增长绩效，其他东西都是无关紧要的。他们是不可救药的物质主义者，评价宪制良窳的唯一标准就是增长绩效。

这种物质主义在经济学知识传统中已经根深蒂固。经济学之诞生，就是自然秩序物质化的产物。近代哲学颠覆了古典以迄中世纪的世界，至少从霍布斯起，人就从一种趋向于某个外在永恒目的——自然或者上帝——的存在，化约为一种激情、欲望的载体。休谟、斯密道德哲学的预设就是，人乃是被自利激情所支配的动物。斯密的经济学反复论证，个人自利的动机完全可以利他。斯密把这种真理变成了应然：社会应当允许个人自由地追求自己的利益，这样的社会是文明的，政治道德制度也应当服务于这一目标。一个好社会，就是一个工商文明社会，就是一个人人自由地追求自身利益的社会。而这种利益，至少从培根那里开始，就已经完全是满足肉体欲望的物质性利益。

现代民族国家本身也是物质主义精神的产物，并强化了国家的物质面相。古典及中世纪的国家尽管也汲取财政收入，但国家哲学反复强调，君主或共和国的正当责任是供应与分配正义。现代民族国家则颠覆了这种国家哲学，处于丛林状态的个人关注的是如何保障自己的财产与生命，处于国家间丛林状态中的民族国家最关注的是国家的生存，因而，国家的物质力量具有了至高无上的重要性，“经济”成为一个需要大臣、学者讨论的最重要的公共事务。国家积极投入财富的创造中，介入贸易、工业，重商主义伴随着现代民族国家的形成，这不是偶然的。这种物质主义精神一直发展到20世纪，则演化出国家对资源和经济活动的全面控制。由此，哈耶克所说的作为一个组织的“经济”横空出世，并曾经替代了市场的耦合秩序。促成这种经济生成的那种德国哲学已经再三宣称，自己以斯密为思想的最重要源头。

诞生于这种精神气氛中，经济学家自一出现就关注着物质，GDP被发明出来，整个世界也已经习惯于用物质性的经济增长来衡量一个国家的表现。在缺乏超验精神背景，尤其是缺乏建制化教会之教化的东亚国家，物质主义倾向尤其明显，这也是形成发展型国家的精神基础。国民同意国家集中力量发展经济，为此愿意接受任何形式的威权统治。

正是经济学传统中这种根深蒂固的物质主义，让我上面提到的那群经济学人本能地排斥法治、民主、工会结社、劳工维权等事务在一个健全的、正常的社会秩序中所具有的独立价值。在他们看来，所有这些事务毫无意义，甚至是应当予以反对的东西，假如它们妨碍了经济增长。

于是，在这些经济学人眼里，增长体制自然地就是自由体制。主流经济学人在过去一两年的改革反思中反复告诉公众就是这么一种看法：现有体制既然已经实现了增长，那么，任何人就没有理由再去批评这个体制，尤其是批评能够导致增长——不管因此而让某些民众付出了多大权利与利益上的代价——的那部分机制。他们最初可能只是相信，增长体制可以导向自由体制，为自由体制之发育创造某种条件。不过，通过长期的自我暗示，他们的信念似乎已变成，增长体制=自由体制。任何对于这种增长体制的批评，都被他们视为对改革的否定。他们甚至比官方的改革视野更为狭隘，在他们眼里，经济改革就是改革的全部，除此之外不应进行任何改革，因为，比如说，推进政治民主、增进劳工权利，很可能妨碍他们所中意的增长体制。政府唯一的缺点是，仍在不明智地用垄断、管制妨碍增长。他们认为，这仅仅是个审慎的问题，而与更大范围内的体制问题无关。因此，在若干知名的经济学家那里，反垄断、反管制就成为他们所理解的改革的全部内容。加西亚延续着他们的想法，并且坦率地表达出了他们自己没有意识到的另一部分立场：法治、宪政反倒是一种可有可无的添附性物品。

## 回到中国语境

我实在不忍心说经济学是一门肤浅的学问，因为，不管是在斯密、米塞斯，还是在哈耶克、弗里德曼那里，经济学都是高度复杂的，他们的视野也是多向度的。但是，这些受过经济学训练的自由市场信徒，却的确让经济学显得十分肤浅，并且因为肤浅而犯下了十分严重的“错置具体性的谬误”，所谓“暖风熏得游人醉，直把杭州作汴州”。

在科斯或弗里德曼等大师那里，经济学的逻辑是简单的，结论也是简明易懂的，但是，这仅仅是一种思考的俭省策略而已。在简单的背后，总是有一个复杂的背景，或者说前提、预设。生活于他们自己的制度与观念环境中，他们不需要再去讨论那些前提、预设——不过，哈耶克却在中年之后深刻地认识到，要解决那些看似简单的问题，必须回到基本的前提和预设，因而，他从专业经济学，进入法学领域，最后从事宪政设计。与这种知识探索精神相比，我不能不说，弗里德曼或者科斯也不过也是技术经济学家而已。

到了大师们在中国的信徒那里，经济学曾经的帝国主义赋予他们以知识上的傲慢，他们把经济学中的“制度”理解为政治法律意义上的宪制，把基于单纯经济学逻辑的政策主张当成了制度转轨的全部内容。

在我看来，生活于不具备这种制度与观念前提、预设之社会中的学者，更需要关注大师们隐而未谈之前提、预设；在引用他们的结论的时候，注意大师们的语境，除了看到他们在批评什么之外，更应分析他们赞成什么。

大师们反对福利国家，但他们永远不会反对政府向不能维持自己生活的人提供某种基本福利。在中国，现在的问题恰恰是，连温饱都不能解决的人享受不到任何福利，一旦进行福利改革，首先失去福利的正是最贫困的人口。可是，那群经济学人却在担心福利损害效率。

大师们也反对工会垄断，但他们永远不会反对工人自由组织工会的努力本身；在中国，现在的问题恰恰是，工人缺乏这种基本的结社自由，一旦他们试图自由结社，就会遭到政府的限制。可是，那群经济学家已经在恐惧根本就不存在的工会了，他们也把一切呼吁保护劳工基本人身、结社、言论自由的行为，视同反对自由市场。

大师们反对不受节制的民主对于自由的负面影响，但他们永远不会反对民主制度本身。在中国，现在的问题恰恰是，我们连一个基本的民主架构都没有。可是，那群经济学人却已经事先担心起民主的弊病了。而且，他们不是考虑用宪政的手段矫正民主可能的弊病，而是干脆拒绝民主，轻易地断言，无民主是一个美好社会的前提。

大师们也反对政府对私人企业的干预，但他们永远不会反对法律保障私人产权。在中国，问题恰恰在于，私人企业得不到这样的法律保障。可是，那群经济学人却把政府恩典下的放任，甚至放纵当成了自由，而全然不考虑在政治气候变化的时候，产权能否免于政府的侵害。他们以为政府提供基本的法治保障也是不正当的干预。

容我大胆地说一句，这群号称研究制度的经济学人是一群教条主义者，他们既没有分析大师们的语境，也没有思考如何在中国语境中运用大师的思想。他们没有分析大师所处的社会与当下中国社会根本性的制度差异。他们不大明白中国当下的制度是什么，也不清楚中国应当有一个什么样的制度。正是他们和一些同样固执的、以经济学为业，甚至以经济学自傲的人，严重地损害了，并且正在损害自由市场在中国的声誉。因为他们以为市场就是一切，试图用市场化替代政治民主、法治、个人的表达与结社自由进程；因为他们错误地把种种反自由的制度，如工会、产权的法律保护及政治民主之匮乏，当成了自由市场的构成性要素或前提性条件。

回到中国语境，就是要弄清，我们所面临的问题究竟是什么。而种种事实已经表明，认知这一问题，显然超出了经济学的能力。从根本上说，经济学是一种技术层面上的治国术，它的视野是有限的，它思考的对象仅仅是社会一个方面；它甚至是保守的——这就是主流经济学家在今天的态度。而对于中国来说，根本的问题是探究这个“国”的基本框架，是重造社会的基本架构及其规则。也就是说，需要探究宪制问题，需要追求那个比增长高一个层面的价值：自由。

这不是说不需要经济学。但明白知识的限度乃是一种美德。经济学中的“制度”概念远不足以涵盖宪制性制度的丰富内容。假如谈论宪制问题，那就暂时忘掉经济学吧。今天的经济学人错把增长体制当成了宪制，从而说出种种非常可怪之论。这揭示了经济学自其诞生起就内在固有的局限性：物质主义的心灵是无力思考宪制问题的。

# 附录

## 思考宪政须忘记经济学吗

薛兆丰

传“秋风有变”两年，我置若罔闻：秋风是我心目中优秀的学者；他要走宪政研究的道路，就让他去走；即使得出一些奇怪的结论，他也必定有他的道理；既然自己不跟进，就不便鲁莽批评。我很敬重秋风，但读了他的《让我们忘掉经济学吧》和《火车票价高了又怎样》两文，我决定说说看法，包括赞成和反对的。

一、我不认为中国现有的制度是人类历史上最好的制度。中国确实有其自由与繁荣的一面，如没有西方意义上的工会势力，也没有严格实施的最低工资法，且中国经济也正经历举世瞩目的高速增长等。这些都是好的，但远不足称“人类历史上最好”。

制度不容易比较。我听过专家介绍“全球经济自由指数”的编制。那些精确到小数点的自由指数，赋值过程其实相当主观。要弄得似乎客观，九百个方程式都不够。实际上不可能客观。不过，我们也可以返璞归真，简单发问。例如，若上帝说要罚你下辈子做穷人，但让你选择时间和地点，那你会怎么选？各人的答案应该就是各人内心的“人类历史上最好”。

二、经济制度与经济表现，如果两者不仅出现了很大差距，而且这个差距存在较长时间，那一定是哪里出了问题。中国的情况就是这样。中国制度上有许多明显的不足，但经济表现比许多更锐意改革的国家更出色。其中的机理是什么？哪些是好的因素，哪些是坏的；哪些是理想的，哪些是折中的；哪些是长远的，哪些是短暂的？这些是很有趣而还没答案的问题。

比如贪污。去年与斯坦福大学温加斯教授(B. Weingast)吃午饭。他与钱颖一教授合著过关于中国的论文。他说：“中国的问题很奇怪。西方社会没那么多贪污腐败，但企业高层的报酬非常高；而中国企业高层的报酬很低，贪污数额则巨大。在西方合法的收入，在中国就是贪污。”

这是学者考察问题应有的层面。现实的约束条件很复杂，迫使我们不能总把中西体制放到一个维度上来比较。中国是有很多四不像,但这可能是命中注定。不管怎样,学者的任务,是解释为什么四不像也能办事,而且近来办得相当不错。我们既不能说能促使经济发展的就是好制度,也不能说四不像就没有可取和值得研究之处。

粗略地说,我认为中国经济增长的主因是“资源释放”和“加入世贸”,即中国人被允许而且正在为世界打工(薛涌则直接在美国打工)。货币稳定和较少调控,也保障了发展。目前的地区性竞争,起源于不彻底、不健康的产权分配和界定过程。有竞争比没竞争好一万倍,但这种竞争将来会激化黑社会问题。只要利益在那里放着,你不迅速建立白道,黑道就很快盘根错节。

能做得更好吗?我不知道。描述一个健康的孩子与抚养一个健康的孩子,完全是两回事[①]。我对这点深信不移。秋风最近说:“弗里德曼到哈耶克和布坎南,再到斯密、休谟等苏格兰启蒙运动,然后再到英格兰普通法宪政主义,再到西塞罗、董仲舒、亚里士多德、孔子,回头再到托马斯·阿奎那,在我看来,那是最逼近自由之真理的知识谱系[②]。”

在我看来,那只是一份读书计划。即使读完就掌握“自由之真理”了,那也只是秋风个人的事情。那堆书早就印好放着几千年了。那是关于小孩有多么可爱的描述。你现在是要把一个本来不可爱的小孩变得可爱,那是另外一回事了。

产权明晰不是完全没方案,但很多人觉得不公平,于是搁置。可真实世界的进展是不被搁置的,各种怪事便应运而生。火车票的事情也给我启发。要是票价一开始就定在高峰期价的两倍,然后天天都打折,就风平浪静。现在倒过来要加个价,九千人出来跟你商榷,个个都像是有识之士。这是“公共选择”的困难。

三、有人曾问过哈耶克(F. A. Hayek):要是他有权任意制定一条法律,他会制定一条什么法律?哈耶克回答:国会给任何人好处,就得给所有人同样的好处[③]。这是要为难国会,不让它给任何人好处。弗里德曼(M. Friedman)也说过,他反对政府用武力抢钱行善[④]。是否赞成这些大师无所谓,但秋风在《让》文中多处代“大师们”发言,而我希望看到明确的出处。

不管“大师们”如何,我自己反对最低工资法,反对“强迫供款、统一管理”的医疗保险体系和退休福利体系,反对以实物或价格管制的方式补贴穷人,反对赋予工会以西方工会特有的权力,包括罢工的权利和以武力阻止别人上班的权利,因为这些恰恰就是对产权和自由的破坏。

欧美强大,是尽管存在这些坏东西,它们还能强大;而不是因为存在这些东西,它们才强大。中国最好不要学这些坏东西。中国还很穷,玩不起。威廉斯(W. E. Williams)教授说:“你用一根针去刺大象,大象还能保持强大;你用一根针去刺蜜蜂,蜜蜂随时一命呜呼。”

对于劳工福利史，普遍的误解认为：(1)在还没有最低工资法和工会等基本福利制度的年代，工人的生活很惨，因为雇主能随心所欲，想付多少就付多少；(2)后来政府变得强势，修改了法律；(3)现在工人的生活好了，因为雇主的贪婪受到了法律的制约。最近一位经济学教授还说担心这种误解已经绝迹，得修改讲义[5]。秋风是他要找的样本吗？像。

四、秋风主张在思考宪政时要忘掉经济学。他自己身体力行，在《火》文中说：“假如某种社会文化因素使得该需求极为刚性，价格就会对该需求失灵……人人都想回家……是一种经济因素不能阻遏的需求……在春运最紧张的那几天……价格对供给是失灵的……只有在形成一个真正的市场之后……价格(也)才可以对供给有效发挥引导作用……价格听证会确定的价格可以获得消费者的普遍认可。”

经济学嗅觉告诉我：说“需求刚性”的不懂经济；说“价格失灵”的不懂经济；说“经济因素不能阻遏需求”的不懂经济；说“价格不能调整供给”的不懂经济；说“只有形成真正市场价格才能发挥作用”的不懂经济，说“价格听证会可以产生消费者普遍认可的价格”的不仅不懂经济，也不懂最入门的投票机制。秋风的上述逻辑，只要把“回家”换成“住房”、“治病”、“求学”或“娶老婆”，可以替任何管制鸣锣。只要不同意我的“车票论”，就几乎不可能同意我其他观点。秋风的解释中，我尚能谅解的只剩下用以愚民和取宠的弄权之术，但难道这就是传说中的宪政？

去年秋季，我在梅森大学教“法与经济学”，与学生们重温不少英美的产权和侵权判例。自古法官就依据 Sic utere tuo ut alienum non laedas(拉丁文，我也不会念，意为“使用自己的财产以不损害他人的为限”)为原则。很动听，可什么意思？说不清。法官无论怎么判都以此立论。那是辩证法。直到科斯定律的引入，那些看似“公说公有理、婆说婆有理”的案子，才变得清晰起来。这是说，法律是用来协调冲突的，冲突源自个人选择，而个人选择必定受经济规律约束。法可乱立，官可乱判，但谁都不能逃脱经济规律，谁都不能免付经济代价。

很少人摔倒了，会埋怨力学；也很少人会说小孩还小，所以力学不适用。但到了经济学，买不到票的人不仅责骂经济学，还说市场不成熟的地方经济学就不适用。“我也是坚定的市场经济者，但经济学应用是有条件的，这个市场很特殊……”是冒牌货们的通用番号。秋风则来个新版：宪政更特殊，所以得忘掉经济学。我能说什么呢？到底要搞什么宪政？但既是秋风，就算了，让他爱去哪去哪吧。

注释：

①Alchian, A. A. “Uncertainty, Evolution, and Economic Theory.” JPE, 1950.

② WWW. vankeweekly. com/vankebbs/dispbbs. asp? BoardID = 6&ID = 1061124&replyID = 93814&skin = 1

③WWW. econtalk. org/archives/_featuring/walter_williams/index. html

④WWW. econtalk. org/archives/2006/09/friedman_on_cap_1. html

⑤econlog. econlib. org/archives/2006/12/real_caricature. html

2007 年 1 月 18 日

# 附录

## 增长与宪政——复兆丰兄

兆丰兄作一文《思考宪政须忘记经济学吗》，对拙作《让我们忘掉经济学吧》提出一些批评。兆丰兄部分同意我的看法，他不像另外一些经济学人那样称中国现有的“制度”是“人类历史最好”，但他仍然承认，没有西方意义上的工会势力，也没有严格实施的最低工资法，且中国经济也正经历举世瞩目的高速增长等，“这些都是好的”。

兆丰兄判断这些是好的，其推理过程大致如此：首先，他认定，现实总是与理论模型不同，如他所说：“描述一个健康的孩子与抚养一个健康的孩子，完全是两回事。”这一点，我完全同意。

因而，中国经济尽管不合乎理论模型，“中国制度上有许多明显的不足，但经济表现比许多更锐意改革的国家更出色。其中的机理是什么？哪些是好的因素，哪些是坏的；哪些是理想的，哪些是折中的；哪些是长远的，哪些是短暂的？这些是很有趣而还没答案的问题。这是学者考察问题应有的层面。现实的约束条件很复杂，迫使我们不能总把中西体制放到一个维度上来比较。中国是有很多四不像，但这可能是命中注定。不管怎样，学者的任务，是解释为什么四不像也能办事，而且近来办得相当不错。我们既不能说能促使经济发展的就是好制度，也不能说四不像就没有可取和值得研究之处。”这些我也基本上同意。

接下来，兆丰提出了自己对中国经济增长原因的解释，主要是“资源释放”和“加入世贸”。对此我表示同意，但愿意提出一个补充，而这一点在我看来是中国经济增长最为重要的动力，即个人企业家精神的释放。而在我看来，这种企业家精神的释放，与西方相比，更不要提印度，似已有过分之嫌。因为，中国社会道德体系的崩溃，使得人们完全基于收益——且完全被化约为金钱收入——最大化的动机从事所有事业。这本身就已经保证了中国经济可有较快增长。在此因素之外，政府利用权力操纵各种因素而导致“强制性增长”，又为中国经济再添一份动力，从而使之能以异乎寻常的速度增长。

也就是说，对于目前的快速增长，我一部分予以赞成，但相当一部分则予以批评。这可能正是我跟兆丰产生分歧的起点。

## 好的标准：增长还是制度

兆丰及其他主流经济学人看重的是经济增长本身，在经济学的思考方式中，经济快速增长本身就是一件值得肯定的事情。这当然没有大错。问题是，是不是在任何情况下，增长都是值得肯定的？假如这种增长导致了严重的社会代价，它还是否可欲？经济学几乎很少考虑到这一问题，相反，增长就好。

由这样的基本观念出发，假如他们比较了各国的增长数据之后发现，在同一时段内，某国的经济增长最为迅速，则他们就很自然地推论，该国那些疑似促进了经济增长的各种制度，就必然是好的，至少是相对地好的。

由此可以看出，在经济学的思考中，保证了、促进了经济增长的制度本身并不具有内在的价值，相反，该制度之所以是好的，仅仅因为该制度带来了好结果。这大约也正是实证主义的基本命题吧。但如果以此为标准，且以中短期——比如5年、10年——为观察期限，则计划经济完全有可能表现为一种最优良的经济体制。事实上，萨缪尔森的经典教科书早期版本中就曾经对苏联的计划经济之增长业绩予以赞赏。这正是主流经济学家经常所犯的一类错误：物质主义总是容易让人丧失判断力。

但是，哈耶克、弗里德曼、布坎南等自由市场经济学家却从另一个层面来观察一个经济体。在我看来，完全以经济增长绩效来判断一个经济体是否优良，未免有点过分物质主义了。自由归根到底是超越物质层面的道德追求。他们不是说，因为人身自由、私人产权制度能够增进物质福利，所以应当追求和维护自由、私人产权。相反他们说，自由、私人产权本身就是最珍贵的，因为那是人的自然所在。因而，自由市场经济学家的视野永远超出单一的增长维度，而依据某种道德性标准、制度性标准，对一个经济体之好与坏进行判断。

因此，判断一个经济体是否优良，最为重要的指标是，该经济体是否具有自我扩展的能力。根据我对哈耶克的理解，一个经济体内嵌于一整套复杂的法律、政治及道德秩序中，其自身主要体现为一整套规则体系，各个经济活动主体——包括企业家、政府、消费者、劳工，及各种要素的持有者等——在这一规则体系之下进行合作交易，个人的收益加总即为整体的社会福利。若此套规则体系是优良的，则各个经济活动主体追求个人目的行动，即可以造福于所有人，同时，更为重要的是，可以推动规则本身在边际上创新，比如创造出新的企业组织形态、产权形态，从而为人们的行动开放出更大可能性。因而,一个经济体是否优良,要看该经济体能否动态地生成一整套保障自身良性演进的规则体系,从而推动市场秩序持续地扩展——这既包括地理上的扩展,也包括制度自身的细化、优化。

这样的标准或许可以避免短期、长期等含糊的概念,而令我们可以更为客观地对一个经济体的善恶作出判断。

## 规则下的选择与规则的选择

如果依据这个标准,则我不能不说,我们所身处的似乎不是一个优良的经济体,尽管其经济在快速增长。关于这一点,容我先引用引用一位网友"国际航班"于2007-2-7 14:58:25发表在关天茶舍的一段评论(http://www.tianya.cn/new/Publicforum/Content.asp?idWriter=0&Key=0&strItem=no01&idArticle=300718&flag=1):

我相信秋风的意思绝不是要把宪政和经济学割裂开来,只是因为有感于时下的经济学家过于"经济学"而使用的一种夸张的手法。

据说经济学研究的是给定条件下的效率问题,当给定条件偏离正常的人类社会太远的时候,经济学研究的结果就会给人以荒唐的感觉,尽管其实研究者并没有犯错。

最典型的例子是张维迎的腐败论。让我们随便编个例子来说吧。

比如我要办个公司,对政府是增加税收,对国家是增加就业,对我是增加收入(如果我能赢利的话),对消费者是增加选择;怎么看都是件好事吧?

这里的"最优选择"显然是所有参与办理的人都奉公守法,使我能在合法的前提下迅速开始营业。但工商局的官员不这么想,他们非要找你点毛病不可(以我的亲身经历看,他们找的理由经常是匪夷所思的)。好了,现在最优选择不存在了,剩下两个选择,一个是我给他们一些贿赂,把执照拿下来;另一个是他们连钱都不肯要(或者我不肯出),就是不准我营业。按照张维迎的说法,前者更有效率。不用什么复杂的理论探讨,我想他一定是对的。因为真实世界中,大家都是这么做的。

仅仅在经济学的范围内讨论,我支持张维迎。或者说,我们无法指责一个没有犯错误的人。但离开经济学的约束,我们就必须想一想这样的次优选择在中国无限相乘下去,会是什么结果。如果我仅剩的一点数学知识没有错的话,假设最优选择的效率是1,那么(小于1的——引者注)次优选择们的乘积将是趋近于零。

所以我的结论是,当你仅仅作为一个经济学家说话,你可以说任何你经过了研究的东西。但如果你是作为一个公共知识分子讲话，请为宪政——打破既有条件的主张尽一份力。

这正是我最近所再三论及的问题。在这里，詹姆斯·布坎南的分析范式，他曾经区分过规则集下的策略的选择与备选规则集的选择，或者宪制内的选择与宪制的选择，是十分具有启发性的。假如企业家是经济学家所刻画的那种纯粹的"经济人"，只基于个人立场进行成本——收益计算，而不对自己的行为进行伦理审查，那么，面对不合理的市场管制措施，这些企业家肯定趋向于选择贿买管制官员的策略，从企业家个人立场看，这是成本最小而收益最大的方案。由于没有道德审查，企业家在作出这一选择时不会有丝毫的内疚感。事实上，主流经济学家一直从另一个方向对企业家贿买官员行为的合理性进行论证，他们得出了一个著名的结论：腐败是管制的润滑剂，在僵化的管制体制下，企业家贿买官员有利于改进资源配置效率。

然而，从个体角度看来完全理性的这些选择，加总之后的结果却一点也不理性：每家企业都在付出巨大的"公关"成本。而政府官员在尝到了甜头之后，肯定倾向于设立更多不合理的管制措施。于是，企业家基于理性的算计所采取的自以为聪明的策略，却在帮助维持，甚至强化着损害其利益的不合理的管制体制。因而，在中国，我们看到了一种离奇的反差：一方面是快速的经济增长，另一方面也是快速的制度腐化，及在制度层面上明显的反市场化倾向，我曾经讨论过"再国有化"问题，而宏观调控也正是大幅度强化着政府权力。

## 谁来选择规则？

面对上述情形，兆丰反问："能做得更好吗？"兆丰的回答是，"我不知道"。这可能是我与兆丰最大的区别所在。

布坎南曾经再三感叹，经济学家过多地研究规则之下的选择。我要补充的是，由于缺乏规则的维度，他们把人们在规则之下的所有选择都予以合理化，他们成为一群玩世不恭者：非自由、反民主的制度仅仅借由经济增长数据就获得了正当性了。自由或民主的独立价值被他们轻松地消解了。

当然，中国的主流经济学家也泄气地发现，政府仍然进行了很多管制，甚至在强化管制他们谆谆教诲政府"放松管制"。但是，经济学家在这里却陷入一种自相矛盾之中：他们的教条一向是，理性要求人人追求自身利益最大化；而增加管制权力、维持一个腐败体制最能增进官员利益，那么，怎么能够指望政府自己良心发现

"放松管制"呢？

很多主流经济学家因此而成为极权主义、威权主义的崇拜者。他们期望着有一个明君登位，利用其不受限制的权力打破现有制度，构造出一个最适合于人们进行自由交易的制度环境。当然，这里的明君，就是指其信仰经济学理论，一如当年启蒙者指望开明君主信仰理性一样。但我们同样可以反问：明君为什么一定要支持自由市场？明君真的能像经济学家那样理性吗？

因此，现有的主流经济学或许可以解释中国经济何以快速增长——尽管在我看来，他们的解释已经超越了科学解释，而变成了一种意识形态论证；更致命的是，主流经济学理论无法说明，制度如何转轨，如何获得一个"好的市场"，如何进行市场规则集的变革。而哈耶克的规则与秩序理论、布坎南的立宪的政治经济学理论，却为我们进行这方面的思考提供了一定的知识资源。假如我们承认，身处当代中国，经济学最"应当"关注的是市场化，即市场的基本制度框架之确立，则我们就有必要忘掉那些技术经济学，及其实不关心制度的"制度经济学"，而思考宪制意义上的制度如何可能这一重大知识挑战。

## 法律与经济学

兆丰说：

去年秋季，我在梅森大学教"法与经济学"，与学生们重温不少英美的产权和侵权判例。自古法官就依据 Sic utere tuo ut alienum non laedas（拉丁文，我也不会念，意为"使用自己的财产以不损害他人的为限"）为原则。很动听，可什么意思？说不清。法官无论怎么判都以此立论。那是辩证法。直到科斯定律的引入，那些看似"公说公有理、婆说婆有理"的案子，才变得清晰起来。这是说，法律是用来协调冲突的，冲突源自个人选择，而个人选择必定受经济规律约束。法可乱立，官可乱判，但谁都不能逃脱经济规律，谁都不能免付经济代价。

在我看来，如此解释法律，仅可作为一家之言，经济学家若相信这是对法律演进的唯一解释，那就是经济学的自负了。恰恰相反，科斯定理不过是对普通法法官在解决案件过程中制定规则的推理过程给予一种经济学的阐发而已。绝不是因为科斯发现了一个定理，普通法法官才那样判断案件。事实上，科斯发现那个定理，对于法官几乎不会有太大影响。

照我看来，如果有什么影响的话，那也只是某种负面影响。因为，它基本上从效率的角度来思考规则问题，忽视了正义问题。而没有正义支撑的规则，本身最终很可能损害自由制度本身。关于这一点，请参见 Peter H. Aranson *Bruno Leoni's Freedom and the Law*：*A 25－Years Perspective*，译文作为附录收入我翻译的《自由与法律》（吉林人民出版社，2004），尽管这里的考察对象主要是波斯纳。

因此我曾私下大胆断言：法律经济学实际上在侵蚀法律最深厚的根基。这或许过甚其词，但哈耶克提出“权宜与原则”的区分（见《法、立法与自由》），大有深意焉。

图书在版编目(CIP)数据

政府的本分/秋风著.—南京:江苏文艺出版社,2010.4
ISBN 978-7-5399-3710-6

Ⅰ.①政… Ⅱ.①秋… Ⅲ.①社会问题—中国—文集
Ⅳ.①D669-53

中国版本图书馆 CIP 数据核字(2010)第 063925 号

政府的本分

著　　者:秋　风
责任编辑:刘　霁
特约编辑:孙　勇
封面设计:星银河书装
出版发行:凤凰出版传媒集团
　　　　　江苏文艺出版社　http://www.jswenyi.com
集团网址:凤凰出版传媒网　http://www.ppm.cn
印　　刷:北京京都六环印刷厂
经　　销:新华书店
开　　本:787×1092　1/16
字　　数:280 千字
印　　张:19
版　　次:2010 年 5 月第 1 版第 1 次印刷
书　　号:ISBN 978-7-5399-3710-6
定　　价:32.00 元